Hubert Rüenauver / Heribert Zingel

Den Sonntag feiern

Kösel

ISBN 3-466-36353-5

Gesamtherstellung: Kösel, Kempten
Layout: Ilse Weidenbacher, München
Umschlag: Kaselow Design, München
Umschlagmotiv: IFA-Bilderteam, München

1 2 3 4 5 · 96 95 94 93 92

Inhalt

5. Kapitel

Sonntags-Tip * Sonntags-Tip * Sonntags-Tip * Sonntags-Tip * Sonntags-Tip

6. Kapitel

Vorwort

Wie geht es Ihnen…

mit Ihrem Sonntag? Wie geht es Ihnen mit Ihrem Alltag und mit Ihrem Sonntag? Wie kommen Sie mit Ihrem Wochen-Rhythmus zwischen Werk-Tagen und Ruhe-Tag(en) zurecht? Gibt es da überhaupt einen Rhythmus, der Montag bis Freitag anders sein läßt als den Samstag und wieder anders als den Sonntag? Wie er-leben Sie den Sonntag und die vielen Sonntage?
Dies ist wohl für uns alle gleich: Unsere Sonntage hängen stark davon ab, wie unsere Alltage vorher waren – und auch davon, wie wir auf die folgenden Alltage schauen. Unsere Sonntage haben sehr viel damit zu tun, wie wir an den übrigen Wochentagen leben, was uns an diesen Tagen wichtig ist, was uns belastet, Freude macht… Unser Miteinander am Sonntag ist an die Art und Weise unseres Miteinanders an den anderen Tagen gebunden.
Unsere Sonntage werden wir aber auch entsprechend so gestalten und leben, wie wir den Sonntag verstehen: Was unterscheidet ihn von den anderen Tagen der Woche? Unterscheidet ihn überhaupt etwas von ihnen? Was ist sein Sinn? Ist der Sonntag nur ein Tag der Erholung von der Arbeit für die Arbeit oder ist er mehr und anderes? Ist oder wäre der Sonntag austauschbar gegen irgendeinen anderen Tag – den Montag, den Donnerstag?
Die persönliche Beantwortung dieser Fragen wird sich auf den konkreten Ablauf unserer Sonntage auswirken, ob wir nun allein oder in einer (Familien-) Gemeinschaft leben.
Beim Sonntag geht es allerdings nicht nur um uns in unserem privaten Lebensrahmen. Es geht nicht nur um ein individuell und familiär richtigeres und besseres Feiern des Sonntags. Den Sonntag feiern (oder nicht feiern) – das ist nicht die Frage eines kuschelig-wohligen oder einfach blind-traditionellen oder gar eines fröm-

melnden Verhaltens. Nein, mit dem Sonntag stehen Grundwerte unserer Gesellschaft und unseres Lebens auf dem Spiel.

Noch vor 20 – 30 Jahren war bei uns überall zu sehen und zu spüren, daß dem Sonntag im Laufe einer Woche eine besondere Bedeutung zukam: Die Geschäfte waren geschlossen, die Menschen hatten sich anders gekleidet als an den Alltagen, kaum jemand ging einer Arbeit nach, die Kirchen waren gefüllt mit Gottesdienstbesuchern/-innen, Eltern gingen mit ihren Kindern durch die Städte spazieren... Alles machte einen ruhigen Eindruck.

Manches davon gibt es auch heute noch. Aber es hat sich auch vieles geändert: Möbel- und Autohäuser laden zu Ausstellungen ein, die Sonntagskleidung unterscheidet sich kaum noch von der Werktagskleidung, Arbeit ist für mehr und mehr Menschen nicht mehr tabu, Unterhaltungs-Angebote hier und andere dort reißen Familien auseinander – und mit dem selbstverständlichen Sonntagsgottesdienst ist es auch nicht mehr weit her... Mit der Ruhe des Sonntags scheint es vorbei zu sein.

Heute haben wir ein sehr zwiespältiges Verhältnis zu diesem besonderen Tag der Woche: Für nicht wenige ist der Sonntag der langweiligste Tag der Woche. Viele wissen mit diesem Feier-Tag nichts anzufangen. Ja, bei einigen ist der Sonntag sogar mit Angst besetzt. – »Wie gut, daß morgen wieder Montag ist!«

Andererseits – ist uns nicht ganz wohl dabei, den Sonntag wie jeden anderen Tag zu begehen. Der Widerstand etwa gegen die Sonntagsarbeit ist nach wie vor groß, selbst wenn er wegen eines höheren Einkommens und/oder der Sicherung des eigenen Arbeitsplatzes manchmal aufgegeben wird. Und auch diejenigen, die – etwa in Verkehrsbetrieben, Krankenhäusern, Altenheimen, Gaststätten – sonntags arbeiten müssen, tun dies nur ungern.

Offensichtlich gibt es bei aller Problematik des Sonntags ein tiefsitzendes Gespür in unserer Gesellschaft: Wenn wir den arbeitsfreien Sonntag aufgäben, ginge mehr verloren als nur ein arbeitsfreier Tag, der ja auch an einem anderen Tag genommen werden könnte. – Es bleibt eine große Unsicherheit: Bedeutung und Sinn dieses Tages als eines herausgehobenen Tages im Rhythmus der Woche sind unklar. Hilflosigkeit herrscht denn auch, den Sonntag sinn-voll zu feiern. Zwar werden die meisten von uns noch das Dritte der Zehn Gebote kennen: »Gedenke, daß Du den Sabbat/Sonntag heiligst!« Aber der Sinn dieser Aufforderung bleibt vielen verborgen.

Für den Sonntag gerade in der heutigen Zeit ist uns die befreiende Wirkung des jüdischen Sabbat deutlich geworden. Der Sabbat als »Vorläufer«, Wegbereiter und Grundlage zum Verstehen unseres Sonntags durchzieht deshalb auch wie ein roter Faden alle sieben Kapitel.

So möchte dieses Buch eine Einladung sein. Eine Einladung vor allem an jene,

* die Hinweise und Tips zur Gestaltung des Sonntags suchen;
* die vielleicht in ihrer Familie Probleme oder Schwierigkeiten mit der Gestaltung des Sonntags haben;
* die sich mit Sonntags-Erfahrungen anderer Menschen auseinandersetzen wollen;
* die schon immer gerne wissen wollten, was es mit dem Sonntag bzw. mit dem Sabbat auf sich hat;
* die sich über die verschiedenen Dimensionen (soziale, kulturelle, historische, politische, theologische) des Sonntags informieren wollen;
* die sich im Streit um Sonntags- und Wochenendarbeit eine Meinung bilden – und in Gewerkschaften und/oder Kirchen engagieren wollen;
* die nach Orientierung und Sinn für ihr eigenes Leben suchen;
* die selber mit- und weiterdenken – und an ihrem eigenen Sonntag etwas ändern wollen.

Uns ist natürlich klar, daß wir heute nicht nur den Sonntag als einen besonderen Tag im Ablauf der Woche sehen, sondern das ganze »Wochenende« hervorheben. Einzelne wie Familien planen nicht nur ihren nächsten Sonntag, sondern ihr Wochenende, also die Zeit von Freitagnachmittag/Freitagabend bis Sonntagabend. – Wir sind trotzdem der Überzeugung, daß der Sonntag nochmals ein ganz besonderer Tag ist. Deshalb konzentrieren wir uns in diesem Buch auf den Sonntag, wobei auch seine »Vortage« häufig zur Sprache kommen.

Das Buch versteht sich als *Hausbuch*, als *Werkbuch* und als *Glaubensbuch*: Ein Hausbuch, weil es Sie zu Hause in Ihrem Denken und Handeln begleiten möchte. Ein Werkbuch, weil es keine fertigen Antworten bietet, sondern zur Mit- und Weiterarbeit, zur Meditation wie zum Kampf herausfordert. Ein Glaubensbuch, weil es zur Mitte des jüdisch-christlichen Glaubens führt und das Wohltuende dieses Glaubens nahebringen möchte.
Wir hoffen, daß für Sie das Lesen und Stöbern in diesem Buch anregend und aufregend wird. Wir hoffen, daß Sie Anstöße finden und – auch das ist gewollt – manchmal Anstößiges. Wir laden Sie ein zum eigenen Nachdenken und Handeln.
Wir möchten an dieser Stelle ganz offen bekennen: Wir selbst können sonntags auch nicht alles so leben, daß es dem Sinn dieses Tages entspräche, daß es uns selbst, unseren Familien und unserer Mitwelt gut täte.

Der unscheinbare Bruder

Sechs von sieben Brüdern gingen auf die Arbeit.
Der siebte besorgte den Haushalt.
Wenn die sechs Brüder müde nach Hause kamen,
fanden sie das Haus geordnet,
das Essen bereit und alles in bester Ordnung.
Darüber freuten sie sich und lobten den siebten Bruder.

Aber einer der Brüder wollte klüger sein als die anderen.
Er nannte den siebten Bruder einen Faulenzer und Tagedieb,
der auch mit zur Arbeit gehen
und sein Brot verdienen sollte.
Dieses böse Wort fand leider bei den anderen Gehör.
Sie beschlossen einmütig,
daß ihr siebter Bruder nicht länger
seines bisherigen Amtes walten sollte.
Sie nötigten ihn,
auch am frühen Morgen mit auf die Arbeit zu gehen.

Und dann machten die sieben Brüder
eine überraschende Erfahrung.
Als sie müde und abgespannt am Abend
von der Arbeit nach Hause kamen:
Kein freundlicher Lichtschein winkte ihnen entgegen.
Keine fürsorgende Hand hatte das Hauswesen geordnet.
Kein Tisch war gedeckt. Kein Bruder stand an der Tür
und empfing sie mit einem herzlichen Wort.

Und jetzt merkten sie,
wie dumm sie gehandelt hatten,
als sie ihren siebten Bruder seines stillen Amtes enthoben hatten.
Sie fühlten sich, weil es ihre eigene Schuld war,
doppelt elend und verlassen. Dann beschlossen sie,
den siebten Bruder wieder in sein Amt einzusetzen.
Das verlorene Glück der sieben Brüder
kehrte mit seinem heimlichen Segen zu ihnen zurück.
Sie lebten miteinander einträchtig und in Frieden.

Märchen der Brüder Grimm

Der Sonntag

Ein Tag (der) Zeit

Was wir so sagen …

Alles zu seiner Zeit
Die Zeit läuft mir davon
Sich in der Zeit vertun
Zeit ist Geld
Ich habe keine Zeit zu verschenken
Es wird Zeit!
Ach, wie die Zeit vergeht!
Das ist eine Frage der Zeit
Die Zeit totschlagen
Man muß mit der Zeit gehen
Er ist ein Kind seiner Zeit
Sie hat das Zeitliche gesegnet
Ich stehe unter Zeitdruck
»Nimm dir Zeit und nicht das Leben!«
»Hast du dir auch etwas Zeit mitgebracht?«

…

Zeit

So wandelt sie im ewig gleichen Kreise,
Die Zeit nach ihrer alten Weise,
Auf ihrem Wege taub und blind;
Das unbefangne Menschenkind
Erwartet stets vom nächsten Augenblick
Ein unverhofftes seltsam neues Glück.
Die Sonne geht und kehret wieder,
Kommt Mond und sinkt die Nacht hernieder,
Die Stunden die Wochen abwärts leiten,
Die Wochen bringen die Jahreszeiten.
Von außen nichts sich je erneut,
In dir trägst du die wechselnde Zeit,
In dir nur Glück und Begebenheit.

Ludwig Tieck

»Ich und wir haben Zeit« – das rangiert ganz vorne.

Sonntags-Wünsche einiger konkreter Zeit-Genossen

- »Für mich und für andere Zeit haben
- Freizeit haben und frei von Verpflichtungen sein
- Wochenende haben
- Den Gottesdienst besuchen
- Liegen-Gebliebenes erledigen bzw. vorbereiten
- Eigenen Hobbies nachgehen
- Mit anderen Menschen Kontakt haben
- Ausruhen
- Nachdenken
- Im Kontrast zum Alltag leben«

- »Frei von Verpflichtungen sein
- Zeit für mich und für andere haben
- Ausruhen
- Nachdenken
- Den Gottesdienst besuchen
- Liegen-Gebliebenes erledigen
- Meinen Hobbies nachgehen«

- »Für mich sind folgende Aspekte des Sonntags wichtig, da wir sie bisher in unserer Familie nur ungenügend realisieren konnten:
- Mit anderen Menschen Kontakt haben
- Für mich und für die Familie Zeit haben
- Nachdenken
- Ausruhen

In Wirklichkeit erfahre ich jedoch häufig, daß wir vorher große Erwartungen haben und nachher enttäuscht sind«

- »Für mich und andere Zeit haben
- Mit anderen Menschen Kontakt haben
- Nachdenken
- Ausruhen
- Den Gottesdienst besuchen
- Freizeit haben und frei von Verpflichtungen sein
- Im Kontrast zum Alltag leben
- Vorher große Erwartungen haben – hinterher enttäuscht sein
- Schwierigkeiten und Konflikte kommen auf«

- »Ausruhen
- Im Kontrast zum Alltag leben
- Für mich und für andere Zeit haben
- Nachdenken
- Wochenende haben
- Liegen-Gebliebenes erledigen
- Meinen Hobbies nachgehen
- Mit anderen Menschen Kontakt haben
- Schwierigkeiten kommen auf
- Vorher große Erwartungen haben – hinterher enttäuscht sein«

Es verhält sich merkwürdig mit der Zeit

Meistens nehmen wir sie gar nicht wahr. Sie scheint einfach da zu sein. Sie fließt unaufhörlich dahin; sie gehört zur Natur, zur Welt, zum Leben einfach dazu. – Oder fiele es Ihnen leicht zu antworten, wenn Sie jemand fragte: »Was verstehen Sie unter Zeit?« Oder wenn gar ein Kind die Frage stellte: »Zeit, was ist das?«
Natürlich haben wir uns daran gewöhnt, die Zeit zu messen. Dazu tragen wir fast alle und fast immer eine Uhr. Diese Instrumente, mit denen wir die Zeit messen, sind im Verlaufe der Zeit immer feiner und genauer geworden. Wenn noch vor Jahren im Sport die Zeiten von Siegern und Verlierern mit der Genauigkeit von Zehntelsekunden ermittelt wurden, so geht es dort heute um Hundertstel- und Tausendstelsekunden…
Wenn wir über Zeit nachdenken, dann können wir wohl eine Unterscheidung nachvollziehen, die sich mit eigenen Erfahrungen deckt:
Zeit – das ist zunächst eine Bewegung, in der wir uns selbst bewegen: Vergangenheit – Gegenwart – Zukunft; Gestern – Heute – Morgen; 3. Mai 1953 – 27. Januar 1992 – 14. September 2004; 7.30 Uhr – 14.15 Uhr – 22.45 Uhr … Solche Zeiten sind Daten, die wir einfach hinzunehmen und anzunehmen haben. Zeit, so verstanden, steht uns gleichsam gegenüber. Wir können sie aus einem näheren oder ferneren Abstand betrachten und messen.
Zeit – das ist aber gleichzeitig auch unsere Erfahrung mit ihr: Sie fehlt uns, sie vergeht wie im Fluge, sie schleicht unendlich langsam dahin… An diesem oder jenem Tag, zu dieser oder jener Stunde habe ich etwas ganz Bestimmtes, etwas ganz Wichtiges und Entscheidendes erlebt. Der Zeit, so verstanden, stehe ich nicht distanziert gegenüber, sondern da bin ich mitten drin. Solche Zeit hat mit mir zu tun.

Zeit = Chronos	Zeit = Kairos
Chronos ist die objektive, meßbare, für alle Menschen gleich geltende Zeit. Chronos kennt keine inhaltlichen Differenzierungen im Zeitablauf, kennt keine Rhythmen und keine herausgehobenen Tage oder Stunden. Chronos ist vom menschlichen Erleben losgelöst und kann von allen Menschen exakt mit einem »Chronometer« (einem Zeitmeßgerät oder einer Uhr) gemessen und in beliebige Stücke eingeteilt werden.	*Kairos* ist die subjektive, menschliche Zeit, von verschiedenen Menschen unterschiedlich gefüllt und erlebt. Kairos meint den richtigen Moment, etwas zu tun oder nicht zu tun. Kairos ist die Zeit der Entscheidung, der ent-scheidende Zeitpunkt. Auf ihn kommt es an, um Wendungen im Leben als Chance oder als Gefahr richtig wahrzunehmen. Kairos meint die sinnvoll gefüllte Zeit im Gegensatz zur vertanen Zeit. Während Chronos qualitätslos ist, ist Kairos der »qualitativ wertvolle Augenblick«.

»Nichts ist länger als die Zeit,
denn sie ist das Maß
der Ewigkeit.
Nichts ist kürzer,
denn sie fehlt uns
bei all unseren Unternehmungen.
Nichts vergeht langsamer
für den, der wartet,
nichts schneller für denjenigen,
der genießt...«

François-Marie Voltaire,
französischer Philosoph (1694 – 1778)

Diese Umschreibung und Unterscheidung von Zeit entspricht wohl ganz unserem persönlichen Verstehen und Erleben. Und auch das entspricht unserer Erfahrung: Die Zeit schreitet voran; wir entwickeln uns in der Zeit. Das ist unser ganz normales Zeitempfinden. Und man könnte meinen, das sei immer – zu allen Zeiten – schon so gewesen. Aber in der Geschichte der Menschheit gab es – bis in jüngere Zeiten hinein – auch etwas ganz anderes.

Gesellschaften »ohne Zeit«

»Die Zeit schreitet voran, in der Zeit schreiten wir voran« – dieses Empfinden gab es bei vielen früheren Gemeinschaften und Gesellschaften nicht. Bei den sogenannten Naturvölkern – wir sprechen auch oft überheblich von primitiven Völkern – war das Leben geprägt vom ständigen Wechsel und von der ständigen Wiederkehr von Tag und Nacht, von Monden und Jahreszeiten. Das Leben dieser Menschen war bestimmt von sozialer Nähe, von Beständigkeit des Zusammenlebens und vom Rhythmus der Natur – von einer Einheit mit der Natur.
Das Zeitbewußtsein dieser Gesellschaften war geprägt von der ewigen Wiederkehr. Es war ein zyklisches Zeitbewußtsein. Die Menschen kannten keine Zukunft und keine Geschichte. Eigentlich existierte die Zeit für diese Völker gar nicht, ja, sie hatten nicht einmal ein Wort für »Zeit«.
Zeit zu messen war für sie genauso uninteressant wie Zeit einzuteilen.

»Zeit ist die Zahl der Bewegungen
im Hinblick auf Früher und Später.«

Aristoteles, griechischer Philosoph
(384 – 322 v.Chr.)

Der Europäer und die Zeit

Aus den Reden eines Südseehäuptlings

Das Papalagi (Bezeichnung für den Europäer) ist immer unzufrieden mit seiner Zeit, und er klagt den großen Geist dafür an, daß er nicht mehr gegeben hat. Ja, er lästert Gott und seine große Weisheit, indem er jeden neuen Tag nach einem ganz gewissen Plane teilt und zerteilt. Er zerschneidet ihn geradeso, als führe man mit einem Buschmesser durch eine weiche Kokosnuß. Alle Teile haben ihren Namen: Sekunde, Minute, Stunde. Die Sekunde ist kleiner als die Minute, diese kleiner als die Stunde; alle zusammen machen die Stunde, und man muß sechzig Minuten und noch viel mehr Sekunden haben, ehe man soviel hat wie eine Stunde.
Das ist eine verschlungene Sache, die ich nie ganz verstanden habe, weil es mich übel anmacht, länger als nötig über solcherlei kindische Sachen nachzusinnen. Doch der Papalagi macht ein großes Wissen daraus. Die Männer, die Frauen und selbst die Kinder, die kaum auf den Beinen stehen können, tragen im Lendentuch, an dicke metallene Ketten gebunden und über den Nacken hängend oder mit Lederstreifen ums Handgelenk geschnürt, eine kleine, platte, runde Maschine, von der sie die Zeit ablesen können. Dieses Ablesen ist nicht leicht. Man übt es mit den Kindern, indem man ihnen die Maschinen ans Ohr hält, um ihnen Lust zu machen.
Es gibt in Europa nur wenige Menschen, die wirklich Zeit haben. Vielleicht gar keine. Dabei rennen auch die meisten durchs Leben, wie ein geworfener Stein. Fast alle sehen im Gehen zu Boden und schleudern die Arme weit von sich, um möglichst schnell voranzukommen. Wenn man sie anhält, rufen sie unwillig: »Was mußt du mich stören; ich habe keine Zeit, siehe zu, daß du deine ausnützt.« Sie tun gerade so, als ob ein Mensch, der schnell geht, mehr wert sei und tapferer, als der, welcher langsam geht.
Nur ein einziges Mal traf ich einen Menschen, der viel Zeit hatte, der nie ihrer klagte; aber er war arm und schmutzig und verworfen. Die Menschen gingen im weiten Bogen um ihn herum, und keiner achtete seiner. Ich begriff solches Tun nicht, denn sein Gehen war ohne Hast, und seine Augen hatten ein stilles, freundliches Lächeln. Als ich ihn fragte, verzerrte sich sein Gesicht, und er sagte traurig: »Ich wußte nie, meine Zeit zu nützen, daher bin ich ein armer mißachteter Tropf.« Dieser Mensch hatte Zeit, doch auch er war nicht glücklich.

Babylonier – Sumerer – Ägypter:

Aus dem Zeit-Kreis wird eine Zeit-Linie

Die ewige Wiederkehr der Zeit bleibt zunächst für die ältesten Kulturvölker typisch. Als sich aber Städte entwickeln und damit mehr Menschen zusammenwohnen und mehr Aufgaben verteilt werden müssen, entsteht aus der Notwendigkeit der Versorgung ein Zwang zur Planung. Auch die Zeit mußte nun genauer geordnet werden.

Bei den Babyloniern entsteht der Kalender. Er ist an Naturerscheinungen, vor allem am Lauf der Gestirne, orientiert. Das Zeitverständnis bleibt damit zyklisch. Aber die Zeit erhält nun ein Ziel: Zeit ist planbar, kann genauer strukturiert und mit Inhalten und Aufgaben gefüllt werden. Neben Jahren, Monaten und Tagen kommen nun die Wochen zur Zeiteinteilung hinzu. Die Babylonier schaffen die Grundlagen für die spätere Sieben-Tage-Woche, die über das Judentum von der ganzen abendländischen Kultur übernommen wird.

Bei den Sumerern entsteht eine Fünf-Tage-Woche. Bei anderen Völkern in vorchristlicher Zeit gibt es Drei-Tage- oder Zehn-Tage-Wochen ... Sozialer Hintergrund für diese Wochen-Einteilung dürfte die Einführung von Markttagen gewesen sein: Sie werden in den Städten immer an einem festgelegten Wochentag abgehalten.

Noch zielgerichteter wird die Zeit bei den Ägyptern. Zunächst bestimmt der Nil mit seinen jährlichen Überschwemmungen und der damit verbundenen Fruchtbarkeit ihr Zeitverständnis und ihren Kalender. Aber dieser zyklische Rhythmus der ständigen Wiederkehr wird allmählich durchbrochen von einem linearen, zielgerichteten Zeitverständnis. Nicht nur Handel, Stadtkultur und wirtschaftliche Versorgung haben dieses zielgerichtete Zeitbewußtsein gefördert. Vielmehr spielen große Gemeinschaftsprojekte, vor allem der Bau der Pyramiden, mit der notwendigen exakten Planung und Koordination hierbei die wesentliche Rolle.

Der Pyramidenbau steht mit dem Totenkult der Ägypter in unmittelbarem Zusammenhang. Die Toten, vor allem die Herrscher, werden einbalsamiert und in den die Zeiten überdauernden Pyramiden bestattet, um den Menschen über die Schwelle des Endes der menschlichen Zeit in eine andere Zeit hinüberzuretten. Damit wird die Zeit über-lebenswichtig. Sie soll dem Menschen nichts anhaben. Der Mensch will nach seiner Erden-Lebenszeit anderswo weiterleben, er will in seinen Kindern fortleben, er will seinen guten Ruf auch in Zukunft erhalten. Indem so die Zukunft für das Zeitbewußtsein wichtig war, erhält auch die Gegenwart größere Bedeutung. Da alles fließt – wie der Nil –, muß die Gegenwart um der Zukunft willen erhalten bleiben.

Israel:

Zeit auf ein Ziel hin

Das Judentum überwindet schließlich vollständig das zyklische Zeitverständnis. Für Israel läuft die Zeit als Geschichte auf ein Ziel hin. Die einzelnen historischen Ereignisse kehren nicht wieder, sie sind einmalig. Was in der Geschichte passiert – so verkünden es viele Propheten im Alten Testament –, ist einzuordnen bis in die Endzeit hinein. Geschichte ist Dialog Gottes mit den Menschen. Dieser Dialog soll gelingen – das ist Sinn und Ziel menschlichen Lebens in der Geschichte. Vom Ziel her werden Gegenwart und Vergangenheit beurteilt und entschlüsselt.
Die Zeit läuft auf ein Ziel hin – dieses Zeitverständnis hat sich durchgesetzt, auch wenn viele dies heute nicht mehr religiös begründen. Die zielgerichtete Zeit verliert nun allerdings nicht ihren Rhythmus und ihre Struktur. Ganz im Gegenteil: Als im Römischen Reich die jüdisch-christliche Sieben-Tage-Woche eingeführt wird, behält die Zeit sehr exakt ihren Rhythmus von Arbeit und Ruhe. Bestimmend bleibt, daß die Zeit nicht die bloße Aneinanderreihung immer wiederkehrender Ereignisse ist, sondern in sich einen Plan hat und auf ein Ziel hin läuft.

»Alles hat seine Stunde...«

Alles hat seine Stunde.

Für jedes Geschehen unter dem Himmel gibt es eine bestimmte Zeit:

eine Zeit zum Gebären / und eine Zeit zum Sterben,
eine Zeit zum Pflanzen / und eine Zeit zum Abernten der Pflanzen,
eine Zeit zum Töten / und eine Zeit zum Heilen,
eine Zeit zum Niederreißen / und eine Zeit zum Bauen,
eine Zeit zum Weinen / und eine Zeit für die Klage / und eine Zeit für den Tanz;
eine Zeit zum Steinewerfen / und eine Zeit zum Steinesammeln,
eine Zeit zum Umarmen / und eine Zeit, die Umarmung zu lösen,
eine Zeit zum Suchen / und eine Zeit zum Verlieren,
eine Zeit zum Behalten / und eine Zeit zum Wegwerfen,
eine Zeit zum Zerreißen / und eine Zeit zum Zusammennähen,
eine Zeit zum Schweigen / und eine Zeit zum Reden,
eine Zeit zum Lieben / und eine Zeit zum Hassen,
eine Zeit für den Krieg / und eine Zeit für den Frieden.

Aus dem Alten Testament – Buch Kohelet 3, 1-8

Sonntags-Tip * Sonntags-Tip * Sonntags-Tip * Sonntags-Tip * Sonntags-Tip

»Was haben wir am nächsten Sonntag vor?«

Das ist wohl gar nicht so selten: Wir rutschen einfach in den Sonntag rein. Wir haben vielleicht ganz vage Vorstellungen, wie der Sonntag für mich selbst oder für die Familie oder mit anderen zusammen aussehen könnte und sollte, aber wir sprechen – etwa in der Familie – unsere (unterschiedlichen) Erwartungen und Vorstellungen nicht voreinander aus. – Und dann sind wir am Sonntagabend enttäuscht darüber, daß es so ganz anders geworden ist.

Für Allein-Lebende dürfte es wichtig sein, daß sie sich bereits vor dem Sonntag mit anderen verabreden, wenn sie mit diesen etwas unternehmen wollen.

In Familien könnte es allen Beteiligten weiterhelfen, wenn sie sich – möglichst auch schon vor dem Sonntag – miteinander verständigten, welche Wünsche sie haben.

Das kann geschehen,

* indem sie sich zusammensetzen und alle ihre Vorstellungen und Wünsche äußern. – Kommen wir zu einem Kompromiß, der alle zufriedenstellt?
* indem wir in der Wohnung eine »Sonntags-Pinnwand« anbringen. Darauf können alle – auch längerfristig – ihre Wünsche anheften. … Und schon haben wir einen Ideen-Vorrat für mehrere Sonntage.

Sonntags-Tip * Sonntags-Tip * Sonntags-Tip * Sonntags-Tip * Sonntags-Tip

Christentum:

Zwischen Schöpfung und Vollendung ist uns Zeit geschenkt

Im frühen Christentum stellt vor allem Augustinus heraus, daß die Zeit unwiederholbar ist. Für ihn ist Zeit die Strecke zwischen Schöpfung und Vollendung. Zeit ist Geschichte, nicht nur weltliche, sondern auch Heilsgeschichte. Was in dieser Welt historisch geschieht, mündet in die Vollendung der Geschichte. Zeit hat zu tun mit dem Reich Gottes. Das eine Ziel der Zeit – die Herrschaft Gottes soll Wirklichkeit werden – wird »abgebildet« im sich ständig wiederholenden Kirchenjahr.

Psalm 31,15
»In Deiner Hand liegt meine Zeit«

Mit diesem Psalmtext können
wir »spielen«:

»In Deiner Hand liegt meine Zeit.«
»In Deiner Hand liegt Deine Zeit.«
»In meiner Hand liegt Deine Zeit.«
»In meiner Hand liegt meine Zeit.«
In wessen Hand liegt wessen Zeit?

Im 6. Jahrhundert bringt der »Mönchsvater« Benedikt die Spannung zwischen Ziel und Hier und Heute auf die klassische Formel: »Bete und arbeite!« Diese Formel wird Grundlage seiner Regeln für eine klösterliche Zeitordnung; sie wird zugleich Maßstab für alle späteren Regeln klösterlichen Lebens.

Konkrete Arbeiten strukturieren den Tagesablauf. Zwar wird der Tag durch eine genaue Abfolge von Gebetszeiten eingeteilt – diese Gebetszeiten schaffen Disziplin und Genauigkeit im Tagesverlauf – , aber die Länge der einzelnen Gebetszeiten hängt ab von den zu erfüllenden Arbeiten.

Dieser von Gebet und Arbeit bestimmte Zeitrhythmus der All-Tage wird natürlich regelmäßig unterbrochen durch sorgfältig eingehaltene Sonntags- und Feiertagsruhe. Die Verbindung der Zeit mit der Religion ergänzt sich durch eine Verbindung der Zeit mit der Natur: Der Tagesanfang verändert sich mit den Jahreszeiten, er ist abhängig vom jeweiligen Aufgang der Sonne.

Dieses aus dem christlichen Glauben gewachsene Zeitverständnis griff dann sogar in die Wirtschaft ein: Das Verbot, für geliehenes Geld Zinsen zu nehmen, hat mit dieser Auffassung von Zeit zu tun. Zinsnehmen ist ein Geschäft mit der Zeit. Zinsforderungen erhöhen sich, je länger die Zeit dauert, in der das Geld verliehen und noch nicht zurückgezahlt wurde. Die Zeit aber gehört Gott. Er hat sie zu einem öffentlichen Gut erklärt, das allen Menschen gleich gehört. Zinsen nehmen ist also gleichzusetzen mit »Zeit verkaufen«, ist damit ein Betrug an Gott und an den Mitmenschen.

Seit dem 14. Jahrhundert:

Zeit messen als Zeichen von Macht …

Natürlich gab es schon durch das frühe und hohe Mittelalter hindurch ausgeklügelte Versuche, über die Beobachtung der Gestirne hinaus Zeit möglichst genau zu messen: mit Wasseruhren, Sanduhren, Abbrennen von Kerzen…
Aber das Interesse an einer exakten Bestimmung und Messung der Zeit taucht in Europa erst beim Wechsel vom 13. zum 14. Jahrhundert auf. In dieser Zeit wurde die erste mechanische Uhr erfunden. Es waren die Kirchtürme, die mit diesen neuen Uhren und mit einem zusätzlichen Glockenschlag versehen wurden. Die Glocke machte allen stündlich klar, »was die Uhr geschlagen hat«. – Schnell ergriff diese neue Möglichkeit, genau die Zeit ansagen zu können, auch die Nacht. Es entsteht der Beruf des Nachtwächters. Seine vorrangige Aufgabe ist nicht, über Güter und Leben und Ordnung zu wachen, sondern den Bürgern in den mittelalterlichen Städten stündlich die Zeit anzusagen.

Das Nachtwächterlied

Hört, ihr Herrn und laßt euch sagen,
Unsre Glock hat Zehn geschlagen:
Zehn Gebote setzt Gott ein,
Daß wir sollen glücklich sein.
Menschen wachen kann nichts nützen,
Gott wird wachen, Gott wird schützen.
Herr, durch deine Güt' und Macht
Schenk uns eine gute Nacht!

Hört, ihr Herrn und laßt euch sagen,
Unsre Glock hat Elf geschlagen:
Elf der Jünger blieben treu,
Gib, daß nun kein Abfall sei!
Menschen wachen...

Hört, ihr Herrn und laßt euch sagen,
Unsre Glock hat Zwölf geschlagen:
Zwölf das ist das Ziel der Zeit;
Mensch bedenk die Ewigkeit.
Menschen wachen...

Hört, ihr Herrn und laßt euch sagen,
Unsre Glock hat Eins geschlagen:
Eins ist allein der einige Gott,
Der uns trägt aus aller Not.
Menschen wachen...

Hört, ihr Herrn und laßt euch sagen,
Unsre Glock hat Zwei geschlagen:
Zwei Wege hat der Mensch vor sich,
Herr, den rechten führe mich!
Menschen wachen...

Hört, ihr Herrn und laßt euch sagen,
Unsre Glock hat Drei geschlagen:
Dreifach ist, was heilig heißt,
Vater, Sohn und heiliger Geist.
Menschen wachen...

Hört, ihr Herrn und laßt euch sagen,
Unsre Glock hat Vier geschlagen:
Vierfach ist das Ackerfeld;
Mensch, wie ist dein Herz bestellt?
Alle Sternlein müssen schwinden
Und der Tag wird sich einfinden.
Herr, durch deine Güt und Macht
Gib uns eine gute Nacht!

Volkslied

Alle großen und bedeutenden Städte des europäischen Mittelalters sind bereits Ende des 14. Jahrhunderts mit öffentlichen Uhren ausgestattet. Uhren befinden sich an Rathäusern und an eigens für Uhren gebauten Türmen. Uhren werden *das* Zeichen für das Prestige der Städte. Uhren werden auch zum Symbol der Emanzipation der Städte von der Kirche. Die mit den Uhren verbundenen städtischen Glocken verkünden neu entstandene weltliche Herrschaft. Die Sprache verrät diesen Herrschaftsanspruch: »Etwas an die große Glocke hängen«. Das meint: Etwas der Allgemeinheit, der Öffentlichkeit bekanntmachen, wozu nur die »Herren« der Stadt berechtigt sind.
Wenn nach kriegerischen Auseinandersetzungen zwischen zwei Städten die besiegte Stadt der siegreichen ihre Glocken zu überlassen hatte, dann war das nicht nur die Abgabe eines Beutestücks neben etlichen anderen. Das war vielmehr eine symbolische Handlung: Die besiegte Stadt hatte mit der Glocke ihre Selbständigkeit und ihre rechtliche Eigenständigkeit verloren. Sie gehörte nun »zu einer anderen Glocke«, das heißt: sie war fremder Herrschaft unterworfen.

... und zur besseren Organisation der Arbeit und Produktion

Im ländlichen Raum gilt die »Zeit der Kirche« noch lange. Aber in den Städten wird sie durch eine andere Zeit abgelöst.
Werksglocken regeln in der Stadt die Arbeitszeiten und Pausen; sie schärfen den Arbeitern die festgelegten Zeiten der Arbeit ein und befristen die Arbeitspausen. Stundenlöhne werden in den Städten eingeführt, Abschläge für versäumte Arbeitsstunden, Zuschläge für Überstunden. Kanzeln, Schulen, Universitäten und Sitzungsräume werden mit Sanduhren ausgestattet, um den Predigern, Lehrern, Dozenten und Rednern die Zeit vorzugeben.

Wußten Sie schon …

… daß das Wort »Zeit« das meistgebrauchte Substantiv der deutschen Sprache ist?

… daß wir zum Messen der Zeit eigentlich gar keine Uhr und keinen Kalender bräuchten, wenn wir uns auf die Bewegung der Himmelskörper und die durch sie festgelegte Zeiteinteilung von Tag, Monat und Jahr beschränken würden?

… daß die Zeiteinteilung der Sieben-Tage-Woche eine menschliche Einteilung – besser: eine menschlich-kulturelle Leistung – ist und wir erst deshalb Kalender brauchen?

… daß die genaueste Uhr der Welt, die Cäsium-Atomuhr in der Physikalisch-Technischen Bundesanstalt in Braunschweig, in 1.000.000 Jahren 1 Sekunde vor- bzw. nachgeht?

… daß die telefonische Zeitansage in der früheren (kleineren) Bundesrepublik täglich etwa 600.000 mal angefragt wurde – trotz der vielen öffentlichen und privaten Uhren?

… daß König Karl IX. von Frankreich durch einen Erlaß aus dem Jahre 1563, der 1566 in Kraft trat, den Jahresanfang auf den 1. Januar festlegte; daß bis zu diesem Zeitpunkt das Osterfest der Anfang eines neuen Jahres war?

… daß Mediziner heute von einer »Chronopathologie«, das heißt von einem Leiden an der Zeit, sprechen und damit den krank machenden Widerspruch kennzeichnen, den Menschen zwischen objektiven Erfordernissen der Zeit und ihrem Wunsch nach Selbstbestimmung über die eigene Zeit erfahren?

… daß heute in der Arbeitswelt Zeit der zentrale Gegenstand der Auseinandersetzung zwischen Arbeitnehmern und Arbeitgebern geworden ist; daß es bei den Fragen um Verlängerung oder Verkürzung der Arbeitszeit, um die Zeitdichte der Arbeit, um Pausen oder Schichten, um Teilzeitarbeit oder um Stundenlöhne… immer um Zeit geht?

Pünktlichkeit, Exaktheit, Genauigkeit und Disziplin sind die neuen Elemente dieser Zeitordnung. Uhren dienen vor allem der Organisatin, Koordination und Produktion. Händler sind am schnellen Umsatz ihrer Waren interessiert. Pünktliche, regelmäßige und zuverlässige Warenlieferung ist nötig, um Käufer und Verkäufer zusammenzubringen. Die Waren müssen also auch pünktlich produziert werden. Die in Zünften organisierten mittelalterlichen Handwerker produzierten noch eine konkrete Ware vom ersten bis zum letzten Handgriff für einen konkreten Käufer. Jetzt macht die Zwischenstation der Händler eine andere Produktionsform notwendig. Arbeitsteilung ist gefordert, um die in Auftrag gegebenen Stückzahlen eines Produktes rechtzeitig herstellen und liefern zu können.

Damit wird die Zeit, die ursprünglich am Lebenszusammenhang der Menschen orientiert war, vom Lebensablauf abgetrennt. Zeit verwandelt sich von der bisherigen Anbindung an den Lebens-Inhalt zur Strukturierung verschiedenster Lebens-Unterhalte. Diese Trennung vom konkreten individuellen Leben macht die Zeit zu etwas, was dem Menschen gleichsam als Fremdes entgegentritt; Zeit wird abstrakt. – Eine protestantische Ethik, die im wirtschaftlichen Erfolg den zentralen Hinweis auf die Heilssicherheit des Menschen sah, bewirkte zusätzlich, daß sich dieses neue Zeitverständnis durchsetzen konnte.

Der Händler mit den durststillenden Pillen

Auf seiner Reise über den Planeten Erde begegnet der kleine Prinz eines Tages einem Händler.
»Guten Tag«, sagte der kleine Prinz.
»Guten Tag«, sagte der Händler.
Er handelte mit höchst wirksamen, durststillenden Pillen. Man schluckt jede Woche eine und spürt überhaupt kein Bedürfnis mehr zu trinken.
»Warum verkaufst du das?« sagte der kleine Prinz.
»Das ist eine große Zeitersparnis«, sagte der Händler. »Die Sachverständigen haben Berechnungen angestellt. Man erspart dreiundfünfzig Minuten in der Woche.«
»Und was macht man mit diesen dreiundfünfzig Minuten?«
»Man macht damit, was man will...«
»Wenn ich dreiundfünfzig Minuten übrig hätte«, sagte der kleine Prinz, »würde ich ganz gemächlich zu einem Brunnen laufen...«

Antoine de Saint-Exupéry

Industrialisierung:

Zeit ist Geld

Es dauerte noch etwa 200 Jahre, bis sich die neue Zeitordnung endgültig etablierte. Aber die entscheidenden Schritte waren schon getan.
Die Industrialisierung mit ihren Fabriken macht aus einer Zeit, die sich an den Rhythmen der Natur und/oder an den religiösen Festen orientierte, eine Zeit, die der Ökonomie unterworfen ist. Von dem Amerikaner Benjamin Franklin ist das Wort überliefert: »Zeit ist Geld«. Damit ist das neue Zeitverständnis kurz und knapp auf den Begriff gebracht. Zeit muß genutzt werden, um Gewinne zu machen, um Kapital anzuhäufen, um wohlhabender und mächtiger und einflußreicher zu werden.

Der natürliche Wechsel von Helligkeit und Dunkelheit hatte bisher die Arbeitszeit auf den Tag eingeschränkt. Jetzt wird die Arbeit – dank der Erfindung des künstlichen Lichtes – auch auf die Nacht ausgedehnt. Die Arbeitszeiten werden bis zu 16 Stunden pro Tag ausgeweitet. Die durch die christliche Religion vorgeschriebene Arbeitsruhe an Sonn- und Feiertagen wird immer mehr gelockert.
Die neue Produktionsweise der Fabrikarbeit fordert auch von den Arbeitern etwas ganz Neues: Eine strenge zeitliche Ordnung auf der Grundlage von Pünktlichkeit und Zuverlässigkeit. Dies gegenüber den Arbeitenden durchzusetzen, war allerdings nicht leicht.
Als Beispiel für den Widerstand der Arbeiter gegen die neue Diktatur der Zeit mag die Geschichte des »blauen Montags« dienen: Im Mittelalter hatten sich die Handwerker den arbeitsfreien Montag erkämpft. In Deutschland wurde nun 1731 dieser arbeitsfreie Tag durch ein Reichsgesetz verboten. Drastische Strafen mußten jedoch noch lange Zeit herhalten, um den Arbeitern das neue Zeitgefühl der Pünktlichkeit, der Beständigkeit und der Zuverlässigkeit »einzubleuen«.
Die Arbeiter hatten zunehmend das Gefühl, total unter der Diktatur der Zeit zu stehen. In England hatte dies zur Folge, daß sie nicht wie ihre schlesischen Kollegen die Webstühle, sondern die Uhren, »die Mühlen des Teufels«, zerschlugen. Sie folgten damit dem Beispiel der Aufständischen in der Französischen Revolution; diese hatten 1789 in Paris die Turmuhren, die Wahrzeichen der Herren, zerstört.
Es war jedoch nur »eine Frage der Zeit«, bis die Arbeiter sich an den von außen ausgeübten Zwang gewöhnt und als neue Lebens- und Arbeitsbasis übernommen hatten:
Die erste Generation der Fabrikarbeiter hatte offen oder versteckt gegen die neue Zeitordnung gekämpft.
Die zweite Generation trat noch aktiv für eine Verkürzung der Arbeitszeit ein.
Die dritte Generation aber forderte bereits Zuschläge für Überstunden.
Damit hatten die Arbeiter die Herrschaft der Ökonomie, das oberste Gebot: »Zeit ist Geld«, übernommen und angenommen.

Bis heute:

In immer kürzerer Zeit immer mehr leisten

Und dann kamen die technisch immer perfekter werdenden Maschinen.
Sie sind in der Lage, rund um die Uhr zu laufen. Ihr Zeittakt bindet den Arbeiter nun vollständig. Die Fabriken werden zunehmend mechanisiert und automatisiert. Jetzt kann ohne Unterbrechung mit diesen immer laufenden Maschinen Arbeitszeit sein. Dabei braucht sich die Arbeitszeit für den einzelnen gar nicht auszudehnen, aber die Arbeitszeiten können immer intensiver genutzt werden. Nur wenn Maschinen abgestellt werden oder wenn ein technischer Defekt eintritt, können die Arbeitenden die ihnen geraubte Zeit zurückbekommen.
Aus der Arbeit an und mit der einzelnen Maschine entwickelt sich allmählich die Arbeit am Fließband. Strengste Arbeitsteiligkeit ist angesagt: An dieser Stelle des Fließbandes diese genau vorgeschriebenen Handgriffe; an anderen Stellen des Bandes haben andere anderes am selben Produkt zu tun. Niemand macht mehr etwas ganz, sondern nur etwas am jeweiligen Etwas. Aber – so wird die Zeit nicht mehr »vergeudet«!
Viele Menschen sind zum Anhängsel der Maschine geworden. Die Maschine gibt die Zeitordnung vor. Die Zeit – ein Ding, eine fremde Größe geworden – tritt als meßbare Folge von Zeit-Einheiten den Arbeitenden entgegen. Die Maschinen-Takt-Zeit wird zum Maß der Ökonomie und Industrie schlechthin.
In den vorindustriellen Gesellschaften konnten noch die Erholungspausen des Körpers und die gemeinsamen Regelungen einer Gruppe die Zeiteinteilung bestimmen. Jetzt, unter den Bedingungen der Industrie und des Kapitalismus, diktiert der Rhythmus der Maschine den Arbeitsrhythmus. – Leistung erhält ein ganz neues Gesicht: In der früheren, handwerklichen Zeit war sie an die Fertigkeit und an das handwerkliche Geschick des Arbeitenden gebunden. Jetzt, im modernen Produktionsprozeß, steigert sich Leistung dann, wenn eine Arbeit – gleich welche – zu einem vorgeschriebenen

Zeitpunkt über eine bestimmte Zeitdauer in ständig verkürzten Zeitfristen erledigt werden kann.
Zeit wird zum Bestandteil des Wettbewerbs, zum Organisationsprinzip von Produktion und Verwaltung. Die Frage nach dem Inhalt der Zeit wird ebenso wie die Bewertung der tatsächlich erbrachten Leistung zweitrangig. An erster Stelle steht die unaufhörliche Forderung nach Temposteigerung und Verkürzung der Produktionszeit.

Und das geht bis heute so. – Geht das immer so weiter?

Auf der einen Seite macht sich Zeitangst breit: Nur keine Termine verpassen, bloß die Zeit voll ausnutzen! – Auf der anderen Seite erhebt sich Protest gegen eine fremd- und uhrenbestimmte Zeit: Wenigstens zeitweise möchten Menschen ein eigenes Leben führen, auf den eigenen Lebensrhythmus hören, die fremdbestimmte Zeit abschalten…

Sprichwörter der Welt

Wer keine Zeit hat für andere,
ist ärmer als ein Bettler.
Nepal

Hast du es eilig,
mache einen Umweg.
Japan

Wer seine Zeit vergeudet,
gießt Wasser ins Meer.
Provence

Der Mensch sagt: die Zeit vergeht.
Die Zeit sagt: der Mensch vergeht.
Himalaja

Nach-Denken: Wie gehen wir mit unserer Zeit um?

»Nehmen« wir uns doch am Sonntag einmal Zeit, um darüber nachzudenken, wie wir mit ihr, unserer Zeit, umgehen. – Wenn mehrere gleichzeitig für sich nachdenken, können wir ein anschließendes Gespräch miteinander vereinbaren.

Vielleicht entdecken wir dann zum erstenmal ganz ähnliche oder auch ganz andere Ansichten, Erfahrungen und Gefühle über den »Zeit-Umgang« bei unseren Mitmenschen.

Vielleicht bewirkt das dann sogar, daß wir gemeinsam Wichtiges finden, das wir »mit der Zeit« ändern könnten an unserem Umgang mit der Zeit.

Vielleicht kommen wir dann gar dahin, etwas in unserer Lebens-Zeit zu ändern. Aber Geduld! Nicht zu viel auf einmal vornehmen! ... Denn Veränderungen brauchen ihre Zeit.

Fragen, die unser Nach-Denken und Miteinander-Sprechen leiten *könnten*:

* Welche Tätigkeiten fressen meine Zeit auf?
* Bei welchen Gelegenheiten und in welchen Lebensbereichen erlebe ich besonders viel Hektik und Streß?
* Gibt es etwas, worunter ich leide, weil ich so in/mit meiner Zeit lebe?
* Wofür möchte ich mehr Zeit haben? Warum gerade dafür?
* Welche Hindernisse sehe ich, um an meiner Zeiteinteilung etwas zu ändern? Was sind das für Hindernisse: von außen aufgestellte, überwindbare, (nur) vorgeschobene?
* Wie gehe ich mit kleinen »Zeitfetzen« um? Könnte ich diese intensiver leben?
* Und wenn ich morgen/heute tatsächlich einen ganzen Tag lang Zeit hätte, wie möchte ich sie dann füllen?

»Mit dem letzten Zeitzeichen ist es ...«
Aus den Uhr-Zeiten

☞ Definition:
Uhren sind Zeitinstrumente, die den Ablauf der Zeit in gleichmäßigen Zeitspannen lückenlos zählen und anzeigen.

Als älteste Mittel zur Darstellung des Zeitablaufs besaßen die Babylonier und die Ägypter Sonnenuhren und Wasseruhren. Diese Uhren blieben fast 3000 Jahre lang die einzigen Zeitmesser, wenn auch die Wasseruhren durch komplizierte Weiterentwicklungen mit Räderwerk, Zeigern und Figurenautomaten mehr und mehr verfeinert wurden.

Im Mittelalter waren die Klöster die Orte, an denen ein Bedarf an genauen Zeitmessern für das tägliche Leben bestand – lange bevor dies für die übrige Gesellschaft zu einem Bedürfnis wurde. Die Zeiten des Betens und Arbeitens, des Essens und Lesens, des Meditierens und Schlafens waren hier genauestens geregelt. Darüber hinaus sollte die Unterordnung unter einen engen, dem eigenen Willen entzogenen Zeitplan Demut und Askese, Gehorsam und Disziplin der Mönche fördern.

Die Klöster waren es dann auch, die zur Erfindung der ersten Räderuhren um 1300 beitrugen und die die weitere Entwicklung der mechanischen Uhren kräftig vorantrieben. Die ersten Räderuhren, mit Gewichten angetrieben, hatten noch große Abmessungen und wurden von Kloster-Handwerkern für Kirchen hergestellt. Erst später fertigten Handwerker außerhalb der Klöster Uhren für Stadttürme und Stadthäuser an.

Erst mit der Erfindung der mechanischen Räderuhren wurden gleichlange Stunden für alle Tage des Jahres üblich. Vorher gab es sogenannte Temporalstunden: Die zwei mal zwölf Stunden waren – den verschiedenen Jahreszeiten entsprechend – im Verlauf eines Jahres unterschiedlich lang, je nach der veränderten Länge der Tage und Nächte zur Sommer- und Winterzeit.

DUPIMATIC

Zwei mal zwölf Stunden hat ein Tag

An die Einteilung des Tages in 12 gleich lange Stunden oder, ab Mitternacht gerechnet, in 24 gleich lange Stunden haben wir uns völlig gewöhnt. Sie ist uns so selbstverständlich, daß wir darin nichts anderes als die logisch korrekte Ableitung natürlicher Vorgänge vermuten. – Dies ist aber keineswegs der Fall.

▼

Die »Uhrzeit« mit 12 bzw. 2 mal 12 Stunden ist keine in der Natur enthaltene Größe. Die einzige natürliche Einheit unserer Uhrzeit ist der Tag, die Zeit zwischen Sonnenaufgang – Sonnenuntergang – Sonnenaufgang. Alle anderen Elemente sind historisch gewachsen, sind von Menschen erdachte weitere Einteilungen.

▼

Schon vor 3500 Jahren haben die Babylonier die Länge der Jahre, Monate und Tage exakt berechnet. Schon vor 3500 Jahren haben sie die Jahre mit 360 Tagen festgelegt, für den Kreis 360 Grad bestimmt, das Jahr in 12 Monate eingeteilt, den Tag in 2 mal 12 Stunden, die Stunden in 60 Minuten... Und indem sie für den Kreis 360 Grad bestimmten, haben sie damit auch die Grundlage für das in 12 Teile gefaßte Zifferblatt gelegt.

▼

Die Zahl 12 scheint in der Natur vorgegeben zu sein: 12 Sternzeichen, 12 Monate, 12 Mondwechsel... Nichts logischer also, als den Tag in (2 mal) 12 Stunden einzuteilen. Aber wir brauchen uns nur die verschiedenen Längen der Monate und die Tatsache des Schaltjahres anzuschauen. Dann entdecken wir: Die 12 ist keine natürliche, sondern eine von den Menschen gewählte Ideal-Größe.

▼

Bei genauem Hinsehen halten sich weder die Sonne noch der Mond an dieses Ideal. Trotzdem ist wohl der Mond für die Entstehung der Ideal-Zahl 12 verantwortlich.

▼

Die Wurzeln der Ideal-Zahl 12 reichen also bis in die frühen Hochkulturen zurück. 12 symbolisiert Vollständigkeit oder ein rundes Ganzes. Mit Hilfe dieser Ideal-Zahl versuchten die Menschen schon in alter Zeit, die beobachtbaren Naturerscheinungen in vereinfachter und zugleich in vollendeter Ordnung zu erklären.

Nach der Antike erfolgte in der späten mittelalterlichen Scholastik eine weitere Überhöhung oder Vertiefung der Zusammenschau aller Himmelsphänomene: Alles paßte zueinander. Das erzwang geradezu die Erkenntnis, daß Gott die Welt nach einem vollkommenen System eingerichtet hat. Die göttliche Ordnung oder die Weltharmonie waren unverkennbar. Gott hatte die Welt nach Zahl, Maß und Gewicht geordnet. Das göttliche Maß für alle zeitlichen Bewegungen der Himmelskörper mußte ein Idealmaß sein, gleichmäßig und unveränderbar. Die irdische Zeit war Spiegel, Symbol und Beweis der göttlichen Weltharmonie. Alle Zeiten standen in und unter dieser Ordnung.

▼

Zwei mal zwölf Stunden hat ein Tag – für uns eine fraglose Selbstverständlichkeit, vielleicht aber auch eine frag-würdige Herausforderung: Wie ordnen *wir* diese Zeit? Wie halten oder bringen *wir* unsere Zeit in Ordnung?

Die Uhren spiegelten im Mittelalter einen Grundzug der abendländischen Kultur wider: Unmittelbar nach Erfindung der mechanischen Uhr wurde versucht, mit immer kunstvoller berechneten astronomischen Uhren die Welt des Himmels nachzubilden. Mit der Uhr wollte man ein Modell himmlischer Präzision schaffen und die Schöpfung in ihren Gesetzmäßigkeiten nachahmen und begreiflich machen.
Im 13. Jahrhundert geht der Begriff »Uhr« – aus dem altfranzösischen (h)ore übernommen, in dem das lateinische hora = Stunde nachklingt – in die althochdeutsche Sprache ein und wird damit ein Teil der Umgangssprache.
In der weiteren Entwicklung, Verkleinerung und Präzisierung der Uhren liegt die Wurzel des feinmechanischen Könnens, das für das gesamte spätere Industriezeitalter unabdingbar war.
In der zweiten Hälfte des 14. Jahrhunderts taucht die Federzug-Uhr auf. Dosenförmige tragbare Feder-Uhren – sogenannte »Sack-Uhren« – baut um 1510 der Nürnberger Schlosser Peter Henlein. Eiförmige Taschen-Uhren kommen um die Mitte des 16. Jahrhunderts auf. Ein nächster Fortschritt in der Entwicklung der Uhr ist mit der Pendel-Uhr im Jahre 1657 erreicht.

Wer im 16. Jahrhundert etwas auf sich hielt und seine Mitmenschen beeindrucken wollte, der hatte den Wunsch, eine tragbare Uhr zu besitzen. Prestige-Symbol blieb die Uhr mindestens bis zum 18./19. Jahrhundert. Bis zu dieser Zeit mußten die Uhren von mehr oder minder begabten Handwerkern in mühsamer Einzelarbeit gefertigt werden. Erst im Laufe des 19. Jahrhunderts entwickelte sich in Zentren wie Genf, Paris, London und Wien eine Arbeitsteilung in der Uhrenherstellung. Die damit beginnende industrielle Fertigung von Uhren hatte eine Beschleunigung in der Herstellung, höhere Produktionszahlen und eine Verbilligung der Uhren zur Folge.
Die Reichsregierung der Weimarer Republik beschäftigte sich über Jahre mit der Einteilung der Tagesstunden von 1 bis 24, statt der bisher praktizierten Einteilung des Alltags in 2 mal 12 Stunden. 1927 wurde dann in Deutschland die neue Stundenzählung eingeführt. In dieser Aufhebung der Unterscheidung von Tag und Nacht als Arbeits- und Ruhezeit – die Maschinen arbeiteten durchgehend, Schichtarbeit war eingeführt – fand der Übergang von der rhythmischen zur linearen Zeitwahrnehmung seinen endgültigen Ausdruck.
Die seit dieser Zeit aufgestellten Uhren der Städte haben dann auch auf den Zifferblättern zumeist keine Stunden-Numerierung mehr. Anstelle der Ziffern befinden sich jetzt auf den »Normalzeit-Nebenuhren« Stundenstriche oder -punkte.
Noch vor dem Zweiten Weltkrieg werden die Quarzuhren erfunden. Damit ist das Ende der konventionellen Räderuhren für den allgemeinen Markt eingeläutet. Die seit einigen Jahren verbilligte Massenproduktion von Digital-Uhren bringt nicht nur präzisere Zeitmesser auf den Markt. Noch »mehr« ist damit erreicht worden: Uhren sind – obwohl die unproduktivsten Maschinen der Welt – die am weitesten und am zahlreichsten verbreiteten Maschinen auf unserer Erde. Uhren sind auch kurzlebiger geworden. Neu aufkommende Modeerscheinungen lassen uns die Uhren häufiger wechseln und austauschen…

… Nur die Zeit, die von diesen Uhren gemessen wird, bleibt so lang oder so kurz wie eh und je.

Die Uhr

Ich trage, wo ich gehe,
stets eine Uhr bei mir;
wieviel sie geschlagen habe,
genau seh' ich an ihr.

Es ist ein großer Meister,
der künstlich ihr Werk gefügt,
wenngleich ihr Gang nicht immer
dem törichten Wunsche genügt.

Ich wollte, sie wäre rascher gegangen
an manchem Tag
ich wollte, sie hätte manchmal verzögert
den raschen Schlag.

In meinen Leiden und Freuden,
im Sturm und in der Ruh,
was immer geschah im Leben,
sie pochte den Takt dazu.

Sie schlug am Sarge des Vaters,
sie schlug an des Freundes Bahr,
sie schlug am Morgen der Liebe,
sie schlug am Traualtar.

Sie schlug an der Wiege des Kindes,
sie schlägt, will's Gott, noch oft,
wenn beßre Tage kommen,
wie meine Seele es hofft.

Und ward sie auch manchmal träger,
und drohte zu stocken ihr Lauf,
so zog der Meister immer
sie wieder großzügig auf.

Doch stände sie einmal stille,
dann wär's um sie geschehn –
kein andrer, als der sie fügte,
bringt die Zerstörte zum Gehn.

Dann müßt' ich zum Meister wandern,
der wohnt am Ende wohl weit,
wohl draußen, jenseits der Erde,
wohl dort in der Ewigkeit!

Dann gäb' ich sie ihm zurücke
mit dankbar kindlichem Flehn:
»Sieh, Herr, ich hab' nichts verdorben,
sie blieb von selber stehn.«

Johann Gabriel Seidl

Die Woche –
Eine »Erfindung« des Menschen

Pflanzen, Tiere, Menschen – alles Lebendige wächst im Laufe der Zeit. Erst mit der Zeit bringen Einwirkungen von außen und eigene Entfaltung den anfänglichen Keim zur ausgewachsenen Gestalt. Lebendiges wächst in der Zeit, aber nicht ungeordnet und zufällig. Lebendiges folgt einem inneren Zeitgesetz oder Zeitrhythmus, dem Rhythmus von Wechsel und Wiederkehr.
Wechsel und Wiederkehr – dieser Rhythmus prägt in und mit unserem Leben unsere ganze Zeiteinteilung. Wir teilen die Zeit ein. Wir zählen, machen fest, datieren und übertragen durchgängig Zeit-Maße auf unser Leben.
Es ist die Natur – besser: Bewegungen in der Natur, Bewegungen der Himmelskörper –, von der viele unserer Zeitrhythmen abhängig sind oder »geschaffen« werden.

Von Tag zu Tag…
In ständigem Wechsel und in ständiger Wiederkehr stehen Erde und Sonne in einem bestimmten Verhältnis zueinander. Daraus ergibt sich der Rhythmus, die Zeiteinteilung von Tag zu Tag.

Von Monat zu Monat…
In ständigem Wechsel und in ständiger Wiederkehr stehen Erde und Mond in einem bestimmten Verhältnis zueinander. Daraus ergibt sich der Rhythmus, die Zeiteinteilung von Monat zu Monat.

Von Jahr zu Jahr…
In ständigem Wechsel und in ständiger Wiederkehr stehen Erde und Sonne in einem bestimmten Verhältnis zueinander. Daraus ergibt sich der Rhythmus, die Zeiteinteilung von Jahr zu Jahr.

Und: Von Woche zu Woche...?
Der Rhythmus der Woche läßt sich nicht aus Naturbeobachtungen ableiten.
Weder Sonnen-, Mond- noch Erdbewegungen geben das Schema einer Sieben-Tage-Woche vor. Die Woche ist eine Schöpfung des Menschen, eine kulturelle Leistung, deren Ursprünge weithin im dunkeln liegen.
Keine Frage: Die Zeiteinteilung in Sonnen-Jahre, Mond-Monate und Sonnen-Tage ist viel älter als die Einteilung in Sieben-Tage-Wochen.
Alle Erklärungsversuche, die es im Laufe der Zeit gegeben hat, um die Sieben-Tage-Woche in einen Zusammenhang mit der Bewegung des Mondes zu bringen, mußten scheitern. Denn Jahrtausende lange Beobachtungen des Mondes ließen unterschiedliche Mondphasen entdecken: Manchmal sind sie 29, dann wieder 30 oder 31 Tage lang. Ein gleichmäßiger Wochenrhythmus von sieben Tagen kommt so eben nicht zustande.
Wie auch immer die Herkunft der Sieben-Tage-Woche erklärt werden mag, sie entspringt wohl einem Bedürfnis des Menschen. Menschen wollten die Zeiten deutlicher gliedern. Sie wollten zwischen den natürlichen Rhythmen der Monate weitere Stationen, um die Zeit besser aushalten, überblicken und durchschauen zu können.

Lebens-Not-wendig: Der siebte Tag der Woche
So »schuf« der Mensch schließlich die Sieben-Tage-Woche. Sie entstand im Zusammenspiel von biologisch-physischen Bedürfnissen und der schöpferischen, geistigen Ordnungskraft des Menschen.
Wir brauchen gar nicht die religiöse Deutung aus dem jüdischen und christlichen Glauben zu bemühen, damit die Sieben-Tage-Woche mit dem Ruhetag am Ende bzw. am Anfang ihren Sinn und ihre Begründung erhält. Nein, schon das biologisch-psychische Bedürfnis des Menschen fordert nach sechs Tagen Arbeit einen Tag der Ruhe und Entspannung. Dieser Ruhetag – ob er nun Sabbat, Sonntag oder anders genannt wird – schenkt in ganz natürlicher und menschlicher Sicht eine Zeit des Ausruhens und Entspannens.

Der Mensch verlangte – schon vor alter Zeit und er tut es heute noch – nach diesen Ruhezeiten, weil sie seinem Lebensrhythmus seelisch und körperlich entsprachen und immer noch entsprechen. Biologen und Psychologen erklären Sinn und Notwendigkeit des jeweils siebten Ruhetages folgendermaßen:
Die Anspannungen des Alltages/Werktages sind so groß, daß sie durch die folgende Nacht nicht gelöst werden können. So bleibt mit dem Beginn des nächsten Tages ein Überschuß an Anspannung. Dieser Überschuß wächst mit jedem neuen Tag und fordert irgendwann einen tieferen intensiveren Entspannungs-Ausgleich. – Oder mit dem Faktum des Energiehaushaltes ausgedrückt: Der Alltag/Werktag verbraucht in der Regel soviel Energie des Menschen, daß diese in der folgenden Nacht nicht vollständig zurückgewonnen oder wieder aufgefüllt werden kann. Es bleibt mit dem Beginn des nächsten Tages ein Mangel an Energie; dieser wird von Tag zu Tag größer... Irgendwann aber braucht der Mensch dann eine Regenerationsphase, die länger ist als nur eine Nacht.
Im Rhythmus der Woche vollzieht sich nun der notwendige Entspannungsausgleich oder die wiederbelebende Regenerationsphase für Leib und Seele: Nach sechs Alltagen/Werktagen steht dafür nicht nur eine Nacht, sondern es stehen 24 Stunden zur Verfügung. Den auch so noch verbleibenden Überschuß an Anspannung bzw. den Mangel an Energie versuchen wir, ergänzend zum wöchentlichen Ruhetag durch Ferien oder Urlaub auszugleichen.
Diese Fakten des Lebens führen zu dem Schluß: Der wöchentliche Ruhetag ist von grundlegender Bedeutung für die Gesundheit des Körpers und der Seele, für die Leistungsfähigkeit des Geistes, für das gesamte menschliche Gleichgewicht. – Der siebte Tag der Woche ist Lebens-Not-wendig, das heißt, er wendet des Lebens Not.

Die Sor

Im Orient wollte einst ein König seinen Untertanen eine Freude bereiten und brachte ihnen, die keine Uhr kannten, von einer Reise eine Sonnenuhr mit.
Sein Geschenk veränderte das Leben der Menschen im Reich. Sie begannen, die Tageszeiten zu unterscheiden und ihre Zeit einzuteilen. Sie wurden pünktlicher, ordentlicher, zuverlässiger, fleißiger und brachten es zu großem Reichtum und Wohlstand.
Als der König starb, überlegten sich die Untertanen, wie sie die Verdienste des Verstorbenen würdigen könnten. Und weil ihnen die Sonnenuhr das Symbol für die Gnade des Königs und die Ursache des Erfolges der

nenuhr

Bürger war, beschlossen sie, um die Sonnenuhr einen prachtvollen Tempel mit goldenem Kuppeldach zu bauen.
Doch als der Tempel vollendet war und sich die Kuppel über der Sonnenuhr wölbte, erreichten die Sonnenstrahlen die Uhr nicht mehr. Der Schatten, der den Bürgern die Zeit gezeigt hatte, war verschwunden, der gemeinsame Orientierungspunkt, die Sonnenuhr, verdeckt. Der eine Bürger war nicht mehr pünktlich, der andere nicht mehr zuverlässig, der dritte nicht mehr fleißig… Jeder ging seinen Weg.
Das Königreich zerfiel.

Eine persische Geschichte

Was machen wir mit der Zeit?

ZEIT

wir kennen und leben sie
wir richten uns nach ihr
wir orientieren uns an ihr
wir nutzen und beuten sie aus.

ZEIT

sie hält uns gefangen
sie bestimmt unser Leben
sie kann uns auffressen
sie kann uns zu ihrem Gefangenen machen.

ZEIT

etwas Gutes
nichts Schlechtes
etwas Natürliches
nichts Verwerfliches

ZEIT

wie brauchen wir sie?
wie füllen wir sie?
wie prägen wir sie?
wie leben wir sie?

Was macht die Zeit mit uns?

ZEIT

sie wird verderblich,
wenn wir sie nur zum Raffen und Schaffen brau-
chen

sie versklavt uns
wenn sie uns an unsere Alltags-Götzen bindet

sie macht uns gottlos,
wenn wir in ihr Gott nicht vorkommen lassen

sie läßt uns in die Irre laufen,
wenn wir ihr immer und immer hinterherlaufen

sie macht uns frei,
wenn wir uns in der Zeit Zeit lassen

sie gibt uns Orientierung,
wenn wir sie vom Licht dessen bescheinen las-
sen, der die Sonne, die Quelle und die Mündung
all unserer Zeit sein will

Die Ordnung der Zeit – um der Menschen willen

Damit wir menschenwürdig und ein Stück gelassen leben können, brauchen wir feste Ordnungen. Nicht Ordnungen, die uns versklaven und bewegungsunfähig machen. Nein, Ordnungen sollen uns sicher machen, sollen uns gefahrlos gehen lassen. Ohne vorgegebene Ordnungen müßten wir ständig fragen: Darf ich, kann ich den nächsten Schritt tun? Erreiche ich mit dem nächsten Schritt auch wieder festen Grund? Muß ich immer erst fragen und neu überlegen? …
Ordnung und Orientierung gehören sprachlich und auch in ihrer Bedeutung zusammen. Der Mensch ist ein Wesen, das der Ordnung und der Orientierung bedarf.

Orientierung im Raum – damit wir uns nicht verirren

Seit Kopernikus (1473 – 1543) wissen wir, daß die Erde sich um die Sonne und nicht die Sonne um die Erde dreht. Trotzdem orientieren wir uns weiterhin am »Lauf« der Sonne! Nach ihrem Stand haben wir die Himmelsrichtungen festgelegt. Die Sonne steht für uns im Osten, Süden oder Westen, und nicht die Erde… Wir orientieren uns an unserem Leib, wenn wir rechts und links, oben und unten unterscheiden.
An dieser Raum-Ordnung orientieren sich auch die ältesten Heiligtümer und Tempel der Menschheit sowie die mittelalterlichen Kirchen: sie sind geostet, das heißt auf den Orient – auch mit »Orientierung« verwandt – ausgerichtet… – Diese Orientierung führt zurück bis zum Bild vom »Garten Eden«, dem Paradies. Nach alter mythischer Überlieferung liegt das Paradies im Osten, im Orient.

Orientierung in der Zeit – damit unser Leben nicht zerläuft

Wir brauchen auch eine feste Orientierung in der Zeit. Aber mit ihr ist es schwieriger bestellt als mit der Orientierung im Raum. Wenn in den alten Kulturen eine Orientierung an den Gestirnen genügte, um die Zeit in Tage, Monate und Jahre zu ordnen, so bringt schließlich die jüdische Sabbatwoche eine ganz neue Zeiteinteilung. Mit dem Sabbat schaffen die Juden den Wochenrhythmus als ganz andere feste, regelmäßig sich wiederholende »Ordnung der Zeit«. Auch ohne die in dieser Ordnung enthaltenen religiösen Dimensionen zu betonen, können wir sagen: Die »Erfindung« der Sieben-Tage-Woche ist eine kulturgeschichtliche, soziale und menschliche Errungenschaft ersten Ranges. Der Sabbat als Schluß, Höhepunkt und Besonderheit der Woche – in Sabbatruhe zu genießen und zu feiern – gehört zu den großen Geschenken, die das jüdische Volk der gesamten Menschheit gemacht hat.

☞ Was wir von den Anfängen des Sabbat wissen

Wo sich genau die Anfänge der Sieben-Tage-Woche befinden, das liegt bis heute im dunkeln. Die wichtigsten Spuren führen zu den Babyloniern und zum alten Volk Israel. In beiden Völkern haben nicht nur und nicht zuerst Naturerscheinungen, sondern religiöse Vorstellungen zur Entstehung der Sieben-Tage-Woche beigetragen. Aber in der Deutung und Begründung der Babylonier liegt ein ganz anderer Akzent als bei den Juden.

So war es bei den Babyloniern...

Die Babylonier verehrten Naturgötter. Solche Götter sind z.B. Sterne, Mond und Sonne oder auch mächtige Berge und Bäume. – Bei unseren Vorfahren, den Germanen, war das genauso. So klingt etwa in unserem »Donnerstag« noch ein germanischer Göttername an: Donar. Donnerstag ist der Tag des Gottes Donar; Donar ist der Gott des Donners.
In solchen Naturreligionen spielt das *Tabu* eine große Rolle.
Im alten Babylon war der »Sabbat« – man nannte diesen Tag »Shap/battu« – durch Arbeitsruhe geschützt. An diesem Tag war die Arbeit tabu.
Warum? – Der Mensch mußte – das war in Babylon natürlich nicht anders als bei uns – um des eigenen Überlebens willen arbeiten. Aber diese Menschen damals fühlten sich schuldig, weil sie mit ihrer Arbeit in die (göttliche) Natur eingriffen und sie veränderten. Die Menschen fühlten sich schuldig, weil sie mit ihrer Arbeit die in der Natur wohnenden Götter belästigten und ihren Unwillen hervorriefen. Sie mußten sich also irgendwie bei den Göttern entschuldigen und versuchen, sie zu beschwichtigen. Deshalb brachten sie regelmäßig – an jedem siebten Tag eines Mondmonats – den Göttern von den Erträgen ihrer Arbeit ein Entschuldigungs-Opfer dar. Dies aber war nicht eine individuelle Angelegenheit, sondern eine Verpflichtung des ganzen Volkes.
Diese Hinter-Gedanken von Schuld, Rache und Besänftigung machten den altbabylonischen »Sabbat« zu einem schlimmen, düsteren Tag, zu einem Tag der Trauer und der Selbstzüchtigung.
Der babylonische »Sabbat« war dem Planeten(- Gott) Saturn geweiht. (Diese Verbindung mit Saturn klingt noch in dem englischen Namen für Samstag = »Saturday« an.) Saturn symbolisiert nach alter religiöser und astrologischer Überlieferung die Zeit. Saturn war der Gott der Zeit. Da die Zeit aber auf den Tod hin läuft, war Saturn zugleich der Gott des Todes. – An ihrem Sabbat sahen sich die Babylonier also mehr als an allen anderen Tagen der Zeit und dem Tod ausgeliefert und unterworfen.

... ganz anders der jüdische Sabbat

Von den Babyloniern übernahmen die Israeliten den Sieben-Tage-Rhythmus der Woche: Sechs Tage Arbeit, ein Tag Ruhe. Aber sie gaben diesem Tag auf dem Hintergrund ihrer eigenen Geschichte eine neue Bedeutung. Eine wichtige Grundlage des jüdischen Glaubens ist: Gott hat die Welt geschaffen, und er hat eine gute Welt geschaffen. Gott schuf auch den Menschen »nach seinem Ebenbild« (Genesis 1,27). Gott stellte die Welt dem Menschen zur Verfügung, damit er sie bebaue, schütze und pflege. Arbeiten in und mit der Natur entspringt nach diesem Glauben unmittelbar einem Auftrag Gottes. Berührung, Veränderung und Nutzung der Natur führen weder von vornherein zum Schuldigwerden noch rufen sie den Unwillen Gottes hervor – eine ganz andere Sichtweise als bei den Babyloniern.
Gott ruhte am siebten Tag, weil er sich über das gelungene Werk der Schöpfung freute. Deshalb soll auch der Mensch am siebten Tag ruhen. Auch er darf und soll sich über die gute Schöpfung freuen und über seine Mitarbeit in und an dieser Schöpfung – wieder ganz anders als bei den Babyloniern.
Der Vergleich zwischen dem babylonischen »Shap/battu« und dem jüdischen Sabbat läßt uns noch einen weiteren gravierenden Unterschied entdecken:
Am Sabbat unterbrechen die Juden einen Tag lang ihre Arbeit; einen Tag lang mischt sich der Mensch nicht in die Natur ein. Mensch und Natur können aus-ruhen. Dahinter steht für den Juden die Vorstellung: Es gibt gar keine Zeit, wenn der Mensch nicht arbeitet. Wenn der Mensch die Welt nicht verändert durch Arbeit, wenn er sich nicht in die Schöpfung (Natur) aktiv einmischt, dann hört die Zeit praktisch auf zu existieren.
Damit symbolisiert der biblische Sabbat den Sieg des Menschen über die Zeit. Am Sabbat ist die Zeit des Sich-Mühens, des Sich-Sorgens und des Sich-Quälens aufgehoben – für Mensch und Natur.
Deshalb kann, soll, muß dieser Sabbat in Freude – so als ob es die vergehende Zeit nicht gäbe – gefeiert werden. Dies wirkt sich auf die jüdische Sabbatfeier so aus: Die Menschen sollen gut essen und gut trinken, sich geschlechtlich lieben, danken und sich dem Studium ihres Glaubens widmen.
Alle »zeitlichen« Sorgen, alle »zeitliche« Kritik, alle »zeitliche« Trauer haben am Sabbat draußen vor der Tür zu bleiben...

Heute: Die »geordnete Zeit« preisgeben?

Heute sind wir dabei, die »geordnete Zeit« preiszugeben. Wir diskutieren über veränderte und flexible Arbeitszeiten, propagieren Arbeit rund um die Uhr und alle Tage hindurch – ohne Rücksicht auf Wochenende, auf Sonn- oder Feiertage. Wir sind dabei, eine altgefügte *und* bewährte Ordnung kaputtzumachen, ohne eine neue »bessere« an ihre Stelle zu setzen.

Heute ist ein Streit entbrannt zwischen moderner Industrie/Technik und der kulturgeschichtlich erprobten und bewährten Zeit-Ordnung der Bibel: total verschiedene Zeit-Verständnisse und Lebenswerte kämpfen da gegeneinander.

Die herkömmliche Woche ist durch und durch am Menschen orientiert. Sie gliedert das Leben rhythmisch zu unserem Wohlbefinden. Ihre Ordnung hat sich unserem Leben – leiblich wie seelisch – gleichsam eingeprägt. Im Wochenrhythmus finden wir Hilfe und Halt; er läßt uns erfahren, daß wir nicht nur »Arbeitstiere« oder kleine, austauschbare Rädchen innerhalb eines Produktionsbetriebes sind.

Demgegenüber verherrlichen Industrie/Technik mit ihrem ganz anderen Zeit-Verständnis ganz andere Lebens-Werte: Zeit und Leben sind zu nutzen für eine möglichst ununterbrochene Produktion und Arbeitsleistung. Der Mensch als »Be-Diener der Maschinen« hat sich diesem Perpetuum Mobile konsequent anzupassen. Der Mensch – gegenüber den Maschinen leider das schwächste Glied in der ganzen Arbeits- und Produktionskette – hat sich so hin und her bewegen zu lassen, daß die Produktion nicht zum Stillstand kommt.

ruhla

Viel Zeit haben – keine Zeit haben

In vergangenen Zeiten galt es als ein Privileg, Zeit zu haben, viel Zeit zu haben. Das war ein Zeichen für Besitz, Reichtum und für eine hohe gesellschaftliche Stellung. Kaiser und Adelige, hohe Beamte, Politiker und Gutsbesitzer... – sie alle hatten viel Zeit.
Heute dagegen: »Ich habe keine Zeit...« Das ist ein Ausweis für unsere Tüchtigkeit und Unersetzbarkeit, ein Beweis für unser Leistungsvermögen und unsere Ernsthaftigkeit, ein Nachweis für unsere Wichtigkeit und betriebserhaltende Position.
Wenn aber jemand sagt: »Ich habe Zeit!« – meinen wir dann nicht: Der oder die ist nicht gefragt; mit deren Tüchtigkeit ist es nicht weit her; die wird es nicht weit bringen; der spielt mit seiner Arbeit in seinem Betrieb keine Rolle...? – Wer tüchtig und strebsam ist, der/die muß doch »ausgebucht«, »eingespannt«, »verplant« sein, dessen/deren Terminkalender muß doch voll sein.
Früher hatten die Angesehensten in der Gesellschaft die meiste Zeit. Heute stehen die an der gesellschaftlichen Spitze, die die wenigste oder gar keine Zeit haben. *Keine* Zeit zu haben, das ist zum Wertmaßstab für die gesellschaftliche Beurteilung und für die persönliche Selbsteinschätzung geworden...

»Was wäre, wenn...«

Was wäre, wenn das moderne Zeit-Verständnis, das die anhaltende und immer weiter zu steigernde Produktion als höchsten Lebens-Wert ansieht und dafür ganz flexible Ruhetage anbietet, den Sieg über das biblische Zeit-Verständnis mit dem Sieben-Tage-Rhythmus erringen würde?
Was wäre, wenn der gesellschaftlich gemeinsame Ruhetag ersetzt würde durch »Feiertage für Erholung und Hobbies«, die von verschiedenen Menschen verschieden zu »nehmen« wären?
Was wäre, wenn in einer Familie die berufstätige Frau am Montag ihren »Sonntag«, der berufstätige Mann am Dienstag seinen »Sonntag«, der Sohn in der Ausbildung am Donnerstag seinen »Sonntag«, die schulpflichtige Tochter am Sonntag ihren Sonntag hätte?
Was wäre, wenn...?

»Gottes Tarifvertrag im Kohlenpott«

(Das Zwiegespräch zwischen Kumpel Anton und Otto, dem Wirt seiner Stammkneipe, versteht der Ruhrgebietsfremde am besten beim lauten Lesen.)

»Anton«, sachtä Otto für mich, »watt hällze aintlich fon die Conti-Schicht wooze gezz immer am reen fon sint?«

»Tja«, sarich, »da hammwe grade heute auffe Betriebsvasammlunk fon gesprochen. Waisse, da wa son Jünklink fonne Direxion un hatt uns datt allett vaklickert: mitti Auslastung fonne Maschienen, un dattwa dann selps aussuchen könn wannwe Schicht machen un Urlaup, un dazze dann auch besser die Maschienen waaten könn, un dattat für uns minnestens so gut is wie füre Firma weil datti Maschienen dann noch mehr Moos machen könn un wär ja aunich unser Schade, un müßtenwa ja auch bisken flexibler sein weil datti teuren Maschienen nich bringen weil kämse dann ganz aussen Rhythmus; un wollense gärn dattat allett gezz im Tarifvertrach paletti gemacht wird un überhaupt: ain bessern Vertrach könntenwa gaanich kriegen.

›Mannomann‹, sarich für den Jünklink, ›halt ma de Luft an. Wennich datt so hör, gehz mehr ummen Rhythmus fonne Maschienen als um main. Da happich ain viel bessern Abaizvertrach fon ain ganz andern Abaitgeba.‹

›Gipps doch gaanich‹, sachtä Jünklink für mich. ›Watt steht denn dadrin in dein Abaizvertrach?‹

›Sex Tage sollze malochen un am siepten Tach is Sabbatt‹, sarich fürne. ›Un bai uns im Neun Testament is nich nur am Sabbatt Sabbatt sondern auch am Sonntach Sabbatt un dattis ganz gut für main Rhythmus.‹

Junge Junge, watt mainze watt der gekuckt hatt. Mittem lieben Gott als Abaitgeba hatter wohl nicht gerechnet.«

Mein und unser Wunsch-Sonntag

Für alle Beteiligten ist vorzubereiten:
Je ein Blatt Papier mit einem großen Kreis,
je vier Buntstifte, für alle möglichst in den gleichen Farben.

Nun die Aufgabe:
Jede/r von uns hat ein Blatt mit einem großen Kreis. Dieser Kreis soll eine »Sonntags-Uhr« darstellen. (Zu vereinbaren ist, ob der Kreis eine Zwölf-Stunden-Uhr von 8 Uhr bis 20 Uhr oder von 10 Uhr bis 22 Uhr oder aber eine Vierundzwanzig-Stunden-Uhr von Samstag 18 Uhr bis Sonntag 18 Uhr oder... darstellen soll.)
Die Frage an jede/n: Wie möchte ich am liebsten die mir gegebenen Stunden des Sonntags ausfüllen? – Mit einer Farbe (z.B. Schwarz) kennzeichnen wir die Zeiten, die ich für mich allein verbringen möchte. Mit einer anderen Farbe (z.B. Rot) kennzeichnen wir die Zeiten, die ich mit der ganzen Familie zubringen möchte. Mit einer dritten Farbe (z.B. Blau) markieren wir die Zeiten, die ich mit jemandem aus der Familie gestalten möchte. Mit der vierten Farbe (z.B. Grün) machen wir die Zeiten sichtbar, in denen ich/wir andere außerhalb unserer Familie in meinen/unseren Sonntag einbeziehen möchte/n.

Wir nehmen uns Zeit zum persönlichen Nachdenken und zum Ausfüllen unserer »Sonntags-Uhr«. Dann kommen wir wieder zusammen und legen unsere »Wunsch-Sonntags-Uhren« nebeneinander. In Ruhe schauen wir uns alle »Sonntags-Uhren« an.

In den verschiedenen Uhren »tickt« sicherlich vieles für das anschließende Gespräch: Wo gibt es Übereinstimmungen und Unterschiede? – Was überrascht uns positiv oder negativ? – Gibt es Über- oder Untergewichtungen der Zeiten »ich allein«, »gesamte Familie«, »jemand aus der Familie«, »andere außerhalb der Familie«?

Was können wir aus den verschiedenen Vorstellungen vom eigenen »Wunsch-Sonntag« für die Realität unserer Sonntage vereinbaren? Sollten wir etwas verändern oder verstärken? ...

m e i n e	Z e i t
d e i n e	Z e i t
s e i n e	Z e i t
i h r e	Z e i t
k e i n e	Z e i t
u n s e r e	Z e i t

Hartmut Przybylski

Jüdisch – christlich – weltlich

Der Wochenrhythmus ist unterschiedlich

Reihe der Tage	1	2	3	4	5	6	7	1	2	3	4	5	6	7
Jüdischer Kalender	1	2	3	4	5	6	**Sabbat**	1	2	3	4	5	6	**Sabbat**
Christlicher Kalender	**So**	Mo	Di	Mi	Do	Fr	Sa	**So**	Mo	Di	Mi	Do	Fr	Sa
Weltlicher Kalender	Mo	Di	Mi	Do	Fr	Sa	**So**	Mo	Di	Mi	Do	Fr	Sa	**So**

»Schönes Wochenende!«

Ganz selbstverständlich verabschieden wir uns freitags mit diesen Worten von unseren Mitmenschen. Und damit machen wir den Sonntag ganz selbstverständlich zum letzten Tag des Wochenendes, zum letzten Tag der Woche. Dies tun genauso selbstverständlich auch unsere Kalender – auch wenn sie unter einem »christlichen Firmenschild« herausgegeben werden: Der Sonntag steht immer am Ende der Zeile und der Wochen- oder Monatseinteilung...
Dabei ist es noch gar nicht so lange her, da zählten wir den Sonntag als den ersten Tag der Woche. Dies entsprach und entspricht genau der Unterscheidung der ersten Christen. Von Anfang an begannen sie ihre Woche mit dem Sonntag, während die Juden ihre Woche mit dem Sabbat beendeten. Der christliche Wochen-Feier-Tag war der erste Tag, der jüdische Wochen-Feier-Tag war der letzte Tag.
Es ist erst einige Jahre her, da beschlossen die Vereinten Nationen, den Sonntag auf Platz 7 und den Montag auf Platz 1 in der Abfolge der Wochentage zu setzen. Kaum jemand scheint dies bei uns bemerkt zu haben. Ja, dieser Änderung würden bei einer Umfrage auch die meisten Befragten zustimmen. Ist doch der Sonntag zuerst zum Ausruhen von den vorangegangenen Arbeitstagen da. Und überhaupt: »Erst die Arbeit, dann das Vergnügen!«
In diesem »Sonntags-Beschluß« der UNO drückt sich eigentlich alles das aus, was das frühere christliche Abendland von der heutigen Industriegesellschaft unterscheidet. Natürlich hat auch in allen alten Gesellschaften und Kulturen die Arbeit vor dem Vergnügen, vor dem Fest gestanden. Aber es war und ist christliche Auffassung, daß die Arbeit nicht alles und nicht das Wichtigste in unserem Leben ist. Der christliche Glaube setzt – demonstrativ gegen alles andere Verstehen und Handeln – nicht die Arbeit, sondern die Ruhe und das Lob Gottes an die erste Stelle. Und: Den Kern des christlichen Glaubens bildet die Auferweckung Jesu aus dem Tod

am »ersten Tag der Woche«. Dieser Glaube drückt sich im christlichen Sonntag aus; nicht die Arbeit macht das Wichtigste im Leben aus; die Befreiung durch die Auferweckung Jesu – nicht jedoch die Arbeit – schafft volles Leben.
Richtig wäre also diese Verabschiedung am Freitag: »Schönes Wochenende und schönen Sonntag!«

> »Darum kommen wir vor Dein Angesicht
> und feiern in Gemeinschaft mit der ganzen Kirche
> den ersten Tag der Woche als den Tag,
> an dem Christus von den Toten erstanden ist.«
>
> Liturgie der Eucharistie

Wußten Sie schon…

… daß sich das Wort »Sonntag« im Neuen Testament nicht findet, sondern dort als »erster Wochentag« (= der Tag nach dem Sabbat) vorkommt?

▼

… daß der erste Korintherbrief (16,2) und die Apostelgeschichte (20,7) den »ersten Wochentag« als den regelmäßigen Versammlungstag der christlichen Gemeinde hervorheben?

▼

… daß sich die Bezeichnung »Herrentag« oder »Tag des Herrn« (griechisch: kyriake hemera) zum erstenmal in der Geheimen Offenbarung (1,10) findet?

▼

… daß – entgegen unserer Sprache – sich in den romanischen Sprachen diese Bezeichnung »Tag des Herrn« für den Sonntag durchgesetzt hat: dies dominica (lateinisch); domenica (italienisch); dimanche (französisch); Domingo (spanisch und portugiesisch)?

... daß unser Wort »Sonntag« = »dies solis« (lat.) aus der heidnisch-römischen Tradition stammt und auch in anderen Wochentags-Namen die altheidnischen Götter weiterleben?

▼

... daß die jüdische Sabbatwoche spätestens seit der Zeit des »Babylonischen Exils« (6. Jahrhundert vor Chr.) für das gesamte Judentum eine feste Einrichtung war, die zusammen mit der Beschneidung und den Speisevorschriften bereits für die antike Welt als *die* Kennzeichnung für »die Juden« gilt?

▼

... daß durch die weite Verbreitung der Juden im Nahen Osten, in Ägypten und in den nördlichen Mittelmeerländern der Sabbat auch bei Nichtjuden schon früh bekannt und als Ruhetag, wenn auch nicht im religiösen Sinne, begangen wurde?

▼

... daß der Sabbat als Gliederungsprinzip der Sieben-Tage-Woche im gesamten morgen- und abendländischen Kulturraum die Grundlage dafür ist, daß die Sieben-Tage-Woche eine feste Institution und die beständigste »Ordnung der Zeit« geworden ist? (Nacheinander halten die Muslime den Freitag, die Juden den Samstag, die Christen den Sonntag als ihren Ruhetag ein.)

▼

... daß alle Versuche, den Sieben-Tage-Rhythmus der Woche zu verändern, in der Vergangenheit kläglich gescheitert sind; daß sich die Einrichtung einer »Dekade« (= Zehn-Tage-Woche) in der Französischen Revolution nicht halten konnte?

Von der Not, die wir mit uns haben

Die Not, die wir heute mit dem Sonntag haben,
hat zu tun mit der Not,
die wir mit uns selber haben.
Wir leben gottverlassen, als ob es Gott nicht gäbe.
Weil wir selbst ohne Mitte, ohne Sinn, ohne Ziel leben,
deshalb zerarbeiten wir den Sonntag,
deshalb zerstreuen und zerfahren wir ihn,
deshalb veranstalten und verunstalten wir ihn.

Wir halten die Sonntagsruhe nicht,
weil wir selbst nicht mehr ruhen können,
in uns selbst, in unserem Leben, im Miteinander
keine Ruhepunkte und Ruhezonen haben.
Wir haben keine Zeit für Ruhe und Stille,
weil wir überhaupt keine Zeit haben.
Wir haben keine Zeit,
weil wir uns selbst zu Herren der Zeit gemacht haben,
weil wir die Zeit – wie alles, alle –
in den Griff bekommen wollen.
Wir haben keine Zeit,
weil wir Gott nicht mehr Herr sein lassen über die Zeit.
Wir haben keine Zeit,
weil wir rast- und ruhelos sind.
Wir sind rast- und ruhelos,
weil wir keine Zeit haben.

Ein Teufelskreis, ein Labyrinth, eine Sackgasse.

Weil wir rast- und ruhelos sind,
weil wir keine Zeit haben,
deshalb verurteilen wir uns selbst

zu einer siebentägigen, immerwährenden Beschäftigungswoche.
Aber dann jammern wir,
daß wir nicht mehr zu uns selbst kommen.
Aber – um zu mir selbst zu kommen,
um bei mir selbst anzukommen, um es bei mir auszuhalten,
dafür brauche ich Zeit,
dafür brauche ich einen Grund,
einen Grund, der mich trägt und weiterträgt.

»Gesegnete Zeit«

Unsere Vorfahren hatten eine feste Redewendung, wenn jemand gestorben war. Sie sagten dann: »Er/Sie hat das Zeitliche gesegnet!«
Damit drückten sie etwas sehr Wichtiges aus:
Dieser Mensch hat die Zeit gesegnet und – nicht verflucht.
Dieser Mensch hat die Zeit als Geschenk empfunden – und nicht als Bedrückung und Qual.
Dieser Mensch hat die Zeit als Segen angenommen – und nicht mit ihr gehadert.
Dieser Mensch hat die Zeit gelebt – und sie nicht totgeschlagen.

Wenn wir den Sonntag als Geschenk, als geschenkte Zeit, als gesegnete Zeit wahrnehmen, dann haben wir

Zeit zum Leben,
Zeit zum Lieben,
Zeit zum Loben,
Zeit zum Loslassen
    und schließlich auch
Zeit zum Sterben.

Jung

Sonntags-Tip * Sonntags-Tip * Sonntags-Tip * Sonntags-Tip * Sonntags-Tip

Rück-Blick: »Wie war's?«

Das Wochenende und der Sonntag gehen dem Ende entgegen. Wir sitzen zum Abendessen oder danach noch einmal zusammen oder einzelne ziehen sich zurück.

Warum zu diesem Zeitpunkt nicht einmal den Mut aufbringen, über den vergangenen Sonntag oder/und über das Wochenende (gemeinsam) nachzudenken, zurückzublicken und auszutauschen, wie wir diesen Sonntag/das Wochenende erlebt haben?

Was haben wir als gut, was als weniger oder gar nicht gut erfahren?
Was hätte ich mir anders gewünscht?
Was war mir heute besonders wichtig?
Worüber habe ich mich geärgert, gefreut...?
Was sollten wir am nächsten Sonntag anders versuchen?

Sonntags-Tip * Sonntags-Tip * Sonntags-Tip * Sonntags-Tip * Sonntags-Tip

Ein Lied (zu singen in der Nacht zwischen Sonntag und Montag)

Marie wir müssen gehn,
der Sonntag ist vorbei.
Sechs Stunden und wir stehn
am Fließbandeinerlei.

Marie wir müssen gehn,
der Montag ist so lang.
Das morgige Geschehn
bestimmt allein das Band.
Marie wir müssen gehn!
Leider muß ich's sagen:
Morgen im Bandgedröhn
wird die Zeit uns jagen.

Wir solln nach Hause gehn.
Marie dein Mund ist kalt.
Verblaßt die Sterne stehn,
der Sonntag ist jetzt alt.

Rudi Winkler

Der Sonntag

Ein Tag der Befreiung

Was wir so sagen...

Die eigene Freiheit genießen können

Für die Freiheit kämpfen

Zur Freiheit verdammt sein

Freiheit mißbrauchen

»Einigkeit und Recht und Freiheit...«

Befreiungskriege führen

Er ist vogelfrei

»Die Gedanken sind frei...«

»Freiheit – Gleichheit – Brüderlichkeit«

Eine Runde Freibier geben

Jemanden in die Freiheit entlassen

»Erzähle mir frank und frei«

Jemanden (von Schuld) freisprechen

Zu einer Freiheitsstrafe verurteilen

...

Liberta

Freiheit in meiner Sprache heißt Liberta.
Gibt es ein schönres Wort als Liberta?
Doch nicht nur in Italien,
überall wo Menschen leben,
stehst du an erster Stelle, Liberta.

Du bist in aller Munde, Liberta.
Alle wolln doch im Grunde Liberta.
Aber die dich besitzen,
sind auch nicht sehr eifersüchtig,
wolln dich mit keinem teilen, Liberta.

Einige Menschen denken, Liberta,
die würde man verschenken, Liberta.
Und die es besser wissen,
lassen sie in diesem Glauben,
denn sie sind gegen zu viel Liberta.

Freiheit in meiner Sprache heißt Liberta.
Gibt es ein schönres Wort als Liberta?
Doch nicht nur in Italien,
überall wo Menschen leben,
stehst du an erster Stelle, Liberta.

Thomas Woitkewitsch

Arbeit demonstrativ niederlegen

Den Sonntag als einen Tag der Befreiung erleben – das bedeutet, ihn vom Alltag mit seinen Zwängen und Geschäftigkeiten scharf abzugrenzen. Das heißt auch, die »Arbeit demonstrativ niederzulegen«. Ein evangelischer Pfarrer hat seine Erfahrungen mit dem Sabbat und der sabbatlichen Gestaltung des Sonntags so formuliert:

- Einen ganzen Tag lang widersetze ich mich Impulsen, doch etwas zu tun, was »Arbeit« ist. Jede Beschäftigung, jede Verrichtung, die ich im Laufe des Tages aufnehmen will, befrage ich, ob sie dem »Sabbat-Kriterium« des Aufhörens von der Arbeit standhält – übrigens ein ausgezeichnetes und völlig ausreichendes Kriterium.

- Die so gewonnene »freie Zeit« meines Sabbats gewinnt eine neue Qualität. Ich stehe auf einmal vor der Frage, wie ich sie gestalterisch nutze. Längst vergessene Wünsche, längst verschüttete Lieblingsbeschäftigungen melden sich wieder. In der Familie entwickeln wir neue Bräuche. Wir freuen uns auf diesen Tag, treffen Vorbereitungen schon während der Woche, planen das Besondere…

- Die Beziehung zu meinem Ehepartner, zu meinen Kindern gewinnt an Verläßlichkeit. Hatten wir unter der Woche weniger Zeit füreinander, am Sabbat haben wir sie. Jetzt ist die Zeit für Gespräche in der Familie, für Gespräche über »Gott und die Welt« in einem breiten und wörtlichen Sinne. Und darauf können wir uns einstellen.

- Ich erlebe, was es heißt, daß ich auch für mich selbst dasein darf, nicht nur »ständig im Dienst«, präsent für andere. Ich habe

Zeit zum eigenen Nachdenken, Meditieren, Lesen, Musikhören (vielleicht auch mal wieder zum eigenen Musizieren), zum Spazierengehen und zum Nichtstun, Zeit zu Dingen und Beschäftigungen, die mir Freude machen. Mit der Zeit lerne ich vielleicht auch wieder spielen mit meinem Kind wie ein Kind – ohne Hemmungen und Selbstvorwürfe.

– Ist der Sabbat als absoluter Ruhetag erst einmal hinreichend geschützt, ist er feste Gewohnheit, eherne Regel geworden, dann hat das auch Auswirkungen auf meinen Umgang mit Zeit während der restlichen Woche: Entscheidungen, die meine täglichen Zeiteinteilungen betreffen, werden endgültiger. – Ich bin gezwungen, mit vorhandener Zeit auszukommen, habe weniger Möglichkeiten, Dinge aufzuschieben. – Ich lerne, mit gesetzten Fristen umzugehen. – Ich übe mich, nein zu sagen.

– Die ganze Sinnlosigkeit pausenlosen Durcharbeitens wird mir mit der Zeit deutlich. Ich erlebe, wie mir die Arbeit unter der Woche doch eben leichter von der Hand geht, mehr Freude macht, wie ich intensiver, konstruktiver, kreativer arbeiten kann. Ich kann jetzt die alte Einsicht besser nachvollziehen: Je mehr die Arbeit sich häuft, um so dringender brauche ich den Ruhetag.

– Schließlich wird auch für mich persönlich ganz anders nachvollziehbar, was das bedeutet, daß der Sabbat an geschenkte Freiheit erinnern soll (Exodus 5, 15), daß der Sonntag als Tag der Auferstehung Jesu Christi, als Tag seines Sieges über Sünde und Tod, uns vor Augen führt, daß er für uns gehandelt hat, daß seine Tat und sein »Tätigsein« es sind, wovon wir leben; daß deshalb auch alles Unfertige, Fragmentarische, Liegengebliebene, Unerledigte uns nicht zu belasten braucht, daß der Ruhetag dazu »dient, ... ein Vorspiel und Anspiel endgültiger und völliger Freiheit einzuleiten« (H.W. Wolff).

Rolf Walter Becker

»… Weil ich dich aus dem Sklavenhaus Ägypten geführt habe« (Exodus 20,2)

Der Sabbat: Erinnerung an die eigene Befreiung

Passende Schlüssel öffnen

Wir brauchen einen Schlüssel, wenn wir etwas öffnen, aufschließen wollen. Ein Schlüssel ist notwendig, wenn eine verschlossene Tür den Zugang zu einem Raum dahinter versperrt. Schlüssel sind unentbehrlich, um ein Haus zu betreten und sicher zu bewohnen, um ein Auto in Bewegung zu setzen oder einer Bohrmaschine eine genaue Führung zu geben…

Schlüssel begleiten uns durch unseren Alltag, für verschiedene Situationen verschiedene Schlüssel; je vielfältiger unsere Bewegungs- und Aufenthaltsräume sind, um so dicker ist unser Schlüsselbund.
Und das wissen wir auch: Ein Schlüssel ist nur dann brauchbar und wertvoll, wenn er paßt – zu dieser Tür, zu diesem Schloß. Wenn wir in einem bestimmten Augenblick diesen Schlüssel, der paßt, nicht zur Hand haben, dann helfen uns alle anderen Schlüssel nicht weiter, dann bleiben wir draußen vor, dann kommen wir nicht rein, dann haben wir keinen Zugang, dann sind und bleiben wir ausgeschlossen.

Mit dem Schlüssel ist es so nicht nur in unseren realen Tür- Schloß-Situationen. Auch in anderen – übertragenen – Bereichen sprechen wir vom Schlüssel:

Notenschlüssel, Schlüsselfigur, Schlüsselerlebnis, Schlüsselwort, Schlüsselstelle, Schlüsselstellung, Schlüsselposition…

etwas aufschließen, erschließen oder verschlüsseln; verschlossen sein; sein Herz verschließen oder aufschließen…

Die Schlüsselfigur macht einen Roman oder eine Erzählung verständlich; sie verdeutlicht das Thema, um das es geht. Ein Notenschlüssel läßt uns die Melodie finden und verstehen. Ein Schlüsselerlebnis läßt mein ganzes Leben in einem neuen Licht erscheinen. Erst wenn ich über den Schlüssel zum Selbstverständnis eines Künstlers verfüge, kann ich seine Werke verstehen.
Der Schlüssel öffnet nicht nur Türen, er ist auch eine notwendige Bedingung zum richtigen Verstehen.

Ein Schlüssel, der zur Mitte öffnet

Wir Menschen haben verschiedene Zugänge oder Schlüssel, um unser Leben oder unseren Glauben zu verstehen. Aber – so wie ein Schlüsselerlebnis uns den Zugang zu unserer Lebensgeschichte voll erschließt und somit unser Leben im richtigen Licht erscheinen läßt, so gibt es auch einen Zentralschlüssel zum Verstehen unseres Glaubens. Erst mit ihm können wir die Eingangstür öffnen, um dann die verschiedenen Türen zu den einzelnen Räumen »unseres Glaubenshauses« zu öffnen und zu durchschreiten.
Einen Haupt- oder Zentralschlüssel brauchen wir denn auch, um die eigentliche Bedeutung des jüdischen Sabbats zu entdecken. Über einen passenden Schlüssel müssen wir verfügen, um einen Zugang zu bekommen zu diesem besonderen, herausragenden Tag der jüdischen Woche. Der Sabbat kann in seinen vielfältigen Verästelungen und Abzweigungen nur verstanden werden, wenn der Hauptschlüssel vorhanden ist.

Bereits hier kann eine wichtige, im folgenden weiter zu entfaltende Entdeckung benannt werden: Der Schlüssel zum richtigen Verstehen des jüdischen Sabbats führt uns zugleich zur Mitte des jüdischen und – in seiner Nachfolge und in seinen Fußspuren gehend – auch zur Mitte des christlichen Glaubens.

Sonntags-Tip * Sonntags-Tip * Sonntags-Tip * Sonntags-Tip * Sonntags-Tip

Ein Schlüssel-Spiel

Ein Spiel – nicht nur für verregnete Sonntage:

Alle Teilnehmer/-innen sammeln ihre persönlichen Schlüssel und alle Schlüssel, die es für die verschiedenen Türen und Schlösser im Hause gibt – von der Haustür über das Fahrrad bis zur Spardose. Alle legen ihre gesammelten Schlüssel auf einen Tisch offen nebeneinander. Unter oder neben jeden Schlüssel legen wir einen kleinen Zettel, auf den wir die Tür oder das Schloß für diesen Schlüssel notieren.

Nun geht's los!

Wir setzen uns um den Tisch und erzählen reihum zu einem der auf dem Tisch liegenden Schlüssel eine kleine Geschichte. Diese Geschichte erzählen wir aber so, daß wir die genaue Bestimmung dieses Schlüssels nicht verraten, sondern nur umschreiben. Die anderen in der Runde müssen dann herausfinden, von welchem Schlüssel erzählt wird.

Eine Geschichte zum Garagenschlüssel könnte zum Beispiel so erzählt werden:
»Wenn ich nach draußen gehe und irgendwohin will, gehe ich eigentlich nie durch diese Tür. Aber wenn ich es eilig habe und schnell da- oder dorthin will, dann bin ich doch froh, daß wir diesen Schlüssel haben und finden. Erst vor ein paar Tagen, als ich morgens verschlafen hatte und sicherlich zu spät zur Schule gekommen wäre, wenn ich hätte laufen müssen, da war ich doch froh, daß Mama diesen Schlüssel hervorholte und…«

Wer zuerst den richtigen Schlüssel, über den erzählt wurde, errät, der/die bekommt zwei Punkte. Wer aber einen verkehrten Schlüssel nennt – in unserem Beispiel etwa »Autoschlüssel« sagt –, muß sich einen Minuspunkt notieren. Gewonnen hat, wer am Ende die meisten Pluspunkte hat.

In einer Erwachsenen-Runde oder in einer Runde mit Jugendlichen können wir das »Schlüssel-Spiel« auch noch etwas schwerer machen: Wir ergänzen die richtigen Schlüssel durch »übertragene« Schlüsselbegriffe. Das könnten etwa sein: »Notenschlüssel« – »Schlüsselfigur« – »Schlüsselerlebnis« – »verschlossen sein«..., aber auch Begriffe wie »Zuhören« – »Rücksicht nehmen« – »einen Wunsch erfüllen« – »Helfen«...

Viel Spaß beim Suchen der Schlüssel, beim Erfinden von Geschichten und beim Finden der richtigen Schlüssel!

Sonntags-Tip * Sonntags-Tip * Sonntags-Tip * Sonntags-Tip * Sonntags-Tip

Der Schlüssel: Gott hat uns befreit

Warum feiern die Juden den Sabbat – seit über zwei Jahrtausenden, und auch heute noch? Warum glauben die Juden an ihren Gott, der auch der unsere ist – seit Jahrtausenden und auch heute noch? Was stand und steht dahinter – damals und heute?
Und: Was hat das mit uns zu tun? Was bedeutet das für uns? Bedeutet es überhaupt etwas für uns?
Das sind Fragen, von denen wir meinen, daß wir sie mit dem passenden Schlüssel beantworten können.
Da befindet sich eine Völkergruppe – wir wissen nicht, ob zahlenmäßig klein oder groß – in Ägypten, dem wohl mächtigsten, kulturell und wirtschaftlich stärksten Land in der damals bekannten Welt. Wie diese Völkergruppe, die »Hebräer« genannt werden, nach Ägypten gekommen ist, darüber gibt es keine historisch exakten und nachprüfbaren Berichte, sondern nur Sagen und Geschichten.
Historisch sicher ist aber, daß diese »Hebräer« oder »Söhne Jakobs« kurz nach 1400 vor Christus in Ägypten waren. Es scheint sich um mehrere Großfamilien gehandelt zu haben, die – miteinander mehr oder weniger nah verwandt – wegen einer Hungersnot ihre Nomaden- und Stammesgebiete verlassen mußten. Weil dort Dürre und Hunger herrschten, flüchteten sie um des Überlebens willen nach Ägypten. Dort wurden sie gastfreundlich aufgenommen. Die

Völkergruppe der »Hebräer« blieb über mehrere Generationen in Ägypten. Sie lebte und arbeitete dort, überlebte, fühlte sich vielleicht wie zu Hause. Ägypten war zur neuen Heimat geworden.

»Mein Vater war ein heimatloser Aramäer.
Er zog nach Ägypten,
lebte dort als Fremder mit wenigen Leuten
und wurde dort zu einem großen, mächtigen
und zahlreichen Volk…«

Deuteronomium 26,5

So beschreibt Israel später seine Anfangsgeschichte und den Beginn seines Aufenthaltes in Ägypten. Zugleich sind diese Worte der Beginn des jüdischen Glaubensbekenntnisses. Der Glaube Israels verbindet sich mit der Erinnerung an konkrete geschichtliche Situationen, ist Glaube in Geschichte und Welt. Diese unauflösliche Verbindung von Glaube und Geschichte begegnet uns immer wieder; sie spielt eine zentrale Rolle, um den jüdischen Glauben richtig zu verstehen.

Aber dann kam der große Umschwung in Ägypten: Auf einmal wurde den Ägyptern wichtig festzustellen und zu betonen, daß es sich bei diesen Menschen, den »Hebräern«, ja um Fremde handelte. – Der zweite Schritt war dann auch gleich getan: Fremde, Ausländer, Asylanten ..., das sind Menschen zweiter Klasse! – Der dritte Schritt folgt sofort: Minderwertige Menschen dürfen unterdrückt werden, haben Sklavendienste zu verrichten, müssen die Drecksarbeit tun; sie werden abgeschoben ins Getto, ins Abseits, in die Rechtlosigkeit.
Im Glaubensbekenntnis Israels wird diese Erinnerung des Volkes, gleich in Fortsetzung zu gerade zitiertem Text, dann so formuliert:

»... Die Ägypter behandelten uns schlecht,
machten uns rechtlos
und legten uns harte Fronarbeiten auf.
Wir schrien zum Herrn,
dem Gott unserer Väter,
und der Herr hörte unser Schreien
und sah unsere Rechtlosigkeit,
unsere Arbeitslast und unsere Bedrängnis ...«
Deuteronomium 26,6 f

Wie gut ist es da zu verstehen, daß dieses unterdrückte Volk möglichst schnell das »Gast«-Land verlassen will. Aber gerade das wollen die Herrschenden nicht zulassen. Der Pharao setzt alles daran, die billigen Arbeitskräfte im Land zu behalten, sie auszunutzen und durch Sklavenarbeit total auszupressen.
Endlich, um das Jahr 1250 vor Christus, gelingt unter der Führung von Mose und Aaron die Flucht aus Ägypten. Auf die frühere Flucht vor dem tötenden Hunger folgt nun die Flucht vor dem lebenszerstörenden Arbeitszwang. – Die überlieferten Geschichten um diese Flucht können wir im Alten Testament in dem Buch Exodus (Exodus = Auszug), Kapitel 1-15, nachlesen.

Flucht oder Auszug aus Ägypten – dies ist für die Fliehenden und erst recht für die nachfolgenden Generationen nicht einfach ein historisches Ereignis neben anderen. Auszug aus Ägypten – das ist jetzt und für alle künftigen Zeiten viel, viel mehr:

Es ist:
Aufbruch in eine neue, verheißungsvolle Zukunft;
Weg aus der Sklaverei in die Freiheit;
langer beschwerlicher Wüstenmarsch hin zu einem neuen Heimatland;
Zusammenwachsen verschiedener Völkerstämme und Sippen zu *einem* Volk;
allmähliches, immer genaueres Kennenlernen eines Gottes, dem Freiheit und Befreiung der Menschen am Herzen liegen;
der Wendepunkt in der eigenen Geschichte;
das Schlüsselereignis für Israel.

Das alles ist der Auszug aus Ägypten, aber damit ist das für die Juden Entscheidende immer noch nicht gesagt. Das Entscheidende drückt das spätere Glaubensbekenntnis so aus:

»... Der Herr führte uns mit starker Hand
und hoch erhobenem Arm,
unter großem Schrecken,
unter Zeichen und Wundern
aus Ägypten,
er brachte uns an diese Stätte
und gab uns dieses Land,
ein Land,
in dem Milch und Honig fließen.«

Deuteronomium 26,8-9

Genau hier haben wir die Mitte des jüdischen Selbst- und Glaubensverständnisses in wenigen Worten ausgedrückt. Genau hier haben wir *den* Schlüssel zum Verstehen des *ganzen* jüdischen Glaubens.

Wir können das vielleicht so »übersetzen«:

»Nicht aus eigener Kraft oder aus eigenem Können haben wir uns der Unterdrückung durch die Ägypter entziehen können. Auf uns selbst angewiesen, hätten wir die Flucht aus der Sklaverei nie geschafft. Dafür waren wir viel zu wenige und viel zu schwach; dafür waren die Ägypter viel zu mächtig und viel zu zahlreich. Wir – zerlumpt und wehrlos, sie – reich und gerüstet bis zu den Zähnen. Diese Tatsachen machen es uns unmöglich, unseren Auszug mit natürlichen, innerweltlichen Erklärungen zu verstehen.
Nein, wir können dieses Geschehen nur so deuten:
Gott hat uns aus Ägypten, dem Sklavenhaus, befreit. Unsere Befreiung ist auf sein befreiendes Eingreifen zurückzuführen. Nur weil er befreiend in unsere Geschichte eingriff, sind wir frei. Damals haben wir diesen, unseren Gott als einen Gott der Befreiung kennengelernt. Seit damals ist Gott für uns dieser Befreier-Gott geblieben. Das ist der Schlüssel unseres ganzen Lebens und Glaubens …«

Alte Boote

Als ich die alten Boote sah,
verlassen,
verteert
und unsagbar einsam,
dachte ich:
So sind auch unsere Worte,
jedes ein Boot,
einmal geboren, Fracht zu tragen,
wichtige, entscheidende Fracht.
Jetzt liegen am Strand der neuen Zeit
alte Worte,
Touristen halten vielleicht nach ihnen Ausschau,
Objekte der Kamera,
nicht mehr.

Soll ich sie dir zeigen,
die alten Boote:
Freiheit!
Es sollte die Fracht des Lebens tragen.
Aber die Ruderer wurden müde.
Hoffnung!
Es sollte die Fracht des Lebens tragen.
Aber die Mannschaft verlor das Steuer.
Liebe!
Es sollte die Fracht des Lebens tragen.
Aber der Mensch verlor die Geduld.
Jetzt liegen die alten Boote am Strand der neuen Jahre.
Und auf dem Wasser der Gegenwart
heulen die Motore
der künstlichen Renner,
und sie tragen die Namen
Zwang statt Freiheit,
Verzweiflung statt Hoffnung,
Gier statt Liebe.
Nur eines können sie:
sie fahren schneller,
schneller in die Vernichtung.
Ich will die alten Boote besteigen.
Kommst du mit?
Wir werden rudern müssen,
rudern um Freiheit, Hoffnung und Liebe.
Ich rudere gern.

Peter Spangenberg

Der Schlüssel zum Sabbat: Er-innerung an die Befreiung

Wie ein roter Faden durchzieht das Gedenken der Befreiung aus Ägypten das ganze Alte Testament. Die Befreiung aus Ägypten ist *das* Glaubensbekenntnis Israels, ist Grundlage alles theologischen Nachdenkens, ist Begründung für den Bund, dem sich Gott verpflichtet weiß und den das Volk seinerseits zu halten verpflichtet ist.
Aus dieser Befreiungstat Gottes ist der jüdische Sabbat gewachsen: Um den Sabbat zu erschließen, brauchen wir als Zugangstür das Exodusgeschehen.
Die Verpflichtung »Achte auf den Sabbat!« oder »Gedenke, daß du den Sabbat heiligst« kennen wir alle als drittes der Zehn Gebote – und wir Christen haben dieses Gebot ganz selbstverständlich auf unseren Sonntag übertragen.
Die Schriften des Alten Testaments bringen dieses Gebot und die anderen Gebote nicht nur mit der Befreiungstat Gottes an Israel in Verbindung; nein, sie begründen ihre Richtigkeit und Bedeutung auch zuerst mit diesem Datum der Befreiung. Deshalb beginnen auch beide Texte, in denen uns die Zehn Gebote überliefert sind, so:

»Dann sprach Gott all diese Worte:
Ich bin Jahwe, dein Gott, der dich aus Ägypten
geführt hat; aus dem Sklavenhaus.
(Deshalb!)
Du sollst neben mir keine anderen Götter haben.
…
(Deshalb!)
Gedenke des Sabbats: Halte ihn heilig! …«

Exodus 20,1ff.

»Der Herr sprach:
Ich bin Jahwe, dein Gott, der dich aus Ägypten
geführt hat; aus dem Sklavenhaus.

(Deshalb!)
Du sollst neben mir keine anderen Götter haben.
...
(Deshalb!)
Achte auf den Sabbat: Halte ihn heilig! ...«

Deuteronomium 5,6ff.

Auffallend ist dann in beiden Fassungen der Zehn Gebote, daß das Sabbat-Gebot ausführlicher als alle anderen Gebote erläutert und in sich nochmals begründet wird. Der Text des Buches Deuteronomium formuliert so:

»Achte auf den Sabbat: Halte ihn heilig,
wie es dir der Herr, dein Gott, zur Pflicht gemacht hat.
Sechs Tage darfst du schaffen und jede Arbeit tun.
Der siebte Tag ist ein Ruhetag,
dem Herrn, deinem Gott, geweiht.
An ihm darfst du keine Arbeit tun:
du, dein Sohn und deine Tochter,
dein Sklave und deine Sklavin,
dein Rind, dein Esel und dein ganzes Vieh
und der Fremde, der in deinen Stadtbereichen Wohnrecht hat.
Dein Sklave und deine Sklavin
sollen sich ausruhen wie du.
Denk daran:
Als du in Ägypten Sklave warst,
hat dich der Herr, dein Gott,
mit starker Hand und hoch erhobenem Arm herausgeführt.
Darum
hat es dir der Herr, dein Gott, zur Pflicht gemacht,
den Sabbat zu halten.«

Deuteronomium 5,12-15.

Hier haben wir den Schlüssel zum Verstehen des Sabbat in der Hand:

Der Sabbat – ein Tag der Befreiung, nicht nur und nicht zuerst für die sowieso schon Freien.
Der Sabbat – ein Tag der Befreiung, vor allem und zuerst für die durch Arbeit und Zwang unfreien Menschen – und Tiere.
Der Sabbat – ein Tag der Befreiung Gottes an einem Volk, das die Unterdrückung am eigenen Leib erfahren hat.
Der Sabbat – ein Tag der Befreiung wegen der noch wachen Erinnerung an die eigene Unterdrückungs- und Befreiungsgeschichte.
Der Sabbat – ein Tag der Befreiung, um die Erinnerung an diese eigene Befreiung wachzuhalten.

Nur mit diesem Schlüssel kommen wir an den Kern des Sabbat heran; nur mit diesem Schlüssel erschließen sich alle anderen Aspekte des Sabbat – und des christlichen Sonntags. Beim christlichen Sonntag wird das »Material« des Schlüssels »Befreiung« allerdings unzerstörbar: Befreiung aus *allem* Tod zum *vollen* Leben wird hier die Zusage sein.

Der Sabbat – unsere letzte Unabhängigkeit

Was ist der Sabbat? – Eine Erinnerung an jedermanns Königswürde, eine Aufhebung der Unterscheidung von Herr und Knecht, Reich und Arm, Erfolg und Fehlschlag. Den Sabbat feiern bedeutet, unsere letzte Unabhängigkeit von Zivilisation und Gesellschaft zu erfahren, von Leistung und Angst. Der Sabbat ist eine Verkörperung des Glaubens, daß alle Menschen gleich sind und daß die Gleichheit der Menschen ihren Adel ausmacht. Die größte Würde des Menschen ist es, daß er ein Königssohn ist. Das Universum wurde in sechs Tagen geschaffen, aber der Höhepunkt der Schöpfung war der siebte Tag. Die Dinge, die in sechs Tagen ins Leben gekommen sind, sind gut; aber der siebte Tag ist »heilig«! Der Sabbat ist Heiligkeit in der Zeit.

Abraham Joshua Heschel

»Sechs Tage dürft ihr sammeln, am siebten Tag ist Sabbat« (Exodus 16,26)

Eigentlich sollten wir annehmen, daß der Glaube an die Befreiung aus Ägypten durch Gott beim Volke Israel bleibende Dankbarkeit und anhaltendes Vertrauen diesem Gott gegenüber bewirkt hätte. Aber die Wirklichkeit sah doch ganz anders aus.
Schon kurz nach der Befreiung scheint die Befreiungstat Gottes vergessen zu sein. Das Vertrauen auf Gott wandelt sich in Mißtrauen und Zweifel. Die Erfahrung: »Gott befreit – wir selbst können uns nicht befreien!« wird auf den Kopf gestellt...
Eine dieser »Rückfall«-Geschichten finden wir im 16. Kapitel des Buches Exodus. Hier hören wir davon, wie sehr das Volk Israel auch *dem* Zeichen der Befreiung, dem Sabbat, skeptisch gegenüber eingestellt ist:

> *»Es war der fünfzehnte Tag des zweiten Monats nach ihrem Auszug aus Ägypten. Die ganze Gemeinde der Israeliten murrte in der Wüste gegen Mose und Aaron. Die Israeliten sagten zu ihnen: Wären wir doch in Ägypten durch die Hand des Herrn gestorben, als wir an den Fleischtöpfen saßen und Brot genug zu essen hatten. Ihr habt uns nur deshalb in diese Wüste geführt, um alle, die hier versammelt sind, an Hunger sterben zu lassen.*
> *Da sprach der Herr zu Mose: Ich will euch Brot vom Himmel regnen lassen. Das Volk Israel soll hinausgehen, um seinen täglichen Bedarf zu sammeln. Ich will es prüfen, ob es nach meiner Weisung lebt oder nicht. Wenn sie am sechsten Tag feststellen, was sie zusammengebracht haben, wird es doppelt so viel sein, wie sie sonst gesammelt haben. ... Sag ihnen: Am Abend werdet ihr Fleisch zu essen haben, am Morgen werdet ihr satt sein von Brot, und ihr werdet erkennen, daß ich der Herr, euer Gott, bin.*
> *Am Abend kamen Wachteln und bedeckten das Lager. Am Morgen lag eine Schicht von Tau rings um das Lager. Als sich die Tauschicht*

gehoben hatte, lag auf dem Wüstenboden etwas Feines, Knuspriges, fein wie Reif auf der Erde. … Da sagte Mose zu ihnen: Das ist das Brot, das der Herr euch zu essen gibt. Das ordnet der Herr an: Sammelt davon so viel, wie jeder zum Essen braucht, ein Gomer (das ist eine Maßeinheit) je Kopf. Jeder darf so viel Gomer holen, wie Personen im Zelt sind.
Die Israeliten taten es und sammelten ein, der eine viel, der andere wenig. Als sie die Gomer zählten, hatte keiner, der viel gesammelt hatte, zuviel, und keiner, der wenig gesammelt hatte, zu wenig. Jeder hatte so viel gesammelt, wie er zum Essen brauchte.
Sie sammelten es Morgen für Morgen, jeder so viel, wie er zum Essen brauchte. Sobald die Sonnenhitze einsetzte, zerging es. Am sechsten Tag sammelten sie die doppelte Menge Brot. Da kamen alle Sippenhäupter der Gemeinde und berichteten es Mose. Er sagte zu ihnen: Es ist, wie der Herr gesagt hat: Morgen ist Feiertag, heiliger Sabbat zur Ehre des Herrn. Backt, was ihr backen wollt, und kocht, was ihr kochen wollt, den Rest bewahrt bis morgen auf!
Sie bewahrten es also bis zum Morgen auf, wie es Mose angeordnet hatte, und es faulte nicht, noch wurde es madig. Da sagte Mose: Eßt es heute, denn heute ist Sabbat zur Ehre des Herrn. Heute findet ihr draußen nichts. Sechs Tage dürft ihr es sammeln, am siebten Tag ist Sabbat; da findet ihr nichts.
Am siebten Tag gingen trotzdem einige vom Volk hinaus, um zu sammeln, fanden aber nichts. Da sprach der Herr zu Mose: Wie lange wollt ihr euch noch weigern, meine Gebote und Weisungen zu befolgen? Ihr seht, der Herr hat euch den Sabbat gegeben, daher gibt er auch am sechsten Tag Brot für zwei Tage. Jeder bleibe, wo er ist. Am siebten Tag verlasse niemand seinen Platz. Das Volk ruhte (»sabbatete«) also am siebten Tag.

Israel auf dem Weg ins versprochene, gelobte Land.
Erst einige Wochen unterwegs,
aber schon begehren sie auf,
wollen dorthin zurück, wo sie hergekommen sind.
Unfreiheit, Gefangenschaft, geknechtet und versklavt

- das alles ist ihnen lieber als mühsamer, ungewisser Weg.
Israel in der Wüste – die Essensvorräte gehen zu Ende.
Vielleicht hatten einige wenige noch Vorräte im Verborgenen,
verzehrten sie heimlich – nachts oder versteckt im Zelt,
um nicht mit anderen teilen zu müssen.
Aber die Mehrheit hatte nichts mehr.
Aus-Weg-los erscheint die Situation;
da interessiert nichts mehr – nur noch Essen und Trinken.
Da ist keine Perspektive, keine Zukunft, keine Hoffnung mehr.
Hoffnung gab es zwar auch in Ägypten nicht – aber was soll's?
Das Volk rebelliert, murrt, protestiert, revoltiert
gegen Gott und dessen Beauftragten Mose.
Sie haben das Volk in diesen Schlamassel hineingebracht.
Die Hungernden, Ausweglosen sehnen sich zurück,
zurück »zu den Fleischtöpfen Ägyptens«.
Da spielen die dort erduldete
Unfreiheit, Schinderei, Ohnmacht,
die dort erlittenen
Quälereien, Ungerechtigkeiten, Unterdrückungen
in der Erinnerung keine Rolle mehr.
Nur noch dies: Ihnen blieb das nackte Überleben dort,
sie hatten satt zu essen.
Glorreiche Gefangenschaft! Verklärte gute alte Zeiten!

Aufbrechen, sich verändern,
entdecken, daß Zeiten und Situationen anders geworden sind,
neue Wege unter die Füße nehmen,
be-weg-lich sein,
sich auf das Neue einlassen,
neue Einstellungen und Antworten wagen,
nicht träumerisch, verklärend und verkehrend zurückschauen
– das ist eine Anforderung, für viele eine Überforderung.
Leichter und richtiger erscheint es,
das Heute zu verdammen, sitzen zu bleiben,
dem Vergangenen nachzutrauern, es zu idealisieren.
Wir heute – das Volk damals:

Sind wir weit voneinander entfernt?
Denken und handeln wir so viel anders?

Da, jetzt, in solch lebenskritischem Augenblick
zeigt Gott seinem Volk (nochmals),
was er überhaupt für einer ist,
zeigt, was Leben mit ihm, Vertrauen zu ihm, Glauben an ihn
eigentlich bedeutet.
Er selbst gibt ihnen das Brot,
das sie sich selbst nicht beschaffen können.
(»Er schenkt Speise zur rechten Zeit…« –
mit diesen Worten beten wir – vielleicht –
auch heute noch hin und wieder
zu unseren Mahlzeiten im Tischgebet.)

Des Wunderns noch nicht genug:
Da erhält keiner zu viel und keine zu wenig,
jede/r so viel, wie er und sie brauchen.
Da mag sich jemand anstrengen und beeilen
wie er will,
er bekommt nicht mehr als er braucht
– Gott will es so.
Da mag jemand langsamer und ungeschickter sein,
überrannt werden,
er bekommt nicht weniger als er braucht
– Gott will es so.

Wenn wir uns von Gott versorgen ließen,
wenn wir uns ihm verdankten,
wenn wir das Lebens-Not-Wendende
von ihm annähmen,
wäre es denn dann heute auch so
wie in dieser Geschichte?
Keiner hätte zu viel – keiner hätte zu wenig?
Ist so zu denken nur ein Traum,
nur Flucht aus der Realität?

Ist unsere alte Geschichte nur ein sentimentales Märchen?
Nur naives Wunschdenken naiver Menschen
aus naiven alten Zeiten?

Vielleicht über-lebens-wichtige Fragen ...

Und der Gott Israels will noch etwas,
und dies ist das Entscheidende in dieser Wüsten-Situation:
Was an sechs Tagen zu sammeln und zu erwerben ist,
das reicht, das ist genug für sieben Tage,
das reicht, das ist genug zum Sattwerden, Leben und Überleben.
Trotzdem – einigen ist es nicht genug, ihnen reicht es nicht.
Ganz Schlaue, ganz Fleißige, ganz Tüchtige
versuchen es auch am siebten Tag.
Sie haben genug zum Leben – nicht zu wenig,
aber sie wollen mehr,
mehr als die anderen, mehr als ihnen zusteht,
mehr als sie brauchen...
sie wollen einfach mehr um des Mehr willen.
Oder tun sie es, weil sie Gott nicht trauen?
Oder weil sie selbst für morgen vorsorgen wollen?
Oder weil ihnen das Sammeln und Erwerben an sechs Tagen
schon so in Fleisch und Blut eingegangen ist,
daß sie am siebten Tag nicht unterbrechen wollen und können?
Oder weil ...?
Wie auch immer – sie gewinnen nichts.
Sie kommen sich schlauer vor als diejenigen,
die Gott trauen, die es am Sabbat sein lassen.
Vor Gott – und vor ihren Mitmenschen – stehen sie aber im Unrecht:
»Wie lange wollt ihr euch noch weigern ...?«

Nur eine alte Geschichte von damals?
Nur eine Geschichte Israels,
die uns gar nicht besonders zu interessieren braucht?
Oder steckt darin auch unsere Geschichte,
unsere persönliche, die unseres Denkens und Verhaltens,
und die unserer Zeit?

Was am Sonntag befreit …

Äußerungen von Eheleuten und Eltern

»… Sonntag kann ganz anders gelebt werden als der Alltag. Er kann frei sein von allen Zwängen und Schemata. Das kann mir helfen, mehr Geduld für meine fragenden Kinder aufzubringen, geöffneter zu sein für ein Gespräch mit meiner Frau, liebevoller miteinander umzugehen. Manchmal spüre ich es, daß der Sonntag getragen ist von einer besonderen Stimmung, angefangen vom gemeinsamen Frühstück über das aus dem Gottesdienst hinausgetragene Froh-gesinnt-Sein für den anderen bis zu einer todmüden, aber glücklichen Heimkehr von einer gemeinsamen Wanderung.«

»… Sonntag – das heißt für uns:
Langes Ausschlafen, gemütlich miteinander frühstücken und die Freizeit mit den Kindern gestalten.
Ich habe den Wunsch, am Sonntag zur Ruhe zu kommen, mich zu besinnen, Freude zu entwickeln und weiterzugeben. Statt dessen beginnen in der Realität oft schon vor dem Frühstück erste Auseinandersetzungen mit den Kindern, meist wegen Kleinigkeiten.
Insgesamt bedeutet mir der Sonntag vor allem Wochenende, Ausruhen, Abschalten, Freisein vom Alltag. Beruflich ist er jedoch oft auch schon der Auftakt zu einer neuen Woche mit Unterrichtsvorbereitung oder Korrekturen.«

»… In der Regel gelingt es uns, unseren Sonntag isoliert vom Alltagsgeschehen zu betrachten. Wir benutzen ihn kaum dazu, die Spannungen der Alltage aufzuarbeiten. Solche Erlebnisse tauschen wir in der ersten Begegnung am Samstag kurz aus – während der Woche wohne ich, beruflich bedingt, getrennt von meiner Familie – , aber dann werden sie abgehakt, um den nötigen Freiraum für das übrige Wochenende zu haben.«

Sonntags-Tip * Sonntags-Tip * Sonntags-Tip * Sonntags-Tip * Sonntags-Tip

»An diesem Sonntag bist du mir besonders wichtig...«

Für die ganze Familie, für einen Teil der Familie, für ein Ehepaar, für einzelne... kann dies ein sinnvolles Sonntagsverhalten sein:

Heute wählen wir oder wähle ich einen Menschen aus, der besonders im Mittelpunkt des Interesses, des Handelns oder des Denkens stehen soll.

Ich könnte heute einen längeren Brief schreiben an...

Wir könnten den oder die besuchen, weil da schon lange auf uns gewartet wird.

Wir könnten den oder die einladen, weil die sich darüber ganz bestimmt freuen würden.

Wir könnten uns mit dem oder der treffen und gemeinsam etwas unternehmen, weil er oder sie einsam den Sonntag verbringen.

Ich könnte doch endlich mal wieder den oder die anrufen, was ich so lange schon aufgeschoben habe...

Sicherlich gibt es für jeden von uns eine Menge Menschen im eigenen Bekannten-, Freundes- und Verwandtenkreis: Wir brauchen nur einmal nachzudenken über unsere Kontakte zu bestimmten Menschen, die uns und denen wir wichtig sind...
Weil wir im Alltag so selten dazu kommen, der Sonntag bietet die Chance zu neuer, gegenseitig befreiender Begegnung.

Sonntags-Tip * Sonntags-Tip * Sonntags-Tip * Sonntags-Tip * Sonntags-Tip

»Meinen« Sabbat (Sonntag) gestalten heißt, das Nichts-Tun auszufüllen, das Gewohnte sein zu lassen, den Kreislauf von Zweck und Zwang zu unterbrechen. Dies ermöglicht neue Erfahrungen im Umgang mit der Zeit, die dann hoffentlich auch Auswirkungen auf den Alltag haben.

Leben und Alltag: Leistung ist gefragt

Schüler im Gymnasium, 11. Klasse:
»Ich merke den Leistungsdruck am stärksten in der Schule. Es geht doch alles um das eine Ziel, einen möglichst guten Notendurchschnitt zu erreichen, um den Nachweis für den Numerus clausus zu schaffen. Schließlich will ich doch nach dem Abitur die Möglichkeit haben, wirklich zu wählen, was ich studieren und werden will. Aber das ist eine elende Schinderei. Und die Kameradschaft und die Bereitschaft, einander in bestimmten Fächern zu helfen, geht dabei total vor die Hunde. Jeder denkt nur an die eigenen Zensuren, an das eigene gute und möglichst bessere Abschneiden gegenüber den anderen...«

Lehrling im dritten Lehrjahr:
»Für mich persönlich läuft natürlich alles darauf hinaus, daß ich im nächsten Jahr meine Prüfung bestehe. Wenn ich die nämlich nicht bestehe, dann bin ich total aufgeschmissen, dann läuft nichts mehr. Dann ist es vorbei mit einem qualifizierten Beruf, dann ist es vorbei mit einem sicheren Arbeitsplatz. Also, für diese Prüfung muß ich ganz schön büffeln, natürlich über die normale Arbeitszeit hinaus. – Aber dann kommt das Schlimmste noch dazu: In unserem kleinen Betrieb werde ich behandelt wie eine volle Arbeitskraft – Lehre und Prüfung hin oder her, ob die Arbeiten mich nun für die Prüfung qualifizieren oder nicht! Mich dagegen aufzulehnen – das habe ich einmal versucht, seitdem nie wieder. Das reicht mir, was ich da vom Meister zu hören bekam...«

Der Schatten

Es war einmal ein Mann, den ängstigte der Anblick seines eigenen Schattens so sehr, daß er beschloß, ihn hinter sich zu lassen. Er sagte zu sich: Ich laufe ihm einfach davon. Aber der Schatten folgte ihm mühelos. Er sagte zu sich: Ich muß schneller laufen. Also lief er schneller und schneller, lief so lange, bis er tot zu Boden sank.
Wäre der Mann in den Schatten eines Baumes getreten, so wäre er seinen Schatten losgeworden. Aber darauf kam er nicht.

Eine Geschichte aus Asien

Ehemann, Familienvater und Angestellter:
»Im Betrieb werde ich nur nach dem beurteilt, was ich leiste. Man kann es sich schon gar nicht mehr leisten, krank zu sein, weil man gleich um seinen Arbeitsplatz fürchten muß. Und schließlich möchte ich es auf der Positionsleiter ja auch bis zu einer gewissen Höhe bringen. Und das Gehalt muß stimmen, und es wäre schön, wenn sich das erhöhen würde. Denn ich habe ja eine Familie zu ernähren... Darüber hinaus möchte ich mir auch das eine oder andere über das Lebensnotwendige hinaus leisten können. Wie stehe ich sonst vor meiner Familie und den anderen da? – Also, was macht man? – Immer konzentriert bei der Sache, auch nicht kleinlich bei Überstunden und der Bitte um Weiterbildungskurse... Klar, daß dabei die Familie manchmal zu kurz kommt...«

Ehefrau, Mutter und Hausfrau:
»Manchmal beneide ich meinen Mann – und auch die Frauen, die erwerbstätig sind. Sie alle leisten doch was und werden anerkannt wegen ihrer Leistung. Und dann ärgere ich mich am meisten über Aussagen wie ›Du hast es gut. Du kannst dir den Tag einteilen, wie du willst. Du stehst nicht unter Leistungsdruck...‹ Aber wie sieht es tatsächlich aus? – Von morgens bis abends bin ich auf

Trab: die Kinder, das Essen, die Wohnung... Aber das sieht ja keiner, das wird ja nicht anerkannt, erst recht nicht bezahlt. Nur wenn was nicht klappt, nur wenn die Wohnung mal nicht aufgeräumt ist..., dann wird es gesehen und ich bekomme Entsprechendes zu hören...«

Arbeiter in der Industrieproduktion:
»Was ich bin und was ich gelte, wird davon bestimmt, was ich im Betrieb leiste. Die Produktion bestimmt meinen Stellenwert. Ich muß funktionieren, als Rädchen im Getriebe. Ich bin berechenbar und austauschbar. Von mir hängt zwar der ganze Produktionsablauf ab, aber andererseits darf er von mir nicht abhängen; ich muß austauschbar bleiben.
Dabei sehe ich nicht einmal das fertige Produkt, an dessen Erstellung ich beteiligt war; nur das kleine Teil, für das ich zuständig bin. Was hat das für einen Sinn? – Ich bin doch mehr als nur dieses kleine Rädchen. Ich bin doch ein Mensch mit Wünschen, Schwierigkeiten, Bedürfnissen, ungenutzten Fähigkeiten. Ich bin doch ein Ganzer, nicht nur ein Teil. – Was bin ich eigentlich wirklich wert? Nicht mehr als das, was ich leiste?«

Claudia, im ersten Schuljahr:
»Mutti, wann bekomme ich mein erstes Zeugnis? Ich will doch wissen, wie gut ich bin...«

Der Sonntag...

er kostet nichts, kostet uns aber was
er ist nicht zu etwas gut, sondern er tut einfach gut
er macht aus Knechten der Zeit Herren der Zeit
er hebt uns heraus aus dem Alltagstrott
er läßt uns einfach da sein, füreinander da sein
er unterbricht, damit wir neu aufbrechen können
er stört unser normales Leben, damit wir uns nicht selbst zerstören
er bringt keinen Ertrag, aber er macht unser Leben erträglich
er läßt uns nicht zu etwas gut sein, sondern einfach da sein
er ist wertvoll, will aber nicht verwertet werden – und das ist gut
er paßt in unser Leben, läßt sich aber nicht einfach anpassen
er ist Symbol unseres Lebens um der Realität des Lebens willen
er schützt das, was zu schützen wir oft vergessen
er stellt sich den anderen Tagen in den Weg, damit unsere Bewegung stimmt
er verbietet Arbeiten am Sonntag, aber nicht für den Sonntag

Erinnerungen sammeln

Es gab einen Schlager mit dem Titel: »Immer wieder sonntags kommt die Erinnerung...«
Wir dürfen diesen Satz – sicher anders als im Schlager gemeint – ganz ernst nehmen. Denn an jedem Sonntag dürfen wir uns erinnern:

* Erinnern daran, daß unser Leben mehr ist als Arbeit, Leistung und Verdienen des Lebensunterhaltes.

* Erinnern daran, daß unser Leben lebenswert ist vor aller erbrachten Leistung und Betätigung, einfach weil es von Gott gewollt, gehalten und getragen wird.

* Erinnern daran, daß wir mit Menschen zusammenleben, die uns mögen und die wir mögen, einfach weil wir und sie da sind.

* Erinnern daran, daß Leben und Zusammenleben ein Grund zur Freude und zum Feiern ist, ein Grund zum fröhlichen Miteinander.

Ein Erinnerungs-Tip deshalb für die Sonntage eines Jahres:
Wir stellen irgendwo in unserer Wohnung einen »Erinnerungs-Behälter« – eine Schale oder einen kleinen Korb – auf. Da hinein können wir Sonntag für Sonntag einen oder mehrere Zettel mit guten Sonntags-Erinnerungen legen. – Und am Ende des Jahres holen wir die gesammelten Erinnerungen hervor und erzählen noch einmal einander, was da so alles vorgekommen ist.
Das macht Spaß; es läßt uns wieder aufmerksam werden für vieles, an das sich zu erinnern lohnt ... und wir bekommen so etwas wie eine »Sparbüchse guter Sonntage«.

»... In einem Urteil des Landesarbeitsgerichtes Baden-Württemberg wurde ein Arbeitgeber dazu verurteilt, einer Frau, die länger als 12 Monate ihr Kind stillen wollte, die dazu notwendige Zeit pro Tag zu bezahlen. Der Arbeitgeber, eine Druckerei, hatte sich zwar auf Drängen der Frau dazu bereit erklärt, auch über die 12 Monate hinaus die tägliche Arbeit um 1 Stunde zu verkürzen, die Bezahlung dafür jedoch abgelehnt.
Das Gericht begründete sein Urteil damit, daß die Zeit des Stillens nicht nur aus gesundheitlichen Gründen wichtig sei, sondern auch zum Aufbau einer Mutter-Kind-Beziehung. In der Presse rief das Urteil auch deshalb Erstaunen hervor, weil es von drei Männern gefällt wurde.«

»In einer Betriebsvereinbarung zwischen dem Gesamt-Betriebsrat IBM Deutschland und der Geschäftsführung wurde rückwirkend zum 1. Januar 1990 festgelegt, daß die Beschäftigten von IBM Deutschland, die mindestens 3 Jahre bei IBM beschäftigt sind, einen Erziehungsurlaub von 4 Jahren bei einem Kind erhalten. Bei zwei Kindern erhöht sich der Erziehungsurlaub auf 8,5 Jahre. Während der Zeit des Erziehungsurlaubs ruht das Arbeitsverhältnis. Außerdem wurde vereinbart, daß die Mitarbeiterinnen und Mitarbeiter während der Zeit des Erziehungsurlaubs an Fort- und Weiterbildungsmaßnahmen des Unternehmens teilnehmen können.«

Der Fischer am Strand

Ein Fischer sitzt am Strand und blickt auf das Meer, nachdem er die Ernte seiner mühseligen Arbeit auf den Markt gebracht hat.

Warum er nicht einen Knecht aufnehme, fragt ihn ein Tourist. Dann könne er sich einen Motor kaufen und das Doppelte fangen. Das brächte ihm Geld für einen Kutter und einen zweiten Mann ein. Zweimal täglich auf Fang hieße, das Doppelte verdienen! Warum er eigentlich herumtrödele? Auch ein dritter Kutter wäre zu beschaffen; das Meer könne viel besser ausgenutzt werden, ein Stand auf dem Markt, Angestellte, ein Fischrestaurant, eine Konservenfabrik... – dem Touristen leuchteten die Augen.

»Und dann?« unterbricht ihn der Fischer.

»Dann brauchen Sie gar nichts mehr tun. Dann können Sie den ganzen Tag hier sitzen und glücklich auf Ihr Meer hinausschauen!«

»Aber das tue ich doch jetzt schon«, sagte darauf der Fischer.

Der Run auf die Erholung. Immer mehr Freizeit schafft Engpässe in den Bergen, an der See und auf den Straßen.

Gewandelte Einstellung zu Arbeit und Freizeit

»Welche Stunden sind Ihnen die liebsten, die während der Arbeit oder die während der Freizeit?«

Die Antworten auf diese Frage und damit auch die Einstellung der Deutschen zu Arbeit und Freizeit haben sich in den letzten 30 Jahren gravierend verändert.

1962 gaben 29% der Befragten an, daß ihnen die Freizeit eindeutig lieber sei.

1962 gaben 59% der Befragten an, daß ihnen die Arbeit und die Freizeit gleich lieb seien.

1990 war bereits 42% der Befragten die Freizeit eindeutig lieber.

1990 waren nur noch 47% der Befragten Arbeit und Freizeit gleich wichtig.

Nach Ansicht des Instituts für Demoskopie Allensbach drückt sich in solchen Zahlen ein tiefgreifender Wertewandel aus, der von der Überzeugung getragen ist:
»Wir leben nicht, um zu arbeiten, sondern wir arbeiten, um zu leben.«

Ein Begriff – aber welche Bedeutung?

Keine Frage: Die Zeit, die den Menschen zu ihrer ganz persönlichen Verfügung steht, ist in den letzten 100 Jahren zumindest in den Industrieländern gewaltig angestiegen.

- Die durchschnittliche Lebenszeit ist um über 30% gestiegen.
- Die jährlichen Arbeitsstunden verringerten sich um mehr als 50%.
- Der Anteil der jährlichen Erwerbs-Arbeitsstunden an den Lebenszeit-Stunden fiel von 30% zur Mitte des 19. Jahrhunderts auf 14% heute.

Durchschnittliche wöchentliche Arbeitszeiten

1830 – 1860	82,5 Std.
1860 – 1870	78 Std.
1870 – 1880	72 Std.
1880 – 1890	66 Std.
1890 – 1900	63 Std.
1910 – 1914	57 Std.
1919	48 Std.
1930	44 Std.
1940	50 Std.
1950	48 Std.
1958	45 Std.
1964	44 Std.
1974	42 Std.
1983	40 Std.
1989	38,5 Std.
1990	38,1 Std.

Da dieser Trend zu immer »mehr Freizeit« ungebrochen anhält, könnte es ja sein, daß wir uns auf ein »Zeitalter der Freizeit« zubewegen. Vielleicht stehen wir schon am Beginn einer Freizeitgesellschaft. Und wenn das so sein sollte, welche bisher noch nicht gekannten Probleme tauchen dann auf? Wie werden wir die Freizeit verbringen? Bringt uns die »freie Zeit« auch eine befreite Gesellschaft – und, wenn ja, wovon werden die Gesellschaft und die Menschen, die in ihr leben, befreit? Oder führt die Freizeitgesellschaft – wenn sie denn kommt – zu neuen Belastungen und Zwängen?

Im deutschen Sprachgebrauch taucht der Begriff »Freizeit« regelmäßig erst in der 2. Hälfte des 19. Jahrhunderts auf. Dies macht schon deutlich, daß »Freizeit« in einer engen Verbindung mit der Industrialisierung und dem Kampf der Arbeiterbewegung um kürzere Arbeitszeiten steht. In diesem Zusammenhang meint »Freizeit« die von Arbeit freie Zeit. Es ist ein »negativer« Begriff, der eng an die Arbeit geknüpft ist: Freizeit = Nicht-Arbeit.

Freizeit kann aber auch positiv verstanden werden als die Zeit der Selbstbestimmung, der Persönlichkeitsentfaltung und der individuellen Bedürfnisbefriedigung. Dieser »positive« Freizeitbegriff meint dann die Zeit, die der Planung eigener Lebensziele und der Gestaltung eigener Lebensentwürfe zur Verfügung steht.

Die Schwierigkeit einer eindeutigen inhaltlichen Definition des Begriffes »Freizeit« kann auch noch einmal an der Aufteilung der täglichen Zeit veranschaulicht werden: Teilt man die Zeit des Tages *erstens* in die Zeit, die der Existenzsicherung durch Arbeit dient, *zweitens* in die Zeit, die durch Schlafen, Essen und Körperpflege zur Regeneration des Körpers notwendig ist, und *drittens* in die Zeit, die durch keine äußeren Zwänge bestimmt wird und in der das getan oder gelassen werden kann, was ein/e jede/r will, dann gehört unter den »positiven« Freizeitbegriff lediglich der dritte Zeitanteil zur Freizeit.

Freizeit in der Geschichte

Freizeit in der Antike

Wenn der Begriff »Freizeit« auch eng mit der Industrialisierung verknüpft ist, so hat es sie selbst doch schon in vorausgegangenen Epochen gegeben. Bei den *Griechen* konnten nicht alle Mitglieder der Gesellschaft Freizeit genießen; sie war nur den »freien Bürgern« vorbehalten. Frauen und Sklaven waren dagegen zur Arbeit »geboren«. Dieser Form der Klassenspaltung entsprach eine Geringschätzung, eine negative Wertung der körperlichen Arbeit. Sie hat bis in die Begriffsbildung hinein ihre Spuren hinterlassen.

Während die Freizeit griechisch »schole« heißt, was im Deutschen mit »Muße« oder auch »Bildung« übersetzt werden kann, heißt die geringgeschätzte körperliche Arbeit »a-scholia«; die Vorsilbe »a« drückt lediglich das Gegenteil aus. Gleiches findet sich im Lateinischen: Die Zeit zur freien Verfügung heißt hier »otium«, während die Zeit der Arbeit negativ mit »neg-otium« ausgedrückt wird.
Waren die »Freizeiten« bei Griechen und Römern schon höchst ungleich auf die verschiedenen gesellschaftlichen Klassen verteilt, so noch deutlicher die Formen der Freizeitgestaltung. Die Freizeitgestaltung der freien Bürger Griechenlands oder Roms bestand vorwiegend aus der Beschäftigung mit Politik, Philosophie und den schönen Künsten. Die Freizeit der »Unfreien« reduzierte sich auf die öffentlichen Sportwettkämpfe wie die Olympischen Spiele oder auf die Zirkusveranstaltungen in den Stadien oder Arenen.
Diese Formen der Freizeitgestaltung erfüllten für die Gesellschaft eine wichtige Funktion: Die höchst ungleiche Verteilung von Gütern und Rechten drohte immer wieder in offene Konflikte zwischen den Klassen auszubrechen. Diese tiefe Klassenspaltung in »Freie« und »Unfreie« sollte und konnte durch »Brot und Spiele« eine gewisse Zeit lang überbrückt werden. »Brot und Spiele« sollten die vorhandenen Gegensätze verringern (vertuschen) und die unfreie Bevölkerung in die Gesellschaft einbinden.

Freizeit im Mittelalter

Im vom Christentum geprägten Mittelalter erhielt die körperliche Arbeit eine Aufwertung (»ora et labora« – bete und arbeite). Trotzdem wurde nach wie vor die geistige Tätigkeit höher bewertet als die körperliche. Zugleich weitete sich die Freizeit aus – in zweifacher Hinsicht.
Sie weitete sich zeitlich aus: Die Zahl der kirchlichen Feiertage wuchs gewaltig an; Feiertage unterbrachen so häufig die Arbeit.
Sie weitete sich Schicht-übergreifend aus: Nicht nur einige wenige gelangten in den Genuß größerer Freizeitanteile, sondern alle Bevölkerungsschichten profitierten – wenn auch im unterschiedlichen Maße – von der vermehrten Freizeit.

Zugleich war die Freizeit aber auch eingeschränkt. Wenn die kirchlichen Feiertage auch die körperlichen Arbeiten untersagten, so wurden die Festtage zugleich mit religiösen Pflichten wieder angefüllt und reglementiert. Sie waren es aber auch durch die Tatsache, daß die Orte des Arbeitens und der Freizeit weitgehend identisch waren, Freizeit und Arbeit fanden unter der Aufsicht der Herrschaft statt.

Freizeit seit der Reformation

Eine Einschränkung der Freizeit ist seit der Reformationszeit zu beobachten. Die sich jetzt ausbildende protestantische Ethik stilisierte die Arbeit und den wirtschaftlichen Erfolg zum Selbstzweck hoch. Die vielfältigen kirchlichen Festtage wurden von »Werktagen« auf Sonntage verlegt – eine Begrenzung der Freizeit.
Allerdings dürfte das Aufkommen der Manufakturbetriebe Auswirkungen auf die Freizeit gehabt haben: Die arbeitsteilige Produktionsform, die die handwerklichen Arbeiten auf wenige Handgriffe reduzierte und das Arbeitstempo erhöhte, erforderte mehr Zeit für die körperliche Erholung.

Freizeit seit der Industrialisierung

Die Industrialisierung setzte diese Entwicklung fort und schränkte die Freizeit in einem bisher nicht gekannten Maße ein. Noch bis zum 19. Jahrhundert war der Wechsel von Arbeits- und Freizeiten durch die Natur (Auf- und Untergang der Sonne, Wechsel der Jahreszeiten) und durch soziale bzw. religiöse Bezüge bestimmt. Jetzt aber erlaubte die Erfindung der Elektrizität auch eine Produktion in der Nacht. Die sozial-religiöse Beschränkung der Arbeitszeiten wurde durch die kapitalistische Wirtschaftsform aufgehoben. Die Arbeitszeiten der Arbeiterinnen und Arbeiter in den Fabriken wurden extrem ausgeweitet, die arbeitsfreie Zeit wurde auf ein Minimum verkürzt. Nachtarbeit in den Fabriken wurde ebenso üblich wie Sonn- und Feiertagsarbeit.

In der 2. Hälfte des 19. Jahrhunderts verbanden sich humanitäre, religiöse, wirtschaftliche und militärpolitische Motive miteinander, um die Arbeitszeiten zu verkürzen. Den Anfang machte das Militär; wegen des schlechten Gesundheitszustandes der Rekruten verlangte es kürzere Arbeitszeiten. Religiöse und humanitär gesinnte Politiker forderten unter Berufung auf Sonntagsgebot, Familienleben und Gesundheit ein Verbot der Sonntagsarbeit. *Die aufkommende Arbeiter- und Gewerkschaftsbewegung forderte den Acht-Stunden-Tag.*

Die Sehnsucht des Fabrikvolkes

Dieser Bildungstrieb (der Arbeiter) (…) sitzt tief als eine elementare Macht in vielen Köpfen und Herzen; in besonders kraftvollen Naturen äußert er sich geradezu als eine Art von Bildungshunger, der urteilslos und unterschiedslos verschlingt, wessen er habhaft werden kann; aber seinen unmittelbarsten und grandiosesten Ausdruck erhält er doch in der internationalen Bewegung für den Achtstundentag. Das ist nicht nur eine bloße Manifestation der Faulheit und der Genußsucht, des Übermuts und der Oppositionslust, auch nicht nur der sozialdemokratischen Gesinnung und wirtschaftlicher Forderungen, sondern zugleich ein Beweis der Sehnsucht des Fabrikarbeiters nach mehr Licht, Wahrheit und Wissen. Man will Zeit gewinnen, um auch dem geistigen Menschen die Pflege zuteil werden zu lassen, auf die er selbst in einem schlichten Fabrikarbeiter Recht und Anspruch hat. Das ist aber heute, ich habe das an mir selbst zur Genüge erprobt, der Mehrzahl noch durchaus nicht möglich, die von früh sechs Uhr bis abends sechs Uhr und länger an ihre Plätze in der tosenden dunstigen Fabrik gefesselt ist, die außerdem oft einen langen, nicht selten einstündigen Weg zur und von der Fabrik hat und des Abends schmutzig, hungrig und müde heimkommt. Unter diesem Gesichtspunkt, und jene Achtstundenbewegung ernsthaft so verstanden, wie es ein Teil des Volkes nicht minder ernsthaft tatsächlich versteht, nämlich als den einzig gangbaren Weg zu einer wirklich ausreichenden Befriedigung dieses Bildungsinteresses, scheue ich mich nicht, sie nicht nur vorurteilslos zu würdigen und anzuerkennen, sondern auch für eine allmähliche, schrittweise Erfüllung einzutreten.

Paul Göhre (1864-1928)

Der Kampf um kürzere Arbeitszeiten hatte aber nicht nur die Erhaltung der Gesundheit zum Ziel. Er war auch nicht Mittel zur Beseitigung der Arbeitslosigkeit. Er diente vielmehr der besseren Freizeitnutzung. So wurde der Kampf um den Acht-Stunden-Tag zugleich ein Kampf um die Bildung.
Während die höheren Gesellschaftsschichten in ihrer Freizeitgestaltung an die klassischen Traditionen des Musizierens, der Literatur und anderen schönen Künste anknüpften, schlossen sich die Arbeiter/innen in Sport-, Theater- und Arbeiter-Bildungs-Vereinen zusammen. Diese Vereine verstärkten die durch den Produktionsprozeß hervorgebrachte Klassenbildung und verdichteten sie zur Klassenbindung.

Metallerlied

Bürgerlied (Neufassung 1978)

2 Ob als Werkzeugmacher oder
als Monteure oder Schlosser
müssen schaffen immerzu;
ob Maschinen wir bedienen
oder putzen die Kantine:
das tut, das tut nichts dazu.

3 Daß wir Männer und wir Frauen
stets auf unsre Kraft vertrauen,
was auch jeder von uns tu;
daß die Jungen und die Alten
lieber kämpfen als verwalten:
das tut, das tut was dazu.

4 Oder ob wir kritisch denken,
unsre Rechte nicht verschenken
und den Bossen setzen zu;
daß wir nicht alleine stehen,
sondern stets gemeinsam gehen:
das tut, das tut was dazu.

5 Wenn wir streiken vor den Toren,
geben wir uns nicht verloren,
was auch immer stößt uns zu;
wenn die Bosse uns aussperren,
werden wir uns weiter wehren:

6 Drum Kollegin, drum Kollege,
sei auch du auf unsrem Wege,
denn kein Boss schenkt uns 'ne Mark;
täglich werden wir geschunden,
kämpft für 35 Stunden:
nur gemeinsam sind wir stark.

Text: Sibylle Köppler / Melodie: »Bürgerlied«

Weniger Arbeitszeit – mehr Freizeit?

Im 20. Jahrhundert, besonders nach dem 2. Weltkrieg, wurden die wöchentliche Arbeitszeit radikal verkürzt und der jährliche Urlaub verlängert. Der Trend zu immer mehr Freizeit scheint auch für die Zukunft unumkehrbar zu sein. Dennoch kann im Vergleich mit den Freizeiten vorausgegangener Epochen Skepsis aufkommen, ob wir uns tatsächlich auf dem Weg zur Freizeitgesellschaft befinden. Denn erst seit etwa 15 Jahren haben wir in den hochindustrialisierten Ländern das Ausmaß an Freizeit erreicht, das im europäischen Mittelalter üblich war!

Neue Anforderungen lassen die arbeitsfreie Zeit nicht automatisch zur Freizeit im Sinne einer selbstbestimmten Zeit werden:

* Für viele Arbeitnehmer/innen sind die Fahrtzeiten zur Arbeitsstelle und wieder zurück (Pendler/innen) gewachsen; damit ist deren »echte« Freizeit verkürzt.
* Die auf der »grünen Wiese« errichteten Einkaufs- und Dienstleistungszentren machen ebenfalls weitere Anfahrtswege notwendig.

Der vom Beruf ausgehende Druck erfordert eine solide Fort- und Weiterbildung. Der Sozialstaat und das breitgefächerte Bildungs- und Ausbildungssystem zwingen zur Informationsbeschaffung über rechtliche, wirtschaftliche und pädagogische Fragen.

* Größere Entfernungen zu staatlichen Behörden und Ämtern, ja selbst zu Freizeit-Einrichtungen, verkürzen weiterhin die selbstbestimmte Zeit.

Selbst wenn die Tendenz zu immer größeren Freizeitanteilen zunimmt, so sind diese doch höchst ungleich verteilt.

Während Schüler und Studenten, Rentner, Beamte und mittlere Angestellte über ein hohes Freizeit-Budget verfügen, ist die Freizeit der selbständigen Handwerker oder Manager in gehobenen Positionen knapp bemessen. – Dies gilt besonders auch für die Hausfrauen. Trotz der Technisierung der Haushalte ist die Freizeit der »Nur«-Hausfrauen und besonders der berufstätigen Hausfrauen nicht gewachsen.

Männer…

Nach einer Studie der Sozialforschungsstelle Dortmund:
Von 100 befragten Männern, deren Frauen auch berufstätig sind, lehnen ab

87% zu bügeln
76% Wäsche zu waschen
67% Fenster zu putzen.

Freizeit – Ort der Selbstbestimmung?

Die von den Freizeit-Forschern immer wieder einmal aufgestellte Behauptung von der Freizeit als dem Ort der Selbstbestimmung und Selbstbestätigung ist in den letzten Jahren zunehmend der Erkenntnis vom »Freizeit-Streß« gewichen.

Die wachsende arbeitsfreie Zeit in Verbindung mit steigendem Einkommen hat der Freizeitindustrie zwar einen riesigen Boom gebracht, gleichzeitig jedoch den Wert der Freizeit gesenkt. Gedränge beim Einkaufen und Schlangen bei Freizeiteinrichtungen haben die Freizeit zu einer anstrengenden Tätigkeit gemacht. Schon taucht die Frage auf, ob die Freizeit den Menschen den Schlaf raubt.

Deutlich spürbar ist die Tendenz einer zunehmenden Konsum-Freizeit. Menschen hetzen von einem Konsumangebot zum nächsten und verlieren dabei die zur Besinnung notwendige Zeit. Freizeit erscheint mehr und mehr als ein Ort der Langeweile, als ein Ort und eine Zeit, mit der man nichts anzufangen weiß – oder als Ort des erzwungenen Wartens...

Am deutlichsten und dramatischsten ist dieser Trend bei Arbeitslosen zu beobachten. Ihre »erzwungene Freizeit« zerfließt. Freizeit hat gerade für sie – und dies wohl unabhängig von ihrer finanziellen Situation – keine Chance zur Selbstverwirklichung. Sie wirkt im Gegenteil häufig persönlichkeitszerstörend, da sie ohne Struktur ist.

Freizeit – der Ort der Selbstbestimmung? – Skepsis scheint angebracht. Zu eng sind die Beziehungen zwischen Arbeit und Freizeit. Freizeit kann nur bei einer Veränderung der Arbeitswelt und entsprechend bei veränderten Auswirkungen dieser Welt auf die Freizeit ein Ort der Selbstfindung des Menschen werden.

Aufwendungen in Vierpersonenhaushalten von Angestellten und Arbeitern mit mittlerem Einkommen für Freizeitgüter je Haushalt und Monat im Jahr 1987

Gegenstand der Nachweisung	DM	%
Aufwendungen für Freizeitgüter insgesamt	539,41	100
davon entfielen auf		
Urlaub	129,30	24,0
Bücher, Broschüren, Zeitungen, Zeitschriften	48,86	9,1
Rundfunk, Fernsehen u.ä. einschließlich Gebühren	62,86	11,7
Kraftfahrzeug	74,35	13,8
Sport- und Campingartikel einschließlich Sportveranstaltungen u.ä.	64,90	12,0
Gartenpflege und Tierhaltung	40,28	7,5
Spiele und Spielwaren	27,07	5,0
Besuch von Bildungs- und Unterhaltungsstätten	13,40	2,5
Foto- und Kinogeräte einschließlich Verbrauchsgüter	16,29	3,0
Sonstiger Freizeitbedarf	62,11	11,5

Sonntags-Tip * Sonntags-Tip * Sonntags-Tip * Sonntags-Tip * Sonntags-Tip

Eine Alternative zum Fernsehen

Hand aufs Herz: Wann haben Sie zum letztenmal ferngesehen?

Freizeit – besonders die Zeit am Sonnabend und Sonntag – ist auch die Zeit des erhöhten Fernsehkonsums. Dieser hat sich in den letzten 30 Jahren mehr als verdoppelt. Von 100 Bundesbürgerinnen und Bundesbürgern

* benutzen 12% das Fernsehen überhaupt nicht;
* schauen 24% täglich etwa 30 Minuten auf den Bildschirm;
* verbringen 40% täglich etwa 140 Minuten vor dem Fernsehgerät;
* gehören 24% zu den Stammkunden; sie sitzen täglich mehr als 4 Stunden vor dem Apparat.

Hand aufs Herz: Wann haben Sie zum letzenmal in ein Buch geschaut oder gar ein ganzes Buch gelesen?

Der Griff zu einem Buch kann eine gute Alternative zum Medienkonsum sein. Dabei ist es nicht einmal notwendig, Bücher des eigenen Interesses unbedingt selbst zu kaufen. In jeder Stadt gibt es eine Stadtbücherei, in beinahe jeder katholischen oder evangelischen Gemeinde gibt es eine Gemeinde- oder Pfarrbücherei. Hier können gegen eine geringe Gebühr Bücher ausgeliehen werden.

Und eine besondere »Zugabe« der Pfarrbüchereien: Die meisten haben auch am Sonntagmorgen für ein oder zwei Stunden geöffnet. – Ihre Pfarrbücherei liegt vielleicht ganz in der Nähe. ... Und zu einem Sonntagsspaziergang kommen Sie auf diese Weise auch noch.

Es fällt auf, daß die Freizeit einem immer höheren Technisierungsgrad unterworfen ist: Computer, Video, Sporträder, Autos ... Dies erinnert wiederum deutlich an das »Zubehör« der Arbeit.
Zu beobachten ist, daß viele Menschen sich auch in ihrer Freizeit Tätigkeiten hingeben, die den gleichen Normen von Leistung und Wirkung entsprechen wie die der Arbeitswelt. Wir kennen alle die Hochleistungssportler, für die ihre sportliche Betätigung den gleichen Kriterien gehorcht wie die Arbeit. Wir kennen wohl auch die »workaholics« (Arbeitssüchtige), die ohne Arbeit nicht glauben leben zu können; deshalb setzen sie in ihrer Freizeit entweder die Arbeit fort oder sie verhalten sich in ihrer Freizeit genauso wie in ihrer Arbeitszeit.
Bei vielen erscheint Freizeit vielfach als eine Zeit des demonstrativen Konsumierens. Man will so entweder den beruflichen Erfolg nach außen hin zeigen oder die Leiden der Arbeitszeit – häufig durch Überstunden bedingt – vergessen und verdrängen.

Als Fazit kann gelten:
Arbeit und Freizeit sind nicht voneinander zu trennen. Die hier wie dort gemachten Erfahrungen, Absichten und Enttäuschungen wirken aufeinander ein und bestimmen so das Leben des Menschen.

Statt Befreiung neue Zwänge?

> Eine ... Bedrohung des Sonntags ergibt sich aus den Mechanismen der Freizeitgesellschaft... Freizeit an sich ist Ausdruck der Befreiung des Menschen von den Zwängen der Zeit und enthält neue Chancen zwischenmenschlicher und kultureller Entfaltung. Dieser Zuwachs an möglicher Freiheit und Entfaltung enthält zugleich die Gefahr neuer Zwänge und Abhängigkeiten. Ausdrücke wie »Freizeitindustrie« und »Vergnügungsindustrie« deuten an, daß der Mensch in Gefahr gerät, in der gewonnenen Freizeit neuerdings Mechanismen und Manipulationen unterworfen zu werden, die ihm seine Freiheit nehmen, ihn ausbeuten. Es ist einsichtig, daß in einem solchen »Freizeitbetrieb« auch der Sonntag in eine Krise gerät. Er wird

aus einem Feiertag zu einem der freien Tage, die insgesamt der Hektik des Freizeitgeschäftes ausgeliefert sind. Er verliert seinen religiösen Grundbezug, seine gemeinschaftsbildende Kraft und wird zum Gegenstand individuellen Vergnügens. Der Sonntag wird zum Hauptgeschäftstag der Freizeitindustrie und zum Spekulationsobjekt schnellen Profites. Dabei spielt es scheinbar keine Rolle, daß durch das Eindringen der Vergnügungsindustrie in den Sonntag immer mehr Menschen gezwungen werden, Erwerbsarbeit zu leisten.

»Der Mensch ist der Weg der Kirche«
Sozialhirtenbrief der kath. Bischöfe Österreichs
vom 15. Mai 1990 (Nr. 118)

Ein Abendgebet

Herr, ich danke dir in dieser Abendstunde,
daß du mich heute beschützt hast.
Behüte alle, denen ich heute begegnet bin,
gib das Licht deiner Liebe allen, die ich lieb habe,
und allen, die eine Last zu tragen haben.
Herr, ich danke dir für diesen Sonntag.
Ich kann dir nichts geben,
nur meinen Dank für diesen Tag
und – daß ich den kommenden Tag
aus deiner Hand nehme
und in Verantwortung lebe.

Gib mir einen neuen Tag
und verlaß mich nicht. Amen.

Der Sonntag

Ein Tag der Ruhe

Was wir so sagen…

Beruhige dich doch!

Jemandem Bettruhe verordnen

Laß mich in Ruhe!

Hier herrscht Ruhe und Ordnung

Ruhe sanft

Eine gespenstische Ruhe ist das

Ruhe vor dem Sturm

Sich (durch nichts) aus der Ruhe bringen lassen

Das ist eine himmlische Ruhe

Ein gutes Gewissen ist ein sanftes Ruhekissen

Alles mit der Ruhe!

Nur die Ruhe kann es bringen

»Über allen Gipfeln ist Ruh…«

Ruhe ist die erste Bürgerpflicht

Friedhofsruhe

»Herr, gib ihnen die ewige Ruhe!«

…

»Wenn ich ruhe, dann ruhe ich...«

Ein in der Meditation erfahrener Mann wurde einmal gefragt, warum er trotz seiner vielen Beschäftigungen immer so gesammelt sein könne. Dieser sagte:

Wenn ich stehe, dann stehe ich
wenn ich gehe, dann gehe ich
wenn ich sitze, dann sitze ich
wenn ich esse, dann esse ich
wenn ich spreche, dann spreche ich
wenn ich ruhe, dann ruhe ich...

Da fielen ihm die Fragesteller ins Wort und sagten: Das tun wir doch auch, aber was machst du noch darüber hinaus?

Er sagte wiederum:
Wenn ich stehe, dann stehe ich
wenn ich gehe, dann gehe ich
wenn ich sitze, dann sitze ich
wenn ich esse, dann esse ich
wenn ich spreche, dann spreche ich
wenn ich ruhe, dann ruhe ich...

Wieder sagten die Leute: Das tun wir doch auch.

Er aber sagte zu ihnen: Nein,
wenn ihr sitzt, dann steht ihr schon
wenn ihr steht, dann lauft ihr schon
wenn ihr lauft, dann seid ihr schon am Ziel
wenn ihr ruht, dann seid ihr schon wieder be-
schäftigt mit gestern und morgen...

»Wie sieht es mit Ihrer Sonntagsruhe aus?«

Hausfrau – Mutter – Ehefrau:

»›Ich möchte endlich mal meine Ruhe haben‹ – das sagt sich so leicht. In der Realität unserer Familie sieht es jedoch ganz anders aus! Mein Mann geht während der ganzen Woche zur Arbeit, mal hier, mal dort gegessen... – ganz klar, daß er sonntags von mir erwartet, daß ich zu allen Mahlzeiten gutes Essen zubereite und auf den Tisch bringe. Und mein Mann will natürlich am Sonntag seine Ruhe haben, ich verstehe das ja. Aber dann muß ich von Sonntagmorgen bis Sonntagabend dafür sorgen, daß die Kinder ihn nicht zu sehr belästigen... Wo bleibt da meine eigene Ruhe?«

Ingenieur – Ehemann – Vater:

»Ruhe ist mir das Wichtigste am Sonntag. – Von montags bis samstags unterwegs. Da habe ich am Sonntag keine Lust zu irgendwelchen Unternehmungen. – Nachdem ich am Samstagabend meist bis nach Mitternacht vor dem Fernseher gesessen habe, muß ich am Sonntag erst mal so richtig ausschlafen. Vor 11 Uhr stehe ich sonntags in der Regel nicht auf. Und der Jogginganzug bleibt dann auch erst mal zwei bis drei Stunden an. Am Nachmittag ist mal dieses oder jenes dran, grad wie es kommt. Da mache ich mir vorher keine Gedanken darüber. Halt immer mit der Ruhe! Natürlich – hin und wieder sind auch Besuche fällig, aber dann ist es auch immer mit der von mir gewünschten Ruhe vorbei...«

Industrieangestellte – Alleinerziehende:

»An allen Wochentagen bin ich allein verantwortlich für alle möglichen Dinge. Die Kinder: Schule und Kindergarten; ich selbst: acht Stunden arbeiten und den Haushalt erledigen und Einkäufe und

Besorgungen machen; wir alle zusammen: dafür bleibt an den Alltagen nur wenig Zeit übrig. Da bin ich sonntags froh, wenn wir alle zusammen was unternehmen können. Daneben ist dann immer noch genug zu tun, was in der Woche liegengeblieben ist. Beim besten Willen, Ruhe ist da kaum möglich. – Vielleicht ist das aber auch ganz gut so! Auf diese Weise komme ich gar nicht zum Nachdenken darüber, was alles in meinem Leben anders sein könnte...«

Jugendlicher – Industrielehrling:

... »Also, in der Woche ist ja nur Streß, im Betrieb, zu Hause, Verpflichtungen im Verein und in der Clique ... Samstags und sonntags habe ich dann endlich die Möglichkeit, so richtig zu tun, was ich will. Samstags Fete oder Disco – es wird normalerweise spät ... Sonntags raus – irgendwohin: Sportplatz, Kneipe, Spiel-Center oder mit Mädchen und so..., bloß weg von zu Hause, denn die Alten wollen ja doch nur ihre Ruhe haben. Und das ist bei mir ganz anders. Sonntags ist dann allerdings früh Feierabend. Schließlich muß ich am Montagmorgen ja früh wieder raus...«

Mitt-Dreißigerin – Apothekerin:

... »Die Gruppe, zu der ich gehöre, nennt man ja heute so schön neuhochdeutsch ›Single‹. Indem ich also ›alleinstehend‹ lebe, gibt es für mich während der Woche oft Zeiten der Ruhe. Das heißt, ich kann selbst bestimmen, was ich nach Feierabend gern tun möchte: Lesen oder Musikhören oder Bummeln oder... Der Sonntag steht da für mich bewußt im Kontrast zu den anderen Wochentagen: Da verabrede ich mich mit Freunden und Bekannten, wir unternehmen etwas zusammen, Einladungen, Gespräche... – Am späteren Sonntagnachmittag ziehe ich mich dann aber wieder gerne ›in meine Bude‹ zurück, um den Tag in Ruhe ausklingen zu lassen.«

Der Sonntag lädt ein

Sonntag kann ein Tag sein, der dazu einlädt, nach einem Buch zu greifen, das tiefer geht. Oder um einen Freund aufzusuchen, um mit Frau und Kindern zusammenzusein, einen Spaziergang mit ihnen zu machen… Er ist der Tag, an dem ein Vater vielleicht einmal ruhig seinen Sohn oder seine Tochter anhören kann, an dem die Frau einmal ein Auge für ihren Mann hat. Es soll nicht ein Tag sein von der Art: »Heute ist es so richtig was für mich; bring mir mal meine Pantoffeln.« (Wer sich so einstellt, findet nur Enttäuschung, weil ihn alles stört.)

Holländischer Katechismus

»Freiwillig macht das keiner...«
Zur Diskussion um die Sonntagsarbeit

»Eine überlange tägliche Arbeitszeit bis zu zwölf, fünfzehn, ja siebzehn Stunden täglich, nicht bloß für Erwachsene, sondern für Kinder, entstand in der ersten Hälfte des 19. Jahrhunderts... Die Sonntagsarbeit und die Nachtschicht wurden in vielen Betrieben üblich...«
Gustav Schmoller

Wie aus grauer Vorzeit erscheint uns diese Beschreibung der Zeit vor etwa 150 Jahren. Längst gilt inzwischen für Arbeitnehmerinnen und Arbeitnehmer der Acht-Stunden-Tag. Und bei der wöchentlichen Arbeitszeit wird die 35-Stunden-Woche angezielt. Kinderarbeit ist – zumindest bei uns – längst abgeschafft.

Die arbeitspolitischen Erfolge der letzten Jahrzehnte, des letzten Jahrhunderts sind nicht von der Hand zu weisen. Dies gilt auch für die Sonntagsarbeit. Sie ist grundsätzlich verboten und wird in Deutschland nur in Ausnahmefällen zugelassen.

Trotzdem – immerhin arbeiten 14% aller Arbeitnehmerinnen und Arbeitnehmer in Deutschland manchmal oder regelmäßig auch am Sonntag. Dies ist im internationalen Vergleich zwar nicht viel, beachtlich ist jedoch die Steigerung in den letzten Jahrzehnten:

Sonntagsarbeit in Deutschland

Im Jahre	arbeiten sonntags (in Millionen)
Anfang der 50er Jahre	0,75
1965	2,078
1975	3,462
1983	3,6
1987	3,85
1989	4,4

Sonntagsarbeit ist keineswegs gleichmäßig auf alle Branchen verteilt. An erster Stelle stehen die Wirtschaftszweige, die in einem engen Zusammenhang mit der wachsenden Freizeit stehen: Hotel- und Gaststättengewerbe und die Verkehrsbetriebe. Auch in den Teilen des öffentlichen Dienstes, die für die Aufrechterhaltung der Energie- und Wasserversorgung sowie für die Pflege alter, kranker und behinderter Menschen sorgen, muß am Sonntag gearbeitet werden. Gleiches gilt für die Industriebetriebe, in denen auch am Wochenende die Anlagen nicht abgeschaltet werden können.

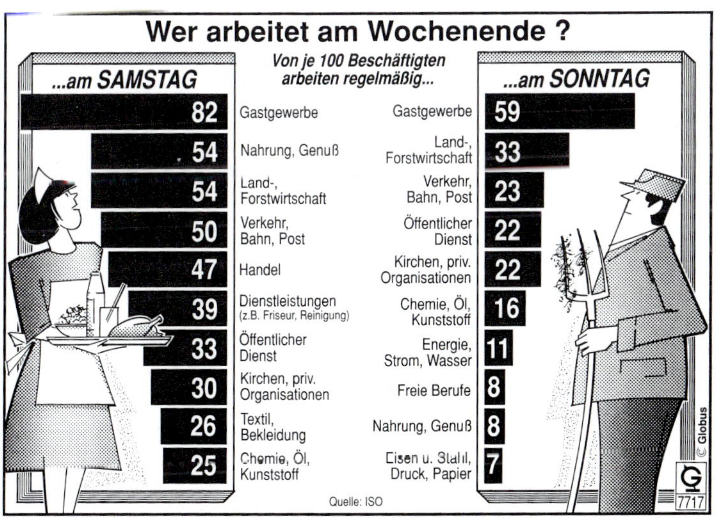

Bestimmte chemische, biologische oder physikalische Prozesse in der chemischen und stahlverarbeitenden Industrie brauchen eine bestimmte Zeit, die weder verkürzt noch verlängert werden kann. Daß auch in der Land- und Forstwirtschaft am Sonntag gearbeitet werden muß, ist einsichtig. Denn schließlich müssen Tiere auch am Sonntag gefüttert werden.

Die Felder müssen aufgrund klimatischer Bedingungen unter Umständen auch am Sonntag bestellt oder gemäht werden. – Dennoch, vielerorts sind Feldarbeiten am Sonntag heute – häufig auch bei landwirtschaftlicher Tätigkeit im Nebenerwerb – zu einer Selbstverständlichkeit geworden, obwohl von der Witterung her keine Notwendigkeit dazu bestände.

Etwas anders sieht es schon in der Druckindustrie oder bei der Post aus. Da die Kunden auch am Montag Briefe und Pakete erhalten und die Zeitung lesen wollen, muß bei den Postämtern die Postverteilung am Sonntag ebenso vorgenommen werden, wie in den Druckbetrieben die Zeitungen sonntags gedruckt werden müssen.

Die Deutschen haben es weit gebracht

Ein Student aus der Dritten Welt, der vier Jahre in Deutschland studiert hatte, sagte vor seiner Heimkehr deutschen Journalisten in einem Interview:

»Ich staune über die deutschen Menschen und ihre phantastischen Leistungen nach dem Chaos dieses großen Krieges.«

Die Journalisten waren stolz ob dieses großen Komplimentes. Aber dann kam die Wende. Der junge Student bekannte:

»… Aber ich bin erschüttert über diese deutschen Menschen… Sie haben das Kostbarste verloren; sie können nicht mehr schweigen und nicht mehr staunen und nicht mehr anbeten.«

Sonntagsarbeiter vor Ort besucht

Evangelisch-katholische Synodalkonferenz informierte sich in der Hauptpost

mas. — Im Rahmen des Aktionsprogrammes zum arbeitsfreien Wochenende hatte die evangelisch-katholische Synodalkonferenz zu einer Besichtigung vor Ort eingeladen:

Am Sonntag wurden Mitarbeiterinnen und Mitarbeiter der Briefverteilung in der Hauptpost bei ihrem Dienst beobachtet. „Dem zunehmenden Trend, das Wochenende in die Arbeitszeit miteinzubeziehen, wollen wir entgegenwirken", erklärte Wolfgang Stasche vom evangelischen Dekanatsverband. „Ausnahmen sind nur bei Arbeiten notwendig, die wirklich an diesen Tagen verrichtet werden müssen." Eine solche Aufgabe haben die Mitarbeiter der Briefverteilung: Sie sorgen dafür, daß Briefe pünktlich ankommen — und denkbar viel kann von einem Brief abhängen.

Es gibt zahlreiche Berufe, in denen die Wochenendarbeit nicht wegzudenken ist. Hier entsteht ein Kreislauf, der schwer zu durchbrechen ist. Gegensätzliche Bedürfnisse und Interessen treffen aufeinander und müssen möglichst in Einklang gebracht werden: Auf der einen Seite die Interessen des Arbeitgebers, auf der anderen die der Betroffenen: Lothar Gemmer, Vorsitzender des Personalrates, und Franz Bertzbach, Amtsleiter der Hauptpost, zeigten Verständnis für die „Sonntagsarbeiter": „Auf Familien und die Möglichkeiten des Arbeitens nehmen wir Rücksicht, damit möglichst beides zusammenkommt", sagte Bertzbach.

Der Sonntagsdienst sei generell schon stark reduziert worden, außerdem sehe in der Briefverteilung der Dienstplan vor, daß die Beschäftigten (fast ausschließlich Frauen) nur jeden dritten Sonntag arbeiten müßten.

Die vielfach gestellte Frage: „Arbeiten Sie gerne sonntags?" stieß bei den Betroffenen meist nur auf ein hilfloses Lächeln: selbstverständlich nicht — und schon gar nicht, wenn die Familie zu hause wartet oder das Wetter die Menschen ins Freie lockt.

Irmgard Klecha ist teilzeitbeschäftigt und arbeitet 22 Stunden in der Woche: „Wenn wir am Sonntag nicht arbeiten, gehen uns Stunden verloren", erklärt sie, „die meisten Frauen — besonders die Alleinverdiener — sind jedoch auf das Geld angewiesen." Der tarifliche Sonntagszuschuß sei hier ein zusätzlicher Anreiz, doch wenn ein „finanzieller Ausgleich" geschaffen würde, „käme niemand mehr freiwillig sonntags", vermutete Irmgard Klecha.

In einer etwas anderen Situation ist Postbeamter Reiner Michel. Er arbeitet die Woche über am Schalter und nur jeden dritten Sonntag im Briefabgang. Dort sortiert er Briefe nach Postleitzahlen. „Das ist das Los des Beamtendaseins", sagte er, denn auch er ist auf die Stundenzahl angewiesen, die er durch die Sonntagsarbeit erst vervollständigen kann. Er habe zwar schon versucht, vom Sonntagsdienst wegzukommen, doch es würde eben niemand freiwillig diese Arbeitszeit annehmen.

Für die beiden Spitzengremien der Kirchen war es sehr informativ und wichtig, mit den betroffenen Menschen zu sprechen.

Zahlreiche Gottesdienste der Wiesbadener Kirchengemeinden waren zuvor zu diesem Thema gestaltet worden — Viktor Kleeschulte vom katholischen Stadtsynodalrat sprach von „durchweg positiver Resonanz".

Einsichtig also, daß in diesen Betrieben auch sonntags gearbeitet werden muß. Daneben zeigt sich jedoch in den letzten Jahren ein neuer Trend. Immer mehr Unternehmen stellen bei den zuständigen Behörden einen Antrag auf Ausnahmeregelung vom Verbot der Sonntagsarbeit. Die dabei vorgetragenen Gründe sind wirtschaftlicher oder technischer Art, teilweise eine Kombination von beiden. Vorrangig geht es um die Erweiterung der »Betriebs-Nutzungs-Zeiten«. Das heißt: Die Unternehmen sind daran interessiert, die Zeiten, in denen die Maschinen stillstehen, zu verringern. Die Maschinen sollen möglichst 24 Stunden am Tag und 7 Tage in der Woche laufen. Die Gründe der Unternehmer: Die Anschaffungskosten für die teuren Maschinen, die eigene Position im internationalen Wettbewerb sowie technische Notwendigkeiten. – So hat der Microchip-Hersteller IBM eine Ausnahmeregelung vom Verbot der Sonntagsarbeit mit der Begründung erhalten, daß durch eine kontinuierliche Produktion die Ausschußrate wesentlich verkleinert werden könnte.

»Das Verbot der Sonn- und Feiertagsarbeit sollte gelockert werden...«

In der öffentlichen Diskussion über die Sonn- und Feiertagsarbeit ist der falsche Eindruck entstanden, als plädierten die Arbeitgeber für die Abschaffung des Sonntags als allgemeinen Ruhetag. Deshalb muß noch einmal mit Nachdruck betont werden, daß sich die Bundesvereinigung nach wie vor zu dem allgemeinen Grundsatz bekennt, daß die Beschäftigung von Arbeitnehmern an Sonn- und Feiertagen die Ausnahme bleiben muß. Die Sonntagsruhe dient vorrangig der Familie, der Religionsausübung und der notwendigen Eigenbesinnung. …
Allerdings ist es erforderlich, daß bei der notwendigen Berücksichtigung wirtschaftlicher Gesichtspunkte nicht mehr allein die binnenwirtschaftliche Situation ausschlaggebend ist. Zukünftig muß stärker als zuvor die internationale Wettbewerbslage und der immer härter werdende Konkurrenzkampf in einigen Wirtschaftsbereichen auf den Weltmärkten berücksichtigt werden. Das Verbot der Sonn- und Feiertagsarbeit sollte gelockert werden, wenn volkswirtschaftliche und herausragend betriebswirtschaftliche Gesichtspunkte dafür sprechen. Dies bedeutet beispielsweise, daß eine kontinuierliche Produktion in den Wirtschaftsbereichen ermöglicht werden sollte, wo nur die volle Auslastung der kapitalintensiven Produktionsanlagen bei geringerem Personaleinsatz die internationale Wettbewerbsfähigkeit gewährleistet.

Holger Eisold

Der Angriff auf den Sonntag wird aber nicht nur mit Hilfe von Ausnahmeregelungen geführt, sondern auch mit einer Zunahme der Samstagsarbeit. In dem Maße, in dem der Samstag zum Regelarbeitstag wird, müssen Reparaturen und Wartungsarbeiten an den Maschinen auf den Sonntag verschoben werden.
Die Bildung des Europäischen Binnenmarktes zum 1. Januar 1993 wird mit Sicherheit eine nicht zu unterschätzende Sogwirkung in Richtung verstärkter Sonntagsarbeit haben.

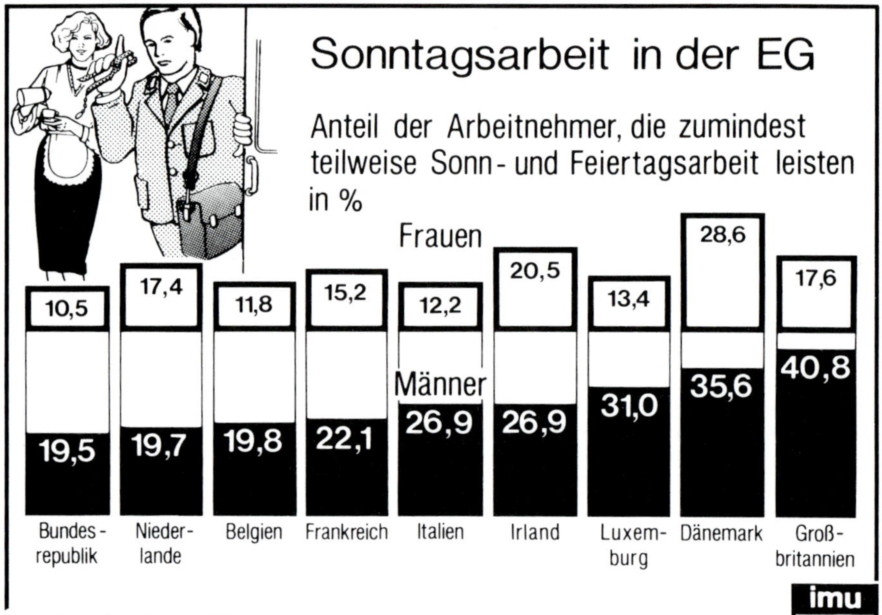

Quelle: DBT 11/3779

In den anderen Ländern der Europäischen Gemeinschaft gehen die Ausnahmeregelungen vom Verbot der Sonntagsarbeit über das in Deutschland gesetzte Maß hinaus. Dort ist die Sonntagsruhe auch nicht durch die Verfassung, sondern durch andere Regelungen oder Tarifverträge gesichert. Deshalb besteht die Gefahr, daß die »weicheren« Regelungen des Auslandes der deutschen Regelung vorgezogen werden. Schon heute ist die Möglichkeit zur Sonntagsarbeit mitentscheidend für den Standort eines Unternehmens – auch und gerade für deutsche Unternehmen.

Das große Ringen um den Sonntag

»Was immer bei uns diskutiert wird, Auseinandersetzungen nehmen oft die Züge von Glaubenskriegen an. So ist es derzeit auch wieder mit der Kontroverse um die Sonntagsarbeit ... Die einen genieren sich, als sei der Sonntag ein unerschütterliches Tabu, als gäbe es nicht schon weithin gesetzlich geregelte Sonntagsarbeit. Die anderen reiben sich die Hände und sehen schon die Sieben-Tage-Conti-Schicht von Flensburg bis Berchtesgaden.

Weder das eine noch das andere gilt heute; keines der beiden Extreme kann auch die Maxime der Zukunft sein. Eine nüchterne Bestandsaufnahme der Sonntagsarbeit ergibt folgendes: Rund vier Millionen Menschen in der Bundesrepublik sind derzeit an Sonntagen beruflich tätig, in Krankenhäusern, in Elektrizitätswerken, auf Lokomotiven, aber auch an Hochöfen oder in Chemiefabriken, ganz zu schweigen von den vielen Ausflugslokalen, wo die Kaffeefahrer am Sonntag einen mindestens ebenso guten Service erwarten wie an anderen Tagen der Woche.

… Die Gewerbeordnung verbietet eigentlich die Arbeit am siebten Tag der Woche. Ausnahmen sind nur möglich, wenn andernfalls das wirtschaftliche Ergebnis eines Produktionsprozesses unzumutbar schlecht ausfallen würde. …

Es liegt auf der Hand, daß die Möglichkeit, das ganze Jahr über ohne Unterbrechung produzieren zu können, für alle jene Unternehmen, die mit der Fertigung von Massenerzeugnissen zu tun haben, eine verlockende Angelegenheit sein muß. Denn spätestens die Einführung der flexiblen Arbeitszeit sowie hier und da schon die Einbeziehung des Samstags in die Wochenproduktionszeit hat gezeigt, wie hoch die Produktivitätsreserven sind, die hier schlummern …

Gewöhnlicher Gewinnbegehrlichkeit jedoch gilt es aber auch weiterhin dort zu widerstehen, wo nicht wirklich ganz triftige Gründe für die Arbeit am Sonntag sprechen, denn es hat nichts mit Gefühlsduselei zu tun, wenn die Kirchen dafür eintreten, daß in unserer hektischer werdenden Zeit wenigstens ein Tag der Woche erhalten bleibt, an dem die Familien die Möglichkeit haben sollen, ihn gemeinsam zu verbringen. Wenn dieses Angebot heute oft nicht genutzt wird, so ist dies kein Beweis dafür, daß es für ein solches Anliegen keinen Bedarf gibt.

Auch der Hinweis auf die ach so wünschenswerte Entzerrung der Freizeit zieht da nicht. Gewiß könnte man es sich ganz allgemein vorstellen, wenn Badestrände oder Skipisten die ganze Woche über, dafür aber weniger hektisch frequentiert würden als heute an Wochenenden. Da es jedoch nicht möglich sein dürfte, auch die Schule entsprechend den Schichtarbeitszeiten der Eltern stattfinden zu lassen, gäbe es über Wochen hinweg für weit mehr Familien als heute keine Chance, gemeinsam Pläne zu verwirklichen.

Eines zeigt freilich die gegenwärtige Auseinandersetzung über dieses Thema: Die Verteidigung des arbeitsfreien Sonntags wird nicht leicht sein.

Die Unternehmen drängen auf Sonntagsarbeit ... Wo will man künftig die Pflöcke einschlagen, wenn Betriebe mit dem Hinweis auf Abwanderung in den nach 1992 bestehenden europäischen Binnenmarkt solche Zugeständnisse durchzusetzen versuchen? Kann ein Betriebsrat, eine Gewerkschaft dies verweigern, wenn Hunderte, ja vielleicht Tausende von Arbeitsplätzen auf dem Spiel stehen?
Diejenigen, die solche und ähnliche Fragen künftig zu entscheiden haben, sind nicht zu beneiden. Am besten wäre es, jeder einzelne könnte dies frei und ohne allen Zwang für sich allein tun. So aber laufen die Dinge in unserer organisierten Gesellschaft einmal nicht. Für den einzelnen am Arbeitsplatz endet die Wahlfreiheit dort, wo er dem Druck eines übermächtigen Arbeitgebers allein ausgesetzt ist, und es gibt Positionen, die nicht einmal von vielen Millionen von »Einzelkämpfern« in den Unternehmen zu halten wären... Die große Frage ist, ob es gelingt, die Sonntagsarbeit auf das absolut notwendige Minimum zu beschränken, oder ob wir uns zu einer Perpetuum-Produktions-Gesellschaft entwickeln.

Helmut Maier-Mannhart

Den Sonnenaufgang erleben

»Sonntag« heißt eigentlich »Tag der Sonne«, ... und natürlich freuen wir uns über jeden Sonnen-Sonntag.

Aber – haben wir sonntags schon mal die Sonne aufgehen sehen? Gerade sonntags stehen die meisten doch erst dann auf, wenn die Sonne – so sie denn scheint – bereits (hoch) am Himmel zu sehen ist.

Sonntag als Tag der Sonne bezieht sich vor allem auf die aufgehende Sonne: Gott läßt seine Sonne aufgehen, damit wir uns in ihr sonnen, aus-ruhen und unser Leben genießen können. Im christlichen Glauben weiter übersetzt bedeutet es dann: Gott läßt unsere »Sonne« Jesus von Nazaret am Sonntag auf-er-stehen, damit durch ihn unser Leben sinnvoll und hell wird...

Die Sonne geht im Osten auf; den Osten nennen wir auch Orient. Wie gesagt, unser Wort »orientieren« bezieht sich auf diesen »Orient« der aufgehenden Sonne. »Sich orientieren« heißt: sich dem Osten, sich der aufgehenden Sonne zuwenden.

Hin und wieder sollten wir es deshalb an einem Sonntag mal ganz bewußt erleben: die Sonne aufgehen sehen.

Also:
Einmal ganz früh, vor dem Sonnenaufgang aufstehen,
zu einem erhöhten Ort, zu einem Berg in der Umgebung wandern, dort im Morgengrauen ankommen,
den Vorschein und dann die Sonne selbst am Horizont entdecken,
den großen Feuerball in seiner aufsteigenden Bewegung beobachten,
sich freuen über das zunehmende Licht und die spürbare Wärme,
über den kommenden Tag und über sich selbst nachdenken,
versuchen, ruhig zu werden, ganz ruhig,
sich neu orientieren,
in aller Ruhe wieder zurückgehen...

Warten
bis die Seele nachkommt

Man erzählt: Eine Expedition mit einer großen Trägerkolonne ging in tagelangen Fußmärschen in das Innere Afrikas. Die Forscher hatten schweres Gepäck, das von den Eingeborenen getragen werden mußte. Aber die Schwarzen zeigten keine Spur von Müdigkeit oder Erschöpfung. Jeden Abend erreichten sie das gesteckte Ziel. So ging das Tag für Tag.
Eines Morgens aber waren die Träger nicht mehr zum Weitergehen zu bewegen. Auf die Fragen und Bitten der Forscher antworteten sie schließlich: »Wir sind viele Tage hindurch gelaufen, aber unsere Seelen kommen dabei nicht mit. Wir warten jetzt, bis unsere Seelen uns wieder eingeholt haben.«

Aus Afrika

»Am siebten Tag vollendete Gott das Werk, das er geschaffen hatte, und er ruhte am siebten Tag«
(Genesis 2,2)

Der Partner des Sabbat

Gott hatte die Schöpfung vollendet. Auch die Wochentage hatte Gott geschaffen – und zum Schluß, als Höhepunkt, als siebten Tag, den Sabbat. Der Sabbat der Schöpfung stand aber traurig da, denn er war ohne Partner. Alle anderen Tage hatten einen Partner: Sonntag ging mit Montag, Dienstag mit Mittwoch, Donnerstag mit Freitag. Nur er, der Sabbat, hatte keinen Partner...
Da sprach der Sabbat zu Gott: »Herr der Welten, alle anderen Tage haben ihren Partner. Wie kommt es, daß ich keinen Partner habe?«
Da antwortete Gott: »Auch du wirst einen Partner haben. Die Gemeinde Israel wird dein Partner sein.«
Als dann die Israeliten auf ihrem Weg aus der Knechtschaft in Ägypten zu dem von Gott versprochenen neuen Land unterwegs waren, da standen sie vor dem Berg Sinai. Hier wollte Gott einen Bund mit dem Volk Israel schließen.
Und beim Bundesschluß sprach Gott zu den Israeliten: »Gedenket der Befreiungstat, mit der ich euch aus der Gefangenschaft in Ägypten herausgeholt habe und feiert deshalb den Sabbat zur Erinnerung an mich. Und gedenket der Worte, die ich einst nach der Schöpfung zum Sabbat sprach: Die Gemeinde Israels wird dein Partner sein.«
Deshalb heißt es: »Gedenket des Sabbattages, ihn zu heiligen! Das bedeutet: dich ihm zu vermählen.«

Nach einer jüdischen Legende

In der Geschichte der menschlichen Kultur sind Texte entstanden, die Generationen um Generationen von Menschen begeistert haben. – Da gibt es Dialoge und Monologe aus Goethes »Faust« oder aus Shakespeares »Hamlet«, Gedichte von Schiller oder Rilke oder Höl-

derlin. Da gibt es Homers »Odysseus« oder Vergils Hirtengesänge. Da gibt es die Geschichten des Lukasevangeliums um die Geburt Jesu oder das Hohelied der Liebe im Alten Testament…
Eine Perle unter den Schätzen der Weltliteratur ist auch die »Geschichte« von der Erschaffung der Welt, mit der die heutige Bibel (Genesis 1,1 – 2,3) beginnt. – Wer hat diesen Text nicht schon einmal oder häufig gehört und gelesen?

Ein einmaliges »Gedicht«

Das ist heute allen Einsichtigen – ob es sich um gottgläubige Juden und Christen handelt oder nicht – klar: In dieser Geschichte wird nicht wie in einer Reportage davon berichtet, was sich bei der Entstehung der Welt zugetragen hat. In dieser Geschichte geht es nicht um die Festlegung oder Beschreibung einer exakten Zeit, in der die Welt und das Leben in ihr entstanden sein sollen.
In dieser Geschichte geht es auch nicht um eine vereinfachte Darstellung von physikalischen, chemischen oder biologischen Abläufen und Prozessen. Hier begegnen wir keiner alten »naturwissenschaftlichen« Darlegung.
Nein, diese Geschichte von der Erschaffung der Welt will und sagt etwas ganz anderes. Und: Eigentlich ist es gar keine Geschichte. Da wird zwar etwas erzählt, trotz der großen Bedeutung des Inhaltes wird aber auch sehr nüchtern erzählt. Der Text erscheint uns wie ein Prosastück, denn er schreitet gemessen von »Situation zu Situation«, erzählt, entfaltet und listet auf.
Aber, Genesis 1,1 bis 2,3 ist keine Geschichte, eher ein Gedicht in sieben Strophen. (Wenn Sie die folgende Kommentierung lesen, ist es sinnvoll, einmal den Originaltext Genesis 1,1 – 2,3 dazu zu lesen!) Eigenarten eines Gedichtes tauchen in den Strophen wiederkehrend und variierend auf:

»Gott sprach … Dann sprach Gott … Dann sprach Gott …«
»So geschah es … So geschah es …«
«… und Gott nannte … und Gott nannte …«
»Gott sah, daß es gut war … Gott sah, daß es gut war …«
»Es wurde Abend, und es wurde Morgen: erster Tag … Es wurde Morgen: zweiter Tag …«

Wenn die Schöpfungs-»Geschichte« am Anfang der Bibel eher ein Gedicht als eine Geschichte oder gar als ein Bericht ist, dann dürfen und müssen wir auch die Kriterien eines Gedichtes zum Interpretieren und Verstehen des Textes beachten:
Ein Gedicht will nicht ein Geschehen rekonstruieren, aber es will eine Wahrheit aussprechen.
Ein Gedicht will keine sachlichen Begründungen liefern, aber es will eine Überzeugung vermitteln.
Ein Gedicht will keine Argumentationskette für eine Diskussion sein, aber es will zur Auseinandersetzung reizen.
Ein Gedicht will nicht beim »äußeren Wort« genommen werden, vielmehr will es auf Inhalte und Gehalte verweisen, für die unsere menschlichen Worte manchmal nur unzureichend sind.
Ein Gedicht ist in aller Regel nach bestimmten Gesetzen oder in einer klaren Ordnung aufgebaut, um dadurch bestehende, geglaubte oder erhoffte Ordnungen widerzuspiegeln.
Ein Gedicht wie dieses von der »Erschaffung der Welt« mit seinen Anklängen an eine Geschichte oder an eine Auflistung ist in der Weltliteratur sonst kaum zu finden. Da ist unser »Gedicht« ziemlich einmalig.

In sechs Tagen eine gute Ordnung…

Das ist die Botschaft des Gedichtes von der Erschaffung der Welt: Die Welt und alle Dinge und alles Leben in ihr sind durch das Wort Gottes geworden, entstanden oder geschaffen. Alles Geschaffene bewegt und konzentriert sich auf Leben hin. Der Schöpfergott

steht auf der Seite des Lebens, er ist Verursacher und Freund des Lebens.
Weil das so ist und weil der Schöpfer ein guter Gott ist, deshalb sind auch die Welt und alle Dinge gut, sie sind für das Leben gut, das Leben selbst ist gut. Und auch das ist gut – nein, hier heißt es zum einzigenmal in dem Gedicht: »Es war sehr gut.« –, daß der Mensch als »Abbild Gottes« die Krone oder die Spitze des Ganzen ist und ihm die ganze Welt und alles in ihr zur Verfügung steht. Es ist gut (sehr gut!), daß der Mensch mit seinem Geschick und Verstand, mit seiner Einsicht und seinem Können die Welt verändert und weiterentwickelt. Es ist gut (sehr gut!), daß der Mensch die ihm gegebene Welt als Aufgabe zur Arbeit versteht und annimmt.
Damit könnte das Gedicht von der Erschaffung der Welt eigentlich zu Ende sein. Denn nach den sechs Strophen mit den sechs »Tagewerken« oder den sechs Schöpfungswerken Gottes ist nun alles da und alles ist gut.
Aber das Gedicht ist mit der sechsten Strophe noch nicht zu Ende.

☞ »Umweltschutz-Präambel«

Klaus Töpfer, Bundesumweltminister, sprach sich für die Aufnahme des biblisch-theologischen Begriffs »Schöpfung« in eine künftige »Umweltschutz-Präambel« des Grundgesetzes aus. Kein anderer Begriff umfasse sowohl den Menschen als auch die Natur, sagte Töpfer.
Aus einer Zeitungsmeldung Mai 1991

… doch erst die Ruhe am siebten Tag vollendet

Zum Abschluß und zum Höhepunkt kommt das Gedicht erst mit seiner siebten Strophe. Schon der andere Rhythmus und die gegenüber den vorangegangenen Strophen veränderte Sprache verdeutlichen: Hier kommt noch etwas Besonderes; hier soll noch etwas heraus- und hervorgehoben werden. Hier fehlen die vorher

MALADES

sich ständig wiederholenden Sprachwendungen. Statt aufzulisten und von Station zu Station dahinzuschreiten, hier der ruhende, vollendende Blick auf die ganze Schöpfung:

»So wurden Himmel und Erde vollendet
und ihr ganzes Gefüge.
Am siebten Tag vollendete Gott das Werk,
das er geschaffen hatte,
und er ruhte am siebten Tag,
nachdem er sein ganzes Werk vollbracht hatte.
Und Gott segnete den siebten Tag
und erklärte ihn für heilig;
denn an ihm ruhte Gott,
nachdem er das ganze Werk der Schöpfung
vollendet hatte.«

Genesis 2,1-3

Die vielleicht überraschendste Aussage dieser letzten Strophe ist: Gott hat seine Schöpfung erst am siebten Tag vollendet.
Nachdem wir die »Geschichte« vom ersten bis zum sechsten Tag gelesen haben, sind wir doch der Meinung, daß schon am sechsten Tag mit der Erschaffung des Menschen und mit der Übergabe der Welt an ihn das Werk der Schöpfung vollendet war. Aber so ist es – nach Aussage dieser Strophe – eben nicht! Vollendet wird die Schöpfung erst am siebten Tag. Erst in und mit dem Ruhen Gottes ist die Schöpfung wirklich fertig und vollendet. War vorher auch schon alles da, schien vorher auch schon alles klar zu sein – es fehlte noch etwas, es fehlte das Entscheidende: die Ruhe.
Daß Gott am siebten Tag ruhte, daß er diesen siebten Tag wegen seiner Ruhe segnete und für heilig erklärte, das ist nicht nur ein Nachklang der Schöpfungsgeschichte. Das ist auch nicht ein Zusatz oder eine Ergänzung zu etwas, was schon vorher abgeschlossen und vollendet war. – Erst die Ruhe des siebten Tages macht die Vollendung der Schöpfung aus. Ohne diese Ruhe wäre die Schöpfung unvollendet, unvollständig (geblieben).

Aufgrund der Schöpfung dieser Welt durch Gott – das ist gemeinsamer jüdischer und christlicher Glaube – ist Leben überhaupt erst möglich, auch unser Leben. Sinnvolles, der Schöpfung entsprechendes Leben braucht, wie die Schöpfung auch, die Ruhe.
Die Ruhe an jedem siebten Tag, die Sabbatruhe, ist, wie die Ruhe Gottes am siebten Schöpfungstag, nicht etwas Zusätzliches, erst recht nicht etwas Nebensächliches für das geschaffene und schöpferische Leben des Menschen. Ohne die Ruhe am siebten Tag bliebe das Leben der Menschen unvollendet – oder unmenschlich.
Aber nicht nur der Mensch, auch die übrige Schöpfung – Erde und Wasser, Pflanzen und Tiere – braucht die Ruhe des siebten Tages. Und der Mensch hat an jedem siebten Tag die Schöpfung in Ruhe zu lassen. Am siebten Tag darf der Mensch seine Mit-Schöpfung, seine Mitwelt, nicht gebrauchen, ausnutzen, sich unterwerfen... Er darf es nicht, weil die ganze Schöpfung an der Ruhe und Vollendung, an dem Segen und der Heiligung des siebten Tages Anteil hat – wie er selbst.

»Was war die Strafe des Brudermörders Kain?« – »Kain verlernte, was Sabbat ist. Er wurde rast- und ruhelos auf der Erde.«

Jüdische Tradition

»Angesichts der heutigen Streß-Situation würde sich Gott wahrscheinlich zwei Ruhetage in der Woche wünschen.«

In einer Diskussion über das arbeitsfreie Wochenende

»Da der Mensch von heute sich so benimmt, als ob es die Natur nicht gäbe, ist zu befürchten, daß die Natur von morgen sich so benimmt, als ob es den Menschen nicht gäbe.«

»Nebelspalter«
(Satirische Schweizer Zeitschrift)

Ausschlafen, aber nicht verschlafen

Daß die Ruhe des Schlafes zum Leben unbedingt dazu gehört, ist uns allen selbstverständlich. Wenn wir nicht ausreichend schlafen, werden wir ver-rückt – wörtlich: wir verrücken Richtiges und Gutes zum Falschen und Schlechten hin –, dann sind wir irgendwann für uns selbst und für andere ungenießbar.

Vielen aber geht es unter der Woche so: Zu wenig Schlaf! Zu spät ins Bett und zu früh wieder raus, zu viel Arbeit und zu wenig Pausen... – Da ist es gut, den Sonntag auch zum Schlafen zu nutzen, zum Ausschlafen, zu einem Mittagsschlaf...

Etwas anderes ist es jedoch, den Sonntag zu *ver*schlafen. Verschlafen, weil wir uns während der Arbeitswoche zu wenig Schlaf gegönnt haben, weil wir die Nacht vom Freitag zum Samstag und/oder vom Samstag zum Sonntag zum Tag gemacht haben, weil wir mit dem Sonntag nichts anzufangen wissen...

Unausgeschlafen zeigen wir kein frisches Gesicht, fehlt uns der Schwung, sind wir müde und lustlos, hängen wir durch, sind wir »down«. Also: Am Sonntag schon ausschlafen, aber auch darüber nachdenken, ob wir während der Woche zu wenig schlafen, was die Gründe dafür sind, ob wir am Wochenende zum Sonntag hin uns zu wenig Ruhe antun, ob auch am Wochenende bei uns immer viel »los« sein muß...

Erst in richtiger Dosierung erfahren wir – vielleicht neu –, was es heißt, genug zu schlafen und hellwach zu sein. Wir entdecken, wie wohltuend und lebensfördernd die Ruhe ist – nicht nur am Sonntag.

Sonntags-Tip * Sonntags-Tip * Sonntags-Tip * Sonntags-Tip * Sonntags-Tip

»Am Freitag fängt die Seele an zu baumeln«

Den Sonntag erleben viele Menschen einsam
oder als Tag vor dem Montag

Saarbrücken (AP) Der Freitag ist für die meisten Bundesbürger der schönste Tag der Woche. Dagegen wird der Sonntag nach einer Untersuchung des B.A.T.-Freizeit-Forschungsinstituts oft als negativ empfunden, weil der Montag und damit das Ende der Freizeit droht. »Am Freitag fängt die Seele an zu baumeln«, sagte der wissenschaftliche Leiter des Instituts, Horst Opaschowski. »Am Freitag gehen die sehnsüchtigen Blicke nach draußen, und Freitagabend ist der Höhepunkt der Woche, das Tor zum Wochenende«.

Dagegen sei der Sonntag für jeden siebten Bundesbürger ein Tag wie jeder andere, für jeden fünften »der Tag vor dem Montag« und für jeden dreißigsten – das sind mehr als zwei Millionen Bürger – ist er gar ein ganz normaler Arbeitstag.

Vor allem Jugendliche, Arbeitslose und Singles empfänden den Sonntag als einen Tag mit »deutlich geringerer Lebensqualität«. Opaschowski erklärte: »Sie empfinden ihn als einsam«. Da die Zahl der Alleinlebenden steige, gebe es »immer mehr Menschen, die den Sonntag nicht mehr als den schönsten Tag der Woche empfinden«.

Der Freizeitforscher bezeichnete als großen Wunsch der Bundesbürger, »mehr Zeit für sich selber zu finden, von anderen nicht gestört zu werden«. In der Realität setzten sie sich dagegen »aus Angst, etwas zu verpassen«, zunehmend unter Freizeitstreß. »Man nimmt sich zu viel vor, und die arme Seele kommt zu kurz«, erklärte Opaschowski.

Zeitungsmeldung vom 19.6.1990

»Wie köstlich ist deine Ruhe, du Königin Sabbat...«

Quer durch das Alte Testament ziehen sich Texte um den Sabbat und um das »Bewahren«, »Halten« oder »Heiligen« des Sabbats. Schon dies belegt, daß der Sabbat für das Volk Israel die Mitte des Lebens und des Glaubens bildet(e).
Juden konnten und können dies so ausdrücken: »Der Sabbat wiegt alle anderen Gebote auf. Wer den Sabbat vorschriftsmäßig hält, befolgt damit das ganze Gesetz. Und wer den Sabbat entweiht, der lehnt damit das ganze Gesetz ab.«
Oder auch selbstkritisch: »Wenn Israel nur ein einziges Mal zwei Sabbate nacheinander voll und ganz gehalten hätte, dann wäre der Messias da.«
Oder sie konnten sogar bekennen: »Nicht das ist unser Verdienst, daß wir den Sabbat gehalten haben. Vielmehr hat der Sabbat uns gehalten.«

»Schabbat« = Ruhen, aufhören

In den ältesten Formulierungen des Sabbatgebotes im Alten Testament ist vom »Sabbat« noch keine Rede. Vielmehr heißt es hier: *»Am siebten Tag sollst du ruhen!«* (siehe Exodus 23,12 und 34,21). Im Hebräischen wird hier das Wort »schabbat« als Tätigkeitswort gebraucht.

☞ »Sabbat« oder »schabbat«

»Schabbat« ist zunächst ein Tätigkeitswort. Wir können dieses hebräische Wort übersetzen mit

* aufhören
* unterbrechen
* aufhören mit jeder Arbeit
* alle Tätigkeiten unterbrechen und einstellen

* Pause machen
* zu Atem kommen.

Schließlich in einem weiteren und tieferen Sinn können wir das Wort übertragen in

* ruhen
* demonstrativ die Arbeit niederlegen, »streiken«
* sich erinnern und hoffen.

Erst später kommt »Sabbat« als Hauptwort vor in der Bedeutung »Ruhetag«.

Im Text Exodus 23,12 wird die Arbeitsruhe nicht auf die Israeliten beschränkt. Auch die Sklaven und die Fremden, selbst die Tiere sollen an der Ruhe Anteil haben. Diese besondere Erwähnung kann schon deshalb verständlich erscheinen, weil Tiere, Sklaven und Fremde die Hauptlast der alltäglichen Arbeit zu tragen haben. Aber darüber hinaus verweist schon dieser alte Text auf die beiden – erst später schriftlich überlieferten – Hauptbegründungen des jüdischen Sabbats: auf die Befreiung aus der eigenen Sklaverei des Volkes Israel und auf die Schöpfung.

Sabbat – Erinnerung an die Schöpfung

Zweimal werden im Alten Testament die Zehn Gebote überliefert. Und im vorangegangenen Kapitel (»Der Sonntag – ein Tag der Befreiung«) haben wir entdeckt, daß wir die Zehn Gebote nur dann richtig verstehen können, wenn wir sie auf die Befreiungstat Gottes an Israel beziehen. Deshalb wird auch in der einen, älteren Version der Zehn Gebote (Deuteronomium 5,12-15) das Sabbatgebot mit dieser Befreiungstat Gottes in engste Verbindung gebracht.
In der zweiten Überlieferungsform der Zehn Gebote – im Buch Exodus – wird das Sabbat-Ruhegebot oder das Sabbat-Arbeitsverbot von der Schöpfung her begründet:

»Gedenke des Sabbats: Halte ihn heilig!
Sechs Tage darfst du schaffen und jede Arbeit tun.
Der siebte Tag ist ein Ruhetag,
dem Herrn, deinem Gott, geweiht.
An diesem Tag darfst du keine Arbeit tun:
du, dein Sohn und deine Tochter,
dein Sklave und deine Sklavin, dein Vieh
und der Fremde, der in deinen Stadtbereichen
Wohnrecht hat.
Denn
in sechs Tagen hat der Herr
Himmel, Erde und Meer gemacht
und alles, was dazugehört;
am siebten Tag ruhte er.
Darum hat der Herr den Sabbat gesegnet
und ihn für heilig erklärt.«

Exodus 20,8-11

Auch in diesem Text klingen – wie in dem bereits zitierten älteren Text Exodus 23,12 – soziale Anliegen des Sabbat-Ruhegebotes an. Gerade wegen der Ärmsten und wegen der im Alltag am meisten Ausgenutzten ist die Sabbatruhe sinnvoll und notwendig. Wenn es die Sabbatruhe nicht gäbe, ihretwegen müßte sie »erfunden« werden.

Aber eine noch tiefere Sichtweise ist hier notwendig: Das Gebot der Ruhe ist auf Gott ausgerichtet, nicht nur auf Menschen hin orientiert. Die Formulierungen »Halte ihn heilig!« oder »... deinem Gott geweiht« oder »Der Herr hat den Sabbat gesegnet und für heilig erklärt« sagen dies eindeutig. Es geht nicht nur und nicht zuerst um Arbeitsruhe. Es geht darum, in Ruhe den siebten Tag der Woche als ein »sakramentales Zeichen« zu »heiligen«. Heiligen aber heißt ursprünglich: für Gott aussondern.

Wenn schon die individuelle und soziale Arbeitsruhe für den Menschen (und die gesamte Schöpfung) wohltuend und wichtig ist, dann erst recht seine Ruhe auf Gott hin und vor ihm.

Das Volk Israel weiß sich von Gott aus allen Völkern »ausgesondert« zum Zeichen auch für die anderen Völker. Genauso ist es mit dem Sabbat. Die Ruhe des siebten Tages sondert aus der Arbeit und Mühsal des Alltags aus. Auch dies ist ein Zeichen des eigenen Glaubens und ein Zeichen der – anders lebenden – Umwelt gegenüber: ein Zeichen oder ein Symbol auch für eine noch nicht erreichte Zukunft. Die Sabbatruhe ist eine Vorwegnahme oder ein Vorspiel des neuen Himmels und der neuen Erde.

Das Sabbatgewand

Rabbi Chanina trug vor:
»Der Mensch braucht zwei Gewänder: eins für den Wochentag und eins für den Schabbat.«
Die das gehört hatten, klagten ihm:
»Unser Schabbatüberwurf gleicht wegen unserer Armut dem des Wochentags.«
Da erwiderte ihnen der Lehrer:
»Nun, dann ändert wenigstens die Art des Einhüllens.«

Aus dem Talmud

Der Eilige

Der Rabbi sah einen auf der Straße eilen, ohne rechts und links zu schauen. »Warum rennst du so?« fragte er ihn. – »Ich gehe meinem Erwerb nach«, antwortete der Mann. – »Und woher weißt du«, fuhr der Rabbi fort zu fragen, »dein Erwerb laufe vor dir her, daß du ihm nachjagen mußt? Vielleicht ist er dir im Rücken, und du brauchst nur innezuhalten, um ihm zu begegnen, du aber fliehst vor ihm.«

Geschichte der Chassidim

Sabbat / Sonntag: Zeichen der Identifikation

☞ Der jüdische Sabbat erhielt seine besondere Bedeutung in der »Babylonischen Gefangenschaft« des Volkes Israel etwa 587 bis 520 vor Christus. Gegen die Macht und Religion Babylons bekräftigte der Sabbat für die Juden das Bewußtsein der Zugehörigkeit zur Gemeinschaft des eigenen Volkes.
In dieser Gefangenschaft fehlte dem Volk Israel das bisherige Wahrzeichen der eigenen Identifikation: der Tempel in Jerusalem. Deshalb trieben jetzt die Verantwortlichen Israels zwei Dinge kräftig voran: Sie schrieben die jüdischen Überlieferungen in der uns bekannten Form des Alten Testaments nieder, und sie begingen den Sabbat als regelmäßigen Feiertag am Ende der Woche. Beides diente dazu, einer Angleichung der Juden an die babylonische Kultur und Religion entgegenzusteuern.
In dieser fremden Kultur und Religion war der Sabbat zugleich Demonstration, Protest und Identitäts-Merkmal. Die Babylonier begingen den Freitag als religiösen (kultischen) und öffentlichen Feiertag. Indem nun die Juden den Samstag als Feiertag und Wochenzäsur dagegen setzten, errichteten sie damit ein sichtbares Erkennungszeichen: Zu den Babyloniern gehörte, wer den Feiertag am Freitag beging; zum Volke Israel gehörte, wer am Sabbat (Samstag) ruhte.
Ähnlich verhielt es sich mit dem Sonntag als christlichem Erkennungszeichen: Solange die ersten Christengemeinden überwiegend aus Judenchristen bestanden, begingen diese den Sabbat *und* den Sonntag, den Tag nach dem Sabbat. Als sich dann aber die christlichen Gemeinden immer mehr aus Heidenchristen zusammensetzten, wurde der Sonntag als Versammlungstag der Christen zunehmend vom Sabbat der Juden abgegrenzt. Bis zum Jahr 321 – in diesem Jahr wurde das Christentum unter Kaiser Konstantin Staatsreligion des Römischen Reiches – waren die Christen eine (verfolgte) Minderheit im Römischen Reich und konnten ihren Sonntag nur durch ihre Gottesdienst-Versammlung, nicht jedoch durch Arbeitsruhe hervorheben.
So hatte auch der Sonntag in seinem Ursprung die Aufgabe, die eigene Gemeinschafts-Identität zu dokumentieren. Der Sonntag grenzte die

christliche Gemeinschaft gegen andere Religionen – Judentum und heidnische Religion – und gegen das herrschende kulturelle Selbstverständnis der politischen Macht ab. Der Sonntag bekräftigte die Zugehörigkeit zur eigenen Gemeinschaft.

Sonntags-Tip * Sonntags-Tip * Sonntags-Tip * Sonntags-Tip * Sonntags-Tip

»Ich möchte für mich – um meinetwillen«

Je nach dem, wie ich lebe – ob allein oder in einer festen Gemeinschaft, ob in einer kleineren oder größeren Gemeinschaft, ob in einer Paar- oder in einer Familien-Gemeinschaft, ob unabhängig oder mit bindenden Verpflichtungen anderen Menschen gegenüber … – je nachdem: Solche Bedingungen werden es mir unterschiedlich leicht oder schwer machen, auch einmal Zeit und Ruhe für mich selbst zu finden.

Wie intensiv und »zeit-raubend« auch die Verpflichtungen »von außen«, von der Gemeinschaft sein mögen – auch ich selbst, auch Sie jede/r von uns hat das Recht, einen Teil der geschenkten Sonntags-Zeit für sich und mit sich allein zu verbringen. Auf diesem Recht sollten wir bestehen, dieses Recht sollten wir wahrnehmen, über konkrete Regelungen sollten wir miteinander sprechen.

Oder wollen und können wir gar nicht mehr allein sein? Oder haben wir Angst, uns mit uns selbst zu beschäftigen? Oder muß bei uns und um uns herum immer »etwas los sein«?

Solches Mit-sich- und Bei-sich-Verweilen hat etwas mit Stille zu tun, hat etwas zu tun mit Zu mir selbst Kommen, über mich und mein Leben nachdenken.

Die Wege für solche Zugänge zu mir selbst können sehr verschieden sein:
* Allein einen Spaziergang machen
* ein mir wichtiges Buch lesen
* Musik hören
* einen Brief schreiben
* sich irgendwohin setzen und schauen
* scheinbar Selbstverständliches in der Natur wahrzunehmen versuchen
* Bilder betrachten
* in der eigenen Familiengeschichte herumkramen…

Diese Stille und Ruhe mit mir und bei mir selbst zu finden, gelingt nicht von selbst. Das will eingeübt und gelernt werden. Aber irgendwann entdecke ich, daß es gut tut – mir selbst und auch den anderen, mit denen ich dann wieder zusammenkomme…

Sonntags-Tip * Sonntags-Tip * Sonntags-Tip * Sonntags-Tip * Sonntags-Tip

In einer zweiten Schöpfungsgeschichte der Bibel, der Paradies-Erzählung mit dem Sünden-»Fall« des Menschen (Genesis 2,4-3,24), soll diese Verbindung von Erinnerung und Hoffnung ausgedrückt werden: Der Mensch lebte – im Paradies – in voller Harmonie mit sich selbst, mit Gott und mit der Natur. Aber dann zerstörte der Mensch von sich aus diese Harmonie. Der »Fall« des Menschen oder der »Fluch Gottes« oder die »Erbsünde« besteht nun in der Feindschaft, im Kampf oder in der Disharmonie zwischen Mensch und Tier, zwischen Mensch und Mensch, zwischen Mensch und Ackerboden. Dies alles kann auch – das drückt sich im Verstecken, in der Flucht und in dem unsteten Umherziehen von Adam und Eva bis zu den späteren Menschen insgesamt aus – Ruhelosigkeit genannt werden.
Dieser Realität auch unseres Lebens steht die Ruhe des Sabbat gegenüber. Sie ist nicht nur symbolische Vorwegnahme einer noch fernen Zukunft, sondern kann alle sieben Tage ein Stück erlebt und gelebt werden.

Sabbat – Ruhe ist Freiheit

Ruhe ist also das Hauptwort des Sabbats. Aber Ruhen und Nicht-Arbeiten-Müssen haben im Judentum eine tiefere Bedeutung als unser moderner Begriff »Entspannung«.

Die Erfahrung der Stille

Es war an einem Sonntag, als sich einige Menschen aufmachten, um einen Einsiedlermönch zu besuchen, der wegen seiner Frömmigkeit berühmt war. Zugleich aber forderte dieser Einsiedler viele zu Unverständnis und Fragen heraus.
Sie kamen also zu dem Mönch, der weitab von allen Menschen in der Einsamkeit lebte, und fragten ihn: »Was für einen Sinn siehst du in deinem Leben der Stille?«
Als sie ihn so fragten, war der Mönch gerade damit beschäftigt, aus einer tiefen Zisterne Wasser zu schöpfen. Und er sprach zu seinen Besuchern: »Was seht ihr dort?«
Die Besucher blickten in die tiefe Zisterne und antworteten dem Einsiedler: »Wir haben nichts gesehen.«
Nach einer kurzen Weile forderte dieser die Leute wieder auf: »Schaut jetzt noch einmal in die Zisterne! Was seht ihr jetzt?«
Sie beugten sich wieder über den Rand der Zisterne, blickten nochmals hinunter und antworteten dem Einsiedler: »Jetzt haben wir uns selbst in dem klaren Wasser gesehen.«
Der Einsiedler sprach nun also zu den Menschen: »Als ich vorhin Wasser schöpfte, war das Wasser unruhig. Da konntet ihr nichts sehen. Jetzt aber ist das Wasser klar und ruhig – und ihr könnt euch selbst sehen. – Das ist die Erfahrung der Stille und Ruhe: Man sieht sich selber!«

Bis heute ist Arbeit ursprünglicher Auftrag an den Menschen und Grundzug des menschlichen Lebens. Nach dem »Sündenfall« aber ist Arbeit zugleich ein Symbol des bestehenden Konfliktes oder der Disharmonie zwischen Mensch und Natur. Im Zustand der Ruhe (am Sabbat) protestiert der Mensch gleichsam gegen die verlorene Harmonie und nimmt in Hoffnung einen künftigen Zustand von menschlicher Würde, von Frieden und Freiheit vorweg.
Wenn die Bibel von der »Ruhe« Gottes am siebten Schöpfungstag spricht, dann ist damit nicht gemeint, daß Gott die Ruhe brauche, weil er von der getanen Schöpfungs-Arbeit erschöpft und müde wäre. Ganz anders und viel tiefer: Die Ruhe Gottes soll darauf verweisen, daß die frei gewählte und »getane« Ruhe noch größer

ist als alles andere in der Schöpfung – so groß und wunderbar diese Schöpfung auch sein mag. Gottes Schaffen, sein »Arbeiten« ist nach dem Zeugnis der Bibel etwas sehr Großes. Aber größer noch ist seine »Ruhe«, das Zeichen seiner unbegrenzten Souveränität. Ähnlich souverän zeigt sich der Mensch nicht zuerst in seiner notwendigen, ihm gleichsam aufgezwungenen Arbeit, sondern erst dann, wenn er nicht arbeitet, wenn er sich und die Mitwelt frei (leben) läßt.

Die biblische Doppel-Verbindung und -Begründung des Sabbatgebotes – einmal mit der Befreiung des Volkes Israel aus der Gefangenschaft in Ägypten, zum anderen mit Gottes Schaffen und Ruhen – erhält von daher noch einmal einen eigenen Sinn. Beides, die gewährte Freiheit und die gebotene Ruhe, bedeutet dasselbe und erklärt sich gegenseitig:

Die Ruhe des Sabbats ist die Freiheit des Menschen – damals wie heute.

Menschlich arbeiten: Gott und seiner Schöpfung gerecht werden

»... denn der Mensch ist zur Arbeit geboren
wie der Vogel zum Fliegen«
Papst Pius IX.

Der Mensch hat zu arbeiten – wie Gott auch

Wenn wir Menschen an »Paradies« oder an »paradiesische Zustände« denken, dann verbinden wir damit wohl zunächst Vorstellungen vom »Schlaraffenland«: Alles ist da, was wir zum Leben brauchen – und noch viel mehr; eine Art ununterbrochener Urlaub; die Hände in den Schoß legen, die gebratenen Tauben und süßen Früchte in den Mund fliegen lassen...
Und wir Menschen in diesem Paradies? Was tun wir? – Nichts! Nur schlafen, auf einer blühenden Wiese liegen, die schöne Welt betrachten, genießen, fröhlich, gelassen und ausgelassen sein... – das sind unsere »Tätigkeiten« in diesem Schlaraffenland Paradies. »Tätigkeiten« stimmt schon nicht, denn Paradies ist gerade die Abwesenheit von Tätigkeit und Arbeit. Paradies ist die Abwesenheit von Anstrengung, von Mühsal, von Zwang... und wie die Begriffe alle heißen mögen, die wir mit »Arbeit« verbinden.
Konkrete Erfahrung der Menschen seit Urzeiten ist: Arbeit ist das Gegenteil von Paradies. Paradies als geglücktes und erfülltes Menschsein ist gerade Freiheit von der Arbeit, ist Befreiung vom Zwang zur Arbeit und vom Zwang der Arbeit.
Solche Vorstellungen von Paradies einerseits und von Arbeit andererseits haben im Laufe der Geschichte auch in viele Denkweisen Eingang gefunden und die Gesellschaften und ihre Strukturen mitgeprägt: Arbeiten, das ist die Bestimmung der Sklaven, derjenigen, die in der gesellschaftlichen Hierarchie unten stehen. Ruhe, Muße, Untätigsein, das sind die Kennzeichen freier Menschen; das sind

Privilegien, die den gesellschaftlichen Eliten, denen, die oben stehen, zukommen.

Ganz anders dagegen sieht es das *Alte Testament:* Seine Vorstellung vom Paradies kennt nicht das Ideal eines von der Arbeit befreiten Lebens. Ruhen *statt* Arbeiten – das hat nichts mit dem alttestamentlichen Verständnis vom Paradies zu tun, das ist auch kein erstrebenswertes Leben. Vielmehr gehört Arbeit zum Paradies und zu einem erfüllten Menschsein genauso hinzu wie die Ruhe. Schon auf den ersten Seiten der Bibel, auf denen das Paradies »beschrieben« wird, heißt es:

> *»Gott, der Herr, nahm also den Menschen*
> *und setzte ihn in den Garten Eden,*
> *damit er ihn bebaue und bewahre…«*
>
> *Genesis 2,15*

Von Anfang an wird der Mensch also als ein arbeitender Mensch gesehen, als ein zur Arbeit bestimmter Mensch. Arbeiten ist ganz selbstverständlich, gehört zum Menschen dazu – wie zum Vogel das Fliegen.

Wenn dies aber so ist, dann sind zwei Vorstellungen zurückzuweisen: Die Trennung der Menschen in diejenigen, die arbeiten müssen, und in diejenigen, deren Bestimmung die Ruhe und Müßigkeit ist. – Und auch die besonders von Kirchenleuten immer wieder aufgestellte Behauptung, die Arbeit sei eine Folge der Sünde und des Sündenfalls.

Nein, der Mensch soll auch im Garten Eden arbeiten, so wie Gott bei der Erschaffung der Welt gearbeitet hat. Arbeit ist kein Identitätszeichen unterer Gesellschaftsklassen und auch keine Strafe für sündhaftes Verhalten. Nein, Arbeit ist Mitarbeit und Weiterarbeit an der Schöpfung. Arbeit ist Ausdruck der Gottebenbildlichkeit des Menschen. Denn auch Gott hat – so erzählt es die Bibel in der Geschichte von der Erschaffung des Menschen – mit seinen Händen gearbeitet:

*»Da formte Gott, der Herr, den Menschen
aus Erde vom Ackerboden
und blies in seine Nase den Lebensatem.«*

Genesis 2,7

Himmel oder Hölle? (Nur) Ein Traum?

Ein Mann träumte:
Er war gestorben und befand sich in einem herrlichen Land voller Bäume, bunter Blumen und anmutiger Bäche. Er ließ sich nieder und ruhte sich aus. Dann befiel ihn die Langeweile, und er rief:
»Ist da jemand?«
Es erschien eine weißgekleidete, freundliche Gestalt und fragte ihn, ob er einen Wunsch habe.
»Ich möchte etwas essen«, sagte der Mann.
»Was bitte?«
Der Hungrige stellte ein köstliches Menü zusammen. Sekunden später stand es vor ihm. Er speiste und schlenderte weiter und freute sich an der Pracht der Gefilde.
»He!« rief er wieder.
Und schon stand der Dienstbare vor ihm.
»Golf würde ich gern spielen.«
»Bitte«, sprach der Unbekannte, faßte den Besucher am Arm und führte ihn um eine Waldspitze, an den Rand eines bezaubernden Feldes. Schläger und Bälle standen bereit. Der Mann spielte und aß wieder und wanderte und erhielt alles, was er sich wünschte...
Eines Tages war alle Freude von ihm gewichen. Er zitierte den Freundlichen herbei und klagte:
»Ich habe es satt, das Leben hier. Gib mir was zu tun!«
»Bedaure«, erwiderte der Weiße. »Arbeit – das ist das einzige, was ich dir nicht bieten kann.«
»Dann pfeif ich auf den Laden hier«, schrie der Mann.
»Schicke mich in die Hölle!«
Der andere lächelte: »Wo glauben Sie eigentlich, daß Sie sind?«

Eberhard Puntsch

Menschlich arbeiten: Bebauen *und* Bewahren

Schön wär's ja, Arbeit als Mitarbeit an der Schöpfung, als »etwas Paradiesisches« zu verstehen. Unsere Erfahrung und die Realität sagen etwas anderes: Häufig erleben wir Arbeit als Qual, als Mühsal, als etwas Sinnloses, als Belastung, als eine Form der Unterdrückung. Solche Wirklichkeits-Erfahrungen bezeichnet die Bibel als »Folge der Sünde«:

Zu Adam sprach Gott:
Weil du auf deine Frau gehört
und von dem Baum gegessen hast,
von dem zu essen ich dir verboten hatte:
So ist verflucht der Ackerboden deinetwegen.
Unter Mühsal wirst du von ihm essen
alle Tage deines Lebens.
Dornen und Disteln läßt er dir wachsen,
und die Pflanzen des Feldes mußt du essen.
Im Schweiße deines Angesichts
sollst du dein Brot essen,
bis du zurückkehrst zum Ackerboden...«

Genesis 3,17-19

„Wenn wir sonntags nicht arbeiten, machen die Japaner das Rennen!"

Warum dieser Umschwung? Was ist die Sünde und die Folge der Sünde? Und was hat das mit der menschlichen Arbeit zu tun? »Sündenfall-Geschichte« – da fällt uns vielleicht zunächst dies ein: Eine Schlange, die Eva verführt; Eva, die ihren Mann mit einem Apfel verführt; der Baum in der Mitte des Gartens Eden ... Das sind zeitbedingte Bilder; und wir kommen an den Kern der Aussage dieser Geschichte und damit auch zur Antwort auf die gestellten Fragen nur heran, wenn wir an den zeitbedingten Bildern nicht hängen bleiben. Der Kern der Aussage ist dann dieser:
Der ursprüngliche, gottgewollte Auftrag an den Menschen war, die ihm geschenkte Schöpfung zu bebauen und zu bewahren. »Bebauen *und* bewahren«, das ist der eigentliche Inhalt von Arbeit. In Verbindung beider Aspekte ist Arbeit Teilhabe an der Schöpfung Gottes. Die Sünde des Menschen besteht dann darin, »Bebauen« und »Bewahren« voneinander zu trennen. Der Mensch vergißt den Auftrag des Bewahrens. An die Stelle des Bewahrens der Schöpfung setzt er das Produzieren von Dingen. Schöpfung ist jetzt nur noch sein Objekt, das er beliebig – nach seinem eigenen Gutdünken – ausnützt und ausbeutet. Damit macht sich der Mensch selbst-ständig, er sieht sich nicht mehr Gott und auch nicht mehr der von ihm geschenkten Schöpfung gegenüber verantwortlich.

Der Auftrag Gottes an den Menschen im Blick auf seine Arbeit läßt sich so übersetzen:

»Mensch, bebaue die Schöpfung, tu das aber im Einklang mit den Regeln der Natur. Arbeite so, daß du von den Früchten der Schöpfung leben kannst. Sorge aber auch dafür, daß die Schöpfung auch weiterhin Frucht tragen kann, für dich und deine Nachkommen. Pflege die Schöpfung, hüte sie und schütze sie vor dem Verfall. Bleib in dem dir geschenkten Lebensraum, bewahre seine Grenzen.

Meine, dir geschenkte Schöpfung bewahren, das heißt eben nicht, sie so auszubeuten, daß deine Produktion und dein Gewinn ständig steigen. Vor aller Produktionssteigerung hat das Hegen und Pflegen der Schöpfung zu stehen.

Ein Geschenk – ich habe Arbeit **notwendiges Übel**

schöpferisch sein Überschreiten von Grenzen *Arbeitsamt* **Verdruß**

Fron **Druck** Bestätigung und Anerkennung **Qual**

Kampf um Arbeitsplätze **Konkurrenz** **Freude und Erfüllung**

Streit mit dem Leben *Selbstverwirklichung* *Eine aussichtslose Hoffnung*

Ich suche Arbeit **Streß** *Gehorchen* Schichtbetrieb

Beruf-ung

Anstrengung

Dienst **Mitarbeit und Zusammenarbeit**

Existenzkampf

Arbeit:

Segen und Würde

Fluch und Bürde

Herrschen

JOB

Existenzerfüllung

Überforderung

Ausbildung

Zwang **Genuß** **Weg zu Glück und Freude** **menschenunwürdig**

Unvollkommenenheiten in der Welt überwinden *Selbstentfremdung*

menschenwürdig Pflicht und Recht **Scheitern** **Lebens-gestaltung** ständige geistlose Wiederholung **erfüllt mit Sinn** *Ausdauer* **Leere** Versöhnung mit dem Leben

Halt nötig, um den Lebensunterhalt zu besorgen und zu sichern

Versklavung **Lohntüte** ***Fließband*** **Beherrscht werden**

geisttötend **Arbeitsklima** ENTSAGUNG Sich bewerben und abgewiesen werden *Auftrag* Phantasie

B e f r e i u n g **Sackgasse der Gleichgültigkeit und Eintönigkeit**

»Wir dürfen nicht alles der Natur zumuten«

»Unsere Mitverantwortung unter den Völkern gilt besonders der Umwelt. Nicht alles, was Menschen technisch und ökonomisch fertigbringen, dürfen sie der Natur zumuten. Es geht um mehr als um die Bewohnbarkeit der Erde für den Menschen, um mehr als nur um seine eigene Lebensgrundlage. Menschen können zerstören, was sie nicht geschaffen haben und worüber sie nicht verfügen dürfen: die Schöpfung. Diese Freiheit haben sie sich genommen. In der Verantwortung der Freiheit wird sich zeigen, ob sie ethisch und damit am Ende auch biologisch überlebensfähig sind. Die Aufgabe ist im wahrsten Sinne global. Sie stellt sich weltweit für jeden Staat, für Länder, für Gemeinden und für den einzelnen.«

Richard von Weizsäcker

Du selbst, Mensch, bist Geschöpf und als höchstes der Geschöpfe bist du verantwortlich für die ganze Schöpfung. Wenn du aber wegen deines Produktionswahns die Schöpfung zerstörst, dann zerstörst du schließlich auch dich selbst. Das aber wäre der Tod – und Sünde ist nichts anderes, als sich und anderen den Tod zuzufügen…«

Bekommen in solcher Deutung der Auftrag »Arbeit« und die Sünde »Arbeitsmißbrauch« nicht ganz aktuelle Züge?

Das persönliche »Schöpfungs-ABC« - Wie könnte es bei Ihnen aussehen?

A	Altpapier sammeln und in die dafür bereitgestellten Container bringen
B	Batterien nicht einfach nach Gebrauch wegwerfen, sondern ent-sorgen
C	
D	
E	
F	Fahrrad statt Auto; Fahrgemeinschaft statt drei leerer Plätze
G	
H	
I	Informationen einholen über Umweltfragen
J	»Jute statt Plastik«
K	
L	
M	Marktbeschicker in unserer Stadt – Wo gibt es ökologiegerechte Produkte?
N	Naturschutz fängt bei uns, bei mir an
0	
P	
Q	Quellen entdecken und sauber halten
R	
S	
T	
U	Umweltfreundliche Putz- und Waschmittel
V	Verschmutzung der Landschaft beginnt beim achtlosen Wegwerfen eines Bonbonpapiers
W	
X	
Y	You can do it yourself
Z	Zitrusfrüchte aus bestimmten Ländern pressen dort die Menschen aus

Arbeiten, um zu leben – Arbeiten, um zu überleben

Es ist noch gar nicht so lange her, da haben wir Begriffe wie »Natur«, »Heimat«, »Heile Welt«, »Bewahrung der Schöpfung« ... belächelt und als naiv-romantisch abgetan. Inzwischen sind sie jedoch zu kritischen Begriffen geworden. In solchen Begriffen drückt sich die Sorge und die Angst aus, etwas Unwiederbringliches verloren, kaputtgemacht zu haben. In solchen Begriffen drückt sich die Sehnsucht aus, wieder in einer gesunden statt krankmachenden, in einer lebensspendenden statt todbringenden Welt leben zu können.

Aber wir stecken in einem Dilemma: Die seit Jahrhunderten ausgebildeten Strukturen unseres Arbeitens und Produzierens, die uns – vielen, jedoch längst nicht allen – Wohlstand und Reichtum gebracht haben, sind zugleich die Verursacher der Umweltzerstörung. Und wir befinden uns zur Zeit in einer Situation, in der – wie nie zuvor in der Geschichte – mehr und mehr zu steigerndes Machen, Ausbeuten, Produzieren, Benutzen und Ausnutzen als *die* maß-gebenden Werte angesagt sind.

Dieses Dilemma stellt uns vor eine Alternative, der wir nicht entkommen können: *Entweder* wir verändern die gängigen Produktions- und Arbeitsstrukturen und erhalten damit eine lebenserhaltende und lebensspendende Schöpfung. – *Oder* wir setzen fraglos die gewohnten Formen und Strukturen des Arbeitens und Produzierens fort und zerstören damit die Grundlage unseres Lebens. – Einen Mittelweg kann es da nicht geben!

Die Alternative ist schwer, weil sie uns zu Entscheidungen zwingt, die gegen den Trend laufen müssen. Die Alternative ist hart, weil sie Gewohntes und Liebgewonnenes, ja Allzu-Selbstverständliches infrage stellt. Es bringt aber nichts, die Augen davor zu verschließen und diese Alternative zu verdrängen. Denn dann werden wir »aus dem geschenkten Paradies vertrieben«. Dann würde die Schöpfung selbst, die empfindliche und auf ihr Gleichgewicht angewiesene Natur, uns die Antwort abnehmen. Dann würde die Natur/Schöp-

fung unsere Art des »Bebauens der Schöpfung« als Verkehrung von Arbeit entlarven.
Arbeiten im Sinne von »Bebauen«, das haben wir gelernt und können wir bis zum »Geht nicht mehr«. Arbeiten im Sinne von »Bewahren«, das müssen wir wohl erst wieder lernen – damit es mit der Schöpfung und mit uns weitergehen kann.

Der Natur eine Atempause lassen

»... Bei der bisherigen Diskussion um die Verteilung nicht nur der Arbeit, sondern der Arbeitszeiten fehlt ein wesentlicher Aspekt, nämlich der ökologische.
Bislang haben wir vornehmlich nur die Schäden staunend zur Kenntnis genommen, die durch Industrialisierung der Freizeit und des Fremdenverkehrs in der Natur angerichtet werden. Die Tourismusströme ließen die Natur die Woche über mehr oder weniger unbelastet, es blieb eine Atempause für die Regeneration.
Wir haben allesamt keine Ahnung, was auf uns, was auf die Natur zukommt, wenn bei weiterer Zunahme der Freizeit und der Mobilität die Belastung der Umwelt nicht nur insgesamt größer, sondern auch auf alle Wochentage gleichmäßig verteilt wird. Wir schaffen sozusagen die Ruhepause der Natur ab und stören offensichtlich den Rhythmus der Regeneration. Dabei sollten im Gegenteil die Menschen stärker auf die Abläufe in der Natur Rücksicht nehmen.
Nicht nur mehr Freizeit, sondern in dieser Freizeit mehr Muße müßte das Ziel sein...«

Peter Atteslander

Sonntags-Tip * Sonntags-Tip * Sonntags-Tip * Sonntags-Tip * Sonntags-Tip

Wie wir selbst die Schöpfung in Ruhe lassen können

Am Sonntag können wir selbst die Schöpfung entlasten, wir können sie vor Erschöpfung bewahren, indem wir zu Fuß die Natur er-fahren und nicht mit dem Auto die Schadstoffe in der Luft und den Verkehrslärm um uns herum verstärken.

Der Sonntag schenkt aber auch Zeit, über unser Verhältnis zur Schöpfung nachzudenken und unser alltägliches Handeln zu überprüfen. Dies könnten einige Gewissens-Fragen sein:

* Benutze ich, benutzen wir kosmetische Luxusprodukte, deren Herstellung mit qualvollen Tierversuchen verbunden ist? Wo könnten wir uns kundig machen?

* Wo und wie kaufen wir unsere Lebensmittel ein?
  Welche dieser Lebensmittel werden in welchen Ländern produziert?
  Unterstützen wir mit unserem Kauf etwa dort bestehende Unrechtsstrukturen?
  Gibt es alternativ zu kaufende Produkte?

* Können wir mehr bei Landwirten kaufen, die beim Anbau von Obst und Gemüse auf »Chemie« verzichten und einen kontrollierten Anbau betreiben?
  Wie steht es mit unsrer eigenen kritischen Kontrolle im Gebrauch »von Chemie« im Haushalt oder im Garten?

Sonntags-Tip * Sonntags-Tip * Sonntags-Tip * Sonntags-Tip * Sonntags-Tip

Die sieben letzten Tage der Schöpfung

Am Anfang schuf Gott Himmel und Erde. Aber nach vielen Jahrmillionen war der Mensch endlich klug genug. Er sprach: Wer redet hier von Gott? Ich nehme meine Zukunft selbst in die Hand. Er nahm sie, und es begannen die letzten sieben Tage der Erde.

Am Morgen des ersten Tages beschloß der Mensch, frei zu sein und gut, schön und glücklich. Nicht mehr Ebenbild eines Gottes, sondern ein Mensch. Und weil er etwas glauben mußte, glaubte er an die Freiheit und das Glück, an Zahlen und Mengen, an die Börse und den Fortschritt, an die Planung und seine Sicherheit. Denn zu seiner Sicherheit hatte er den Grund zu seinen Füßen gefüllt mit Raketen und Atomsprengköpfen.

Am zweiten Tage starben die Fische in den Industriegewässern, die Vögel am Pulver aus der chemischen Fabrik, das den Raupen bestimmt war, die Feldhasen an den Bleiwolken von der Straße, die Schoßhunde an der schönen roten Farbe der Wurst die

Heringe am Öl auf dem Meer und an dem Müll auf dem Grunde des Ozeans. Denn der Müll war aktiv.

Am dritten Tage verdorrte das Gras auf den Feldern und das Laub an den Bäumen, das Moos an den Felsen und die Blumen in den Gärten. Denn der Mensch machte das Wetter selbst und verteilte den Regen nach genauem Plan. Es war nur ein kleiner Fehler in dem Rechner, der den Regen verteilte. Als sie den Fehler fanden, lagen die Lastkähne auf dem trockenen Grund des schönen Rheins.

Am vierten Tage gingen drei von vier Milliarden Menschen zugrunde. Die einen an den Krankheiten, die der Mensch gezüchtet hatte, denn einer hatte vergessen, die Behälter zu schließen, die für den nächsten Krieg bereitstanden. Und ihre Medikamente halfen nichts. Die hatten zu lange schon wirken müssen in Hautcremes und Schweinelendchen. Die anderen starben am Hunger, weil etliche von ihnen den Schlüssel zu den Getreidesilos versteckt hatten. Und sie fluchten Gott, der ihnen doch das Glück schuldig war. Er war doch der liebe Gott!

Am fünften Tage drückten die letzten Menschen auf den roten Knopf, denn sie fühlten sich bedroht. Feuer hüllte den Erdball ein, die Berge brannten, die Meere verdampften, und die Betonskelette in den Städten standen schwarz und rauchten. Und die Engel im Himmel sahen, wie der blaue Planet rot wurde, dann schmutzig braun und schließlich aschgrau. Und sie unterbrachen ihren Gesang für fünf Minuten.

Am sechsten Tage ging das Licht aus. Staub und Asche verhüllten die Sonne, den Mond und die Sterne. Und die letzte Küchenschabe, die in einem Raketenbunker überlebt hatte, ging zugrunde an der übermäßigen Wärme, die ihr gar nicht gut bekam.

Am siebten Tage war Ruhe. Endlich. Die Erde war wüst und leer, und es war finster über den Rissen und Spalten, die in der trockenen Erdrinde aufgesprungen waren. Und der Geist des Menschen irrlichterte als Totengespenst über dem Chaos.

Tief unten, in der Hölle, aber erzählte man sich die spannende Geschichte von dem Menschen, der seine Zukunft in die Hand nahm, und das Gelächter dröhnte hinauf bis zu den Chören der Engel.

Jörg Zink

Text: Rede des Indianerhäuptlings Seattle
Melodie: Stefan Vesper

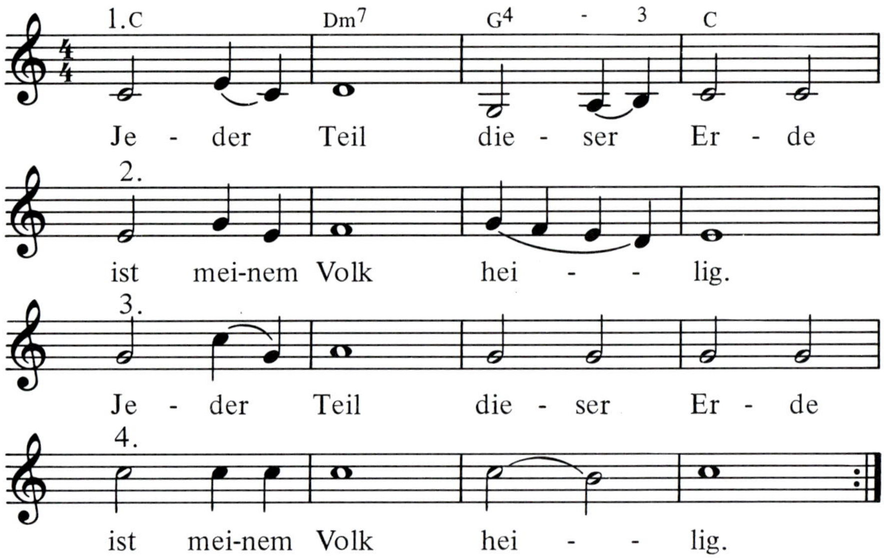

Sonntags-Tip * Sonntags-Tip * Sonntags-Tip * Sonntags-Tip * Sonntags-Tip

»Diese Stunden gehören uns«

Das werden – ab einem bestimmten Alter – auch die Kinder in einer Familie verstehen; sie werden sich darauf einlassen:

* Vater und Mutter möchten eine gewisse Zeit des Sonntags für sich als Ehepaar reservieren.
* Sie möchten Zeit und Gelegenheit haben für ein Gespräch miteinander.
* Sie möchten sich auf die Partnerin bzw. den Partner konzentrieren.
* Sie möchten Dinge, die während der letzten Woche – oder noch länger – unaufgearbeitet geblieben sind, besprechen.
* Sie möchten auch Ruhe zum Austausch ihrer Liebe finden.
* Sie möchten als Ehepaar etwas unternehmen ...

Das Bestreben vieler Paare, möglichst den ganzen Sonntag über die ganze Familie – und vielleicht andere noch dazu – um sich zu haben, kann ja auch Flucht vor sich selbst als Ehepaar sein:

* Flucht vor der eigenen Paarbeziehung
* Der Begegnung ausweichen

* Angst vor dem Aufdecken der wahren Beziehung zueinander
* Scheu vor der Anstrengung, sich selbst und den Partner/die Partnerin und das Verhältnis zueinander ehrlich zu entdecken
* Erschrecken vor der Anfrage, ob es in der eigenen Beziehung nicht etwas zu bearbeiten und zu verändern gäbe
* …

Sonntags-Tip * Sonntags-Tip * Sonntags-Tip * Sonntags-Tip * Sonntags-Tip

»Gönne Dich Dir selbst«

Wenn Du Dein ganzes Leben und Erleben völlig ins Tätigsein verlegst und keinen Raum mehr für die Besinnung vorsiehst, soll ich Dich da loben? Darin lobe ich Dich nicht. Ich glaube, niemand wird Dich loben, der das Wort Salomos kennt: »Wer seine Tätigkeit einschränkt, erlangt Weisheit« (Sirach 38,25). Und bestimmt ist es der Tätigkeit selbst nicht förderlich, wenn ihr nicht die Besinnung vorausgeht.

Wenn Du ganz und gar für alle dasein willst, nach dem Beispiel dessen, der allen alles geworden ist (1 Kor 9,22), lobe ich Deine Menschlichkeit – aber nur, wenn sie voll und echt ist. Wie kannst Du aber voll und echt Mensch sein, wenn Du Dich selbst verloren hast? Auch Du bist ein Mensch. Damit Deine Menschlichkeit allumfassend und vollkommen sein kann, mußt Du also nicht nur für die anderen, sondern auch für Dich selbst ein aufmerksames Herz haben.

Denn was würde es Dir sonst nützen, wenn Du – nach dem Wort des Herrn (Mt 16,26) – alle gewinnen, aber als einzigen Dich selbst verlieren würdest? Wenn also alle Menschen ein Recht auf Dich haben, dann sei auch Du ein Mensch, der ein Recht auf sich selbst hat. Warum solltest einzig Du selbst nichts von Dir haben?

Wie lange bist Du noch ein Geist, der auszieht und nie wieder heimkehrt (Ps 78,39)? Wie lange noch schenkst Du allen anderen Deine Aufmerksamkeit, nur nicht Dir selber? Du fühlst Dich Weisen und Narren verpflichtet und verkennst einzig Dir selbst gegenüber Deine Verpflichtung? ... Bist Du etwa Dir selbst ein Fremder? Und bist Du nicht jedem fremd, wenn Du Dir selber fremd bist? Ja, wer mit sich selbst schlecht umgeht, wem kann der gut sein?

Denk also daran: Gönne Dich Dir selbst. Ich sage nicht: tu das immer; ich sage nicht: tu das oft, aber ich sage: tu es immer wieder einmal. Sei wie für alle anderen auch für Dich selbst da, oder jedenfalls sei es nach allen anderen.

Bernhard von Clairvaux

Einsamkeit ist nicht Verlassenheit

EINSAMKEIT	VERLASSENHEIT
einsam	vereinsamt
mit mir im Gespräch	ohne Gesprächspartner/-in
zu mir vorstoßen	ausgestoßen sein
allein sein können	niemand besucht mich
in Ruhe ein- und ausatmen	in Hektik und Trubel allein
meinem Lebenssinn nachspüren	vom Leben abgeschnitten
sich er-innern	von anderen vergessen
mit mir eins sein	nicht ein und aus wissen
»In mich gehen«	andere gehen vorbei
Ruhe – Stille – Klarheit	Zerrissenheit – Verwirrung – Dunkelheit
gesammelt und eingebunden	ausgesondert und eingesperrt
erholen und mich einholen	vor mir selbst davonlaufen

SCHWEIGE UND HÖRE

(Canon)

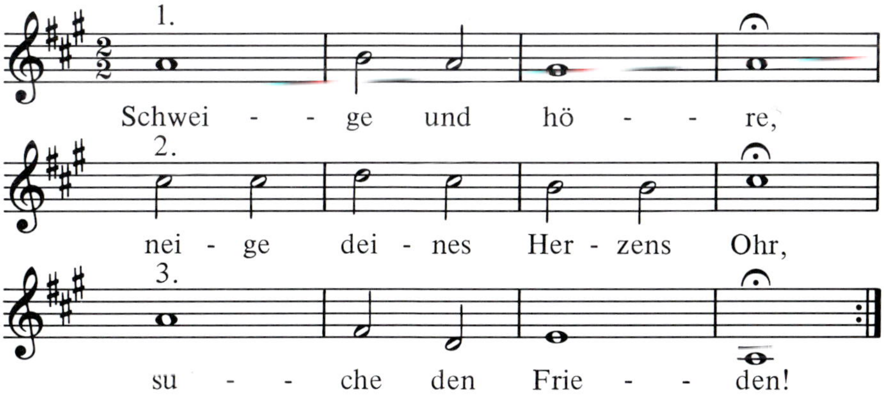

Der Sonntag

Ein Tag des An-Gebotes

Was wir so sagen...

Was bietest du mir?

Das verbiete ich dir!

Das lasse ich mir nicht bieten!

Ein Angebot annehmen oder ablehnen

Der Preis richtet sich nach Angebot und Nachfrage

Baden verboten!

Für Kinder verboten!
Spielen verboten!
Betreten verboten!...

Mein Herr und Gebieter

Sonderangebote

Sonntags-, Freitags-, Fastengebot...

Gebote erfüllen oder übertreten

Eltern gebieten oder verbieten – Kinder haben zu gehorchen

Durch Überzeugen erreiche ich mehr als durch Verbieten

...

»Ich will meine Wege gehn ...«

Tu das nicht!
Laß das sein!
Mach nicht das!
Geh da weg!
Bleib davon!
Sieh dich vor!
Gib doch acht!
Menschenskind, paß auf!

Ich will meine Wege gehn,
laßt mir freien Lauf,
will auf eignen Füßen stehn,
schließt die Welt mir auf!

Muß das sein?
Ist das richtig?
Bleibt's dabei?
Geht's nicht anders?
Bringt das was?
Macht's dir Spaß?
Hat das Sinn?
Hilft dir das?
Menschenskind, paß auf!

Ich will meine Wege gehn,
laßt mir freien Lauf,
will auf eignen Füßen stehn,
schließt die Welt mir auf!

Nun mal ran!
Wag es nur!
Versuch es doch!
Komm, fang an!
Keine Angst!
Hab nur Mut!
Trau dich nur!
Menschenskind, fang an!

Ich will, ich kann, ich muß
meine Wege gehn,
ich hab' freien Lauf,
kann auf eignen Füßen stehn.
Ich schließ' die Welt,
schließ' die Welt,
schließ' die Welt mir auf.

Text: Werner Schaube / Melodie: Ludger Edelkötter

Ehefrau und Mutter

»... Das Angebot des Sonntags für uns: Aufatmen vom Alltag – Freisein von anstrengenden Pflichten – Begegnungen mit Freunden und Bekannten – Zeit für das Wort Gottes und für musische Betätigungen wie Lesen, Musizieren, Wandern, Spielen...«

Ehemann und Vater

»... Wir gestalten den Sonntag nicht, da die ganze Woche gestaltet wird. Den Sonntag nehmen wir an, wie er sich selbst entwickelt. Darin liegen für uns genug Angebote. – Jeder Sonntag ist gelungen, wenn wir ihn zufrieden und gestärkt beenden und uns auf die neue Woche freuen.

Ich glaube, daß heute zuviel gestaltet wird. Meistens hat man dann nicht die Möglichkeit, sich für die neue Woche zu sammeln. Ein guter müßiger Sonntag ist das Beste für eine gute neue Woche. Wenn am Sonntag zu viele Aktivitäten entwickelt werden, wenn dadurch Probleme entstehen, die unbewältigt mit in die neue Woche genommen werden, dann kann das keine gute Woche werden...«

Ehemann und Vater

»... Ich glaube, einen ›idealen‹ Sonntag gibt es nicht. Wenn ich alle meine Idealvorstellungen an einem Sonntag verwirklichen wollte,
dann brauchte ich drei Sonntage gleichzeitig,
einen Sonntag der Ruhe und Besinnung,
einen Sonntag mit der Familie,
einen Sonntag, um nur das zu tun, was ich *allein* möchte.

Es kommt nicht selten vor, daß bei uns mehrere Sonntage im Gegensatz zueinander stehen und für *einen* Sonntag nicht vereinbar sind. Aber das ist nicht weiter tragisch, weil ich nicht jeden Sonntag einen ›idealen‹ Sonntag brauche und auch nicht haben kann. Es genügt mir die Gewißheit, daß im Laufe eines Jahres jeder der drei ›Ideal‹-Sonntage ausreichend zu seinem Recht kommt...«

Der Sonntag – … so'n Tag

Der Sonntag ist so'n Tag,
an dem es meistens regnet,
nachdem eine Arbeitswoche lang
die Sonne strahlend schien.

Der Sonntag ist so'n Tag,
auf den man sich so freute, daß man nun
vor lauter Anstrengung und Erwartung streiten muß.

Der Sonntag ist so'n Tag,
an dem die Eltern
endlich mal miteinander ausschlafen können
und die Kinder erst ab zehn Uhr stören dürfen.

Der Sonntag ist so'n Tag,
an dem mein Verein die Nachholspiele austrägt,
die Freiwillige Feuerwehr und das Technische Hilfswerk
Übungen machen und jeder Club seine Treffen abhält.

Der Sonntag ist so'n Tag,
wo mir alle meine Ruhe lassen können,
nachdem sie mir den Buckel runtergerutscht sind.

Der Sonntag ist so'n Tag,
an dem man für die gleiche Schicht Arbeit
den doppelten Lohn rausbekommt.

Der Sonntag ist so'n Tag,
wo die Frau endlich zum Bügeln kommt,
während der Mann die Abrechnungen
der letzten Woche macht.

Der Sonntag ist so'n Tag,
wo für die Männer der Frühschoppen
bis zwölf Uhr beendet sein muß,
weil dann zu Hause das Mittagessen auf dem Tisch zu stehen hat.

Der Sonntag ist so'n Tag,
an dem man sich so streßt, daß man dann wieder
eine ganze Woche Arbeit braucht, um sich zu erholen.

Der Sonntag ist so'n Tag,
für den eine ganze Freizeitindustrie
alle Tage werbend schuftet.

Der Sonntag ist so'n Tag,
der für alle Einsamen vorher zu einem Trauma
und nachher zu einem ›Gut, daß er vorbei ist‹ führt.

Der Sonntag ist so'n Tag,
der wahrscheinlich im Rahmen der
Bismarck'schen Sozial-Gesetzgebung erfunden wurde.

Der Sonntag ist so'n Tag,
der wahrscheinlich aus marktpolitischen und
familienpsychologischen Gründen
bald wieder abgeschafft werden muß...

Köln

Manchmal ist der Sonntag...

Manchmal ist der Sonntag
wie das Verschlingen von Nahrung im hektischen Schnellimbiß.

Manchmal ist der Sonntag
wie eine schlaflose Nacht, deren Ende man müde und erschöpft herbeisehnt.

Manchmal ist der Sonntag
wie eine hochbelastete Feder, bis zum Zerreißen gespannt.

Manchmal ist der Sonntag
wie das x-te Glas Bier zuviel, und eine Woche lang »Kater«.

Manchmal ist der Sonntag
wie eine verwaschene, ausgewrungene Jeans, die tropfend und schlaff auf der Leine zum Trocknen hängt.

Manchmal ist der Sonntag
wie eine Ansammlung von verschiedenen Musikern, die auf verschiedenen Instrumenten verschiedene Melodien spielen.

Manchmal ist der Sonntag
wie ein kulinarischer Genuß im besten Lokal am Platze.

Manchmal ist der Sonntag
wie ein rauschendes Fest, um dessen Ende man trauert und das nicht enden sollte.

Manchmal ist der Sonntag
wie die Feder eines Eichelhähers, voller Leichtigkeit, schillernd in allen Farben, die mir zufliegt und Herz und Seele erfreut.

Manchmal ist der Sonntag
wie ein leichter Aperitif: er erschließt mir Sinn und Geschmack für eine gute Woche.

Manchmal ist der Sonntag
wie ein Sonntagskleid, das duftig und elegant mich mit feierlich- frohen Gefühlen umflattert.

Manchmal ist der Sonntag
wie ein eingespieltes Orchester, das eine gemeinsame Melodie spielt – die melodieführenden Instrumente können wechseln.

Stefan Herok

Aussagen von Schülern:

»... Der Sonntag ist der einzige Tag, an dem ich mich richtig ausschlafe.«

»... Wenn es kein Fernsehen gäbe, wüßte ich mit dem Sonntag überhaupt nichts anzufangen.«

»... Ein Glück, daß man sich am Sonntag mit seinen Freunden treffen kann, denn zu Hause ist meistens nichts los.«

»... Für mich ist der Sonntag der langweiligste Tag der Woche.«

So oder so ein anderer Tag

Das ist unsere Situation:
In allen Gruppierungen unserer Gesellschaft – ob christlich geprägt oder nicht – wird der Sonntag als starker Einschnitt in der Reihe der Wochentage erlebt. Allen ist der Sonntag kein gleicher Tag, deshalb ist er auch für kaum jemanden ein gleich-gültiger Tag.
Der Sonntag ist ein Tag des *alternativen* Verhaltens:
Die Menschen suchen andere Aktivitäten – manchmal auch gar keine – und leben nach einer anderen Zeiteinteilung. Und sie suchen andere Aufenthaltsräume auf, suchen andere Kontakte und Beziehungen.
Der Sonntag ist für alle mal Freuden- und mal Enttäuschungstag: Meistens läßt sich an diesem Tag nicht alles verwirklichen, wovon vorher geträumt wurde – aber geträumt wird!

Sonntags-Tip * Sonntags-Tip * Sonntags-Tip * Sonntags-Tip * Sonntags-Tip

Gemeinsame Mahlzeiten

Das Wochenende mit dem Sonntag könnten wir in unserem Mahlzeit-Verhalten hervorheben.

Vielleicht bewußt die Kultur des gemeinsamen Abendessens am Samstag pflegen.

Da muß es nicht eilig hergehen,
da könnte ein Stück Erholung und Ruhe aufkommen,
da könnte das Essen gemeinsam vorbereitet werden,
da könnte sich die Tradition von »unseren Samstagabend- Geschichten« entwickeln,
da wären wirkliche »Beziehungsgespräche« möglich: Was war die Woche über los? Was hast du in der Woche erlebt? Was hast du, was habe ich, was haben wir morgen vor? …
Da gehen wir hin und wieder mal aus zum Essen …

Oder: Mit dem Frühstück zu einem für alle »erträglichen Zeitpunkt« den Sonntag gemütlich beginnen.
Das Sonntags-Frühstück könnte so in deutlichem Kontrast zum Alltag stehen: Während der Woche ist gerade das Frühstück die hektischste Tageszeit; alle haben es eilig, alle laufen auseinander…

Oder: Mit einem »größeren« Abendessen den Sonntag ausklingen lassen…

Von solchen Mahlzeiten her ergeben sich dann vielleicht auch Kriterien für die günstigste Zeit zum Gottesdienstbesuch. – Aber: Familien sollten sich davor hüten, aus dem gemeinsamen Familien-Kirchgang eine Ideologie zu machen!

Sonntags-Tip * Sonntags-Tip * Sonntags-Tip * Sonntags-Tip * Sonntags-Tip

Der kranke Sonntag

Eine moderne Legende

Kürzlich traf ich in den Straßen einer großen Stadt den Sonntag. – Ich erschrak…

Er sah schlecht aus und krank und müde.

»Ja, es geht mir gar nicht gut«, meinte der Sonntag traurig. »Ich war bei vielen Professoren und Ärzten, auch die sind ratlos, und ihre Diagnose ist verwirrend. Manche von ihnen meinen, ich leide unter einer Neurose! Na sowas! – Und denken Sie nur, einer sagte zu mir: Du armer alter Sonntag, die Menschen haben dir die Seele geraubt, du wirst bald sterben.«

Da war ich neugierig und ich fragte ihn: »Hast du wenigstens noch die Apotheke Gottes?«

»O ja«, sagte er, »sie ist mein kostbarster Schatz. Die Sonne und die Stille und die Freiheit und das Ausruhen und das Loslassen… – und all die vielen Kräuter als An-Gebote zum Heilen der Menschen. Diese Apotheke Gottes habe ich noch, aber die Menschen fragen kaum mehr danach. Ganz schlecht geht es mit den Kräutlein Ruhen und Beten und Glauben, ganz schlecht«, murmelte der alte Sonntag und bog um die Ecke…

»Tag der Arbeitsruhe und der seelischen Erhebung«
Der gesetzliche Schutz des Sonntags

In der exakten juristischen Sprache heißt es in Artikel 140 des Grundgesetzes der Bundesrepublik Deutschland:

> *»Die Bestimmungen des Art. 136, 137, 139 und 141 der deutschen Verfassung vom 11. August 1919 sind Bestandteil dieses Grundgesetzes.«*

Und der Artikel 139 der hier angesprochenen »Weimarer Verfassung« lautet kurz und knapp:

> *»Der Sonntag und die staatlich anerkannten Feiertage bleiben als Tage der Arbeitsruhe und der seelischen Erhebung gesetzlich geschützt.«*

Auch die Verfassungen der meisten Bundesländer enthalten gesetzliche Regelungen, die bis in die Formulierung hinein dem Artikel 139 der Weimarer Verfassung entsprechen. Und auch andere europäische Länder – mit Ausnahme von Großbritannien, wo der Sonntag traditionell ein Ruhetag ist – kennen einen gesetzlichen Schutz des Sonntags, wenngleich nicht durch die Verfassung.

Ein langer Weg: Vom Judentum…

Der Weg zum verfassungsmäßigen Schutz des Sonntags war lang und verschlungen. Sein Ursprung liegt sicherlich im Judentum und in alttestamentlichen Rechtsvorschriften zur Heiligung des Sabbat. Für das Volk Israel war der Sabbat ein verpflichtender Ruhetag, der weder für bestimmte Personengruppen noch für bestimmte Arbeiten eine Ausnahmeregelung duldete.

Verbotene Gedanken

Eine jüdische Geschichte

Der Rabbi erzählte:

Es geschah einmal, daß ein frommer Mann an einem Sabbat in seinem Weinberg spazieren ging, um ausfindig zu machen, welche Arbeit im Weinberg zu leisten sei.
Da sah er eine Bresche im Zaun und beschloß, sie nach Sabbatende zu reparieren. – Dann aber sprach er: »Weil ich darüber am Sabbat nachgedacht habe, werde ich diese Bresche nie reparieren.«
Wie hat ihn Gott, der Heilige, sein Name sei gelobt, dafür belohnt?
Ein Kaperbaum wuchs in der Bresche auf und vervollständigte den Zaun um den Weinberg. Von diesem Kaperbaum konnte sich der fromme Mann alle Tage seines Lebens ernähren.

Mit der Lösung der jungen christlichen Kirche vom Judentum fiel auch die Einhaltung des Sabbatgebotes weitgehend fort. Vielmehr wurden die Christen dazu aufgefordert, möglichst fleißig ihrer Arbeit nachzugehen und lediglich die Zeit der Gottesdienst-Versammlung am ersten Tag der Woche, am Sonntag, davon auszunehmen. Damit wechselte aber keineswegs das Gebot der Arbeitsruhe vom Sabbat auf den Sonntag. Vielmehr: In den ersten beiden Jahrhunderten des Christentums war der Sonntag ein Arbeitstag; die Zeit für ihren Gottesdienst legten die Christen deshalb an den frühen Morgen – vor Arbeitsbeginn – oder an den späten Abend – nach Arbeitsende.

… über Kaiser Konstantin …

Erst der römische Kaiser Konstantin erklärte im Jahre 321 n.Chr. den Sonntag zu einem gesetzlichen Feiertag (cultus publicus). Allerdings war er nur auf Gewerbetreibende und Gerichte beschränkt. Die landwirtschaftlich tätige Bevölkerung war ausdrücklich vom Verbot der Arbeit am Sonntag ausgenommen. Für Konstantin waren

Vom Judentum bis zur Industrialisierung

sicherlich nicht in erster Linie theologische oder arbeitspolitische Gründe ausschlaggebend, eine solche Regelung zu treffen. Vielmehr spiegelt das Gesetz die gesellschaftliche und staatstragende Bedeutung des Christentums wider.

☞ *Das erste christliche Sonntags-Gesetz*

Alle Richter, die Stadtbevölkerung und die gesamte Gewerbetätigkeit sollen am verehrungswürdigen Tag der Sonne ruhen.
Nichtsdestoweniger sollen die Landleute den Anbau der Felder frei und ungehindert betreiben, da es häufig vorkommt, daß kein Tag geeigneter ist, den Getreidesamen den Furchen und die Weinstocksetzlinge den Löchern anzuvertrauen; damit nicht etwa die Gunst der momentanen Gelegenheit, von himmlischer Vorsehung beschieden, verpaßt werde.«

Gesetz, am 3. März 321 von Kaiser Konstantin erlassen

… über Rom und die Frankenzeit …

Unter den Nachfolgern Konstantins haben die römischen Kaiser Valentian I. (364-375) und Theodosius I. (379-395) die Sonntags-Gesetze erweitert und verschärft: Verboten wurden Schauspiele, öffentliche Aufführungen und Wettkämpfe am Sonntag. Hintergrund dafür dürfte wohl die Konkurrenz dieser Angebote zum sonntäglichen Gottesdienst gewesen sein.
Kirchliche Synoden vom 4. bis zum 6. Jahrhundert dehnten das Verbot der Sonntagsarbeit auch auf die Feldarbeit aus und knüpften damit enger als die vorausgegangenen Erlasse an die Sabbattradition des Judentums an. Offensichtlich ist aber das Arbeitsverbot am Sonntag auch noch im 6. Jahrhundert vielfach übertreten worden. Denn die Synode von Orleans (538) verhängte gegen die Gesetzesübertreter körperliche Strafen, die vom Klerus zu vollziehen waren. Auffallend ist, daß der gesetzliche Schutz des Sonntags immer mehr zu einer Angelegenheit der Kirche wurde; der Staat übernahm lediglich die kirchliche Gesetzgebung.

☞ *Drastische Strafen*

»Wenn ein freier Mann am Tag des Herrn eine knechtliche Arbeit verrichtet, wenn er die Ochsen anspannt und mit dem Wagen fährt, so soll ihm zur Strafe der rechte Ochse abgenommen werden. Wenn er mäht oder haut, wenn er Getreide schneidet oder sammelt, oder wenn er sonst knechtliches Werk am Sonntag verrichtet, so soll es ihm ein- oder zweimal verwiesen werden, und wenn er sich nicht bessert, soll er mit 50 Streichen auf den Rücken gezüchtigt werden. Wenn er sich dann noch einmal untersteht, am Sonntag zu arbeiten, soll man ihm den dritten Teil seiner Güter nehmen. Hört er auch dann nicht auf, so soll er die Freiheit verlieren und leibeigener Knecht werden, da er am heiligen Tag nicht hat frei sein wollen. Wenn es aber ein Knecht ist, der sich eines solchen Vergehens schuldig macht, so soll er zuerst mit Schlägen, und falls er sich nicht bessert, mit Abhauung der rechten Hand bestraft werden.«

Aus einem fränkischen Gesetzestext aus dem 7. Jh. – »Lex Baiuvarium«

In der Frankenzeit wird der Sonntag unter den besonderen Schutz des Staates gestellt. In zweifacher Weise gibt es Erweiterungen und Präzisierungen der Sonntags-Gesetzgebung: Zum einen werden die Arbeiten katalogmäßig erfaßt und niedergeschrieben, die am Sonntag zu unterlassen sind. Zum anderen werden Empfehlungen ausgesprochen, wie die sonntägliche Ruhezeit zu gestalten sei. In einem Erlaß Kaiser Karls des Großen aus dem Jahre 789 liest sich das dann so:

☞ *»Ebenso bestimmen wir, gemäß dem, was auch der Herr im Gesetz geboten hat, daß knechtliche Arbeiten an den Herrentagen nicht verrichtet werden. … Die Männer dürfen also keine Feldarbeit verrichten, den Weinberg nicht bebauen, die Felder nicht pflügen, nicht ernten, nicht mähen, keine Umzäunung aufrichten, im Walde nicht roden oder Bäume fällen, im Steinbruch nicht arbeiten, keine Häuser bauen oder Gartenarbeit verrichten. Mit Wagen zu fahren, ist am Herrentag nur in drei Fällen gestattet: in den Krieg zu fahren, Lebensmittel heranzuschaffen oder im Notfall einen Leichnam auf den Friedhof zu überführen. Auch sollen die Frauen keine Webarbeiten erledigen, keine Kleider zuschneiden oder nähen und nicht sticken. Es ist ihnen nicht erlaubt, Wolle zu zupfen, Leinen zu schlagen, in der Öffentlichkeit Kleider zu waschen oder Schafe zu scheren, damit die Ehre und Ruhe des Herrentages vollkommen beachtet werde. Doch sollen sie von überall her zur Meßfeier in die Kirche kommen und Gott loben, ob all des Guten, das er uns an diesem Tag erwiesen hat.«*

… über das Mittelalter …

Im Mittelalter werden die Tage der Arbeitsruhe stark ausgeweitet. Regional unterschiedlich gab es jährlich bis zu 190 Sonn- und Feiertage, an denen nicht gearbeitet werden durfte. Die Trennungslinie zwischen den am Sonntag erlaubten und verbotenen Tätigkeiten bringt Erstaunliches zutage: Körperliche Arbeit wird verboten, geistige dagegen nicht!
Die Begründung: Geistige Arbeiten wie Studium oder Lehrtätigkeit entspringen den höheren Fähigkeiten des Menschen – also sind sie erlaubt.
Hand-werkliche Tätigkeiten dagegen entspringen den niederen Kräften des Menschen – also sind sie verboten.
Hier hat sich eine Sichtweise niedergeschlagen, deren Wurzeln in der griechischen Philosophie liegen: Geist und Körper sind unterschiedlich wertvoll (Dualismus). Diese unterschiedliche Bewertung war aber eigentlich dem Christentum fremd (sollte ihm fremd sein!).

… durch die Reformation …

Im späten Mittelalter und in der Reformationszeit wurden die kirchlichen Feiertage und die damit verbundene arbeitsfreie Zeit radikal zusammengestrichen.
Das ökonomisch aufstrebende Bürgertum in den Städten sah in den zahlreichen Feiertagen ein Hindernis für die wirtschaftliche Entfaltung. Die Reformatoren betonten den kultisch-liturgischen Charakter des Sonntags. Die sozialen und arbeitspolitischen Aspekte des Sonntags traten demgegenüber in den Hintergrund. Zwar sollte der Sonntag den jungen und armen Leuten auch als Ruhetag dienen. Sinn der Sonntagsheiligung nach Luther ist jedoch die gemeinsame Feier des Gottesdienstes und das Hören des Wortes Gottes.
Noch deutlicher als Luther läßt Calvin den Sonntag nur noch als Tag der Regeneration der Körperkräfte gelten. Im Rahmen der

reformatorischen Prädestinationslehre (= Vorherbestimmung des Menschen) galt der wirtschaftliche Erfolg als Hinweis auf den Segen Gottes. Deshalb war die Arbeitsruhe am Sonntag lediglich dafür zu nutzen, um an den Werktagen gründlicher und fleißiger arbeiten zu können.
Im Unterschied zur Entwicklung nach der Reformation auf dem europäischen Festland schlossen England und Schottland im 17. Jahrhundert unter dem Einfluß des Puritanismus streng an die jüdische Sabbattradition an. Der Sonntag wurde als allgemeiner Ruhetag vom Staat geschützt. Mit Ausnahme der Tätigkeiten, die unbedingt notwendig waren oder aus Barmherzigkeit getan wurden, waren alle anderen Arbeiten verboten. Untersagt waren auch öffentliche Feiern und Tanzveranstaltungen. – Dies hat sich bis in die jüngste Vergangenheit gehalten: Sportveranstaltungen waren noch vor wenigen Jahren in Großbritannien verboten.

… hin zur Industrialisierung …

Schon vor der Industrialisierung war der Sonntag als Tag der Ruhe auf dem europäischen Festland weitestgehend abgeschafft. Zwar bestanden nach wie vor Gesetze zur Einhaltung der Sonntagsruhe. Ihre Beachtung kontrollierten die zuständigen Behörden jedoch nur so weit, daß die Sonntagsgottesdienste nicht gestört wurden. Verboten waren deshalb Viehversteigerungen und Märkte zu den sonntäglichen Gottesdienstzeiten.

Vor allem auf dem Lande: Der Gottesdienst bot für vieles Gelegenheit

Vor allem aus katholischen ländlichen Gegenden wissen wir bis in die 50er Jahre unseres Jahrhunderts hinein um Gewohnheiten (»Bräuche«) um den Sonntagsgottesdienst herum, die recht wenig mit diesem selbst zu tun hatten. Aber sie gehörten einfach zum Besuch des Gottesdienstes dazu:

Die in Latein »gehaltene« Messe konnte von den Menschen nicht verstanden werden – und die »eigentliche, richtige« Messe begann im Bewußtsein der Gottesdienstbesucher erst nach der Predigt. Die Frauen, Kinder und Jugendlichen nahmen an der Messe natürlich von Anfang an teil; vor allem die letzteren standen dabei unter der strengen Aufsicht von Lehrern oder der »Kirchenpolizei« (regional unterschiedlich auch »Kirchenschweizer« oder »Kirchenweibel« genannt). Viele Männer dagegen standen regelmäßig bis nach der Predigt auf dem Kirchenvorplatz herum, rauchten dort ihre Zigarre und tauschten Neuigkeiten aus.

Diese Zeit und die Zeit nach dem Gottesdienst war für viele ein wichtiges Motiv zum Kirchgang. Wann traf man sonst schon mit so vielen zusammen, mit denen man das aktuelle Dorfgeschehen diskutieren konnte! Für die Bauern von entlegenen Höfen war dies auch eine günstige Gelegenheit, verschiedene Geschäfte, wie etwa den Ankauf oder Verkauf einer Kuh, die Bezahlung von Rechnungen oder das Ausfüllen von amtlichen Formularen zu erledigen. Einzelne Geschäfte waren schon während der Messe – vor allem in den hinteren Kirchenbänken oder »unterm Turm« – besprochen worden. Es ist oft vorgekommen, daß eine Kuh ihren Besitzer buchstäblich über die Kirchenbank hinweg wechselte. Eine gefragte Person nach der Messe auf dem Kirchplatz oder in der Wirtschaft – in den meisten Orten stand neben oder gegenüber der Kirche die Gastwirtschaft! – war fast überall der Viehhändler.

Darüber hinaus diente die Gemeinschaftsmesse den weltlichen Behörden dazu, offizielle Mitteilungen an die bürgerliche Gemeinde zu machen. In einzelnen Dörfern verlas der Gemeindeschreiber nach der Messe auf dem Kirchplatz Mitteilungen über das politisch-soziale Geschehen. – Natürlich auch, daß in den meisten »Kirchdörfern« der Lebensmittelladen nach der Messe öffnete und so den Kirchgängern Gelegenheit bot, für die nächste Woche einzukaufen…

Auch das Interesse der Kirche an der Sonntagsruhe erschöpfte sich darin, daß die Gottesdienste nicht gestört wurden. Sie leisteten zu Beginn der Industrialisierung deshalb auch keinen Widerstand gegen die zunehmende Aushöhlung des Verbotes der Sonntagsarbeit. So wird aus dem badischen Raum berichtet, daß die Zeit der Frühmessen am Sonntagmorgen dem Arbeitsbeginn in den Fabriken angepaßt wurde. Es darf also nicht verwundern, daß bei einem so geringen Widerstand gegen das Regime der Arbeit der Sonntag als arbeitsfreier Tag im 19. Jahrhundert fast abgeschafft war.
Erst wegen des schlechten Gesundheitszustandes der militärpflichtigen jungen Männer kamen in den dreißiger und vierziger Jahren des vorigen Jahrhunderts Überlegungen auf, die bestehenden Arbeitszeiten zu verkürzen. In diesem Zusammenhang wurde 1859 in Preußen ein Verbot der Nacht- sowie der Sonntags- und Feiertagsarbeit für Jugendliche erlassen. Zehn Jahre später legte die »Gewerbeordnung des norddeutschen Bundes« fest, daß niemand zur Arbeit an Sonn- und Feiertagen gezwungen werden dürfe. In der Praxis hatte dieses Gesetz jedoch kaum Auswirkungen. Wegen der fehlenden Gegenmacht von Gewerkschaften, bei gleichzeitig niedrigen Löhnen und einem Überangebot von Arbeitskräften waren die Arbeitnehmer/-innen der Willkür der privaten wie öffentlichen Arbeitgeber total ausgeliefert.

… über Achtzehnhunderteinundneunzig …

Gegen den Widerstand des Reichskanzlers Otto von Bismarck und großer Teile der deutschen Industrie, aber mit Unterstützung Kaiser Wilhelm II., verabschiedete der deutsche Reichstag 1891 die Gewerbeordnung. Sie sah ein generelles Arbeitsverbot an Sonn- und Feiertagen vor:

»Im Betriebe von Bergwerken, Salinen, Aufbereitungsanstalten, Brücken und Gruben, von Hüttenwerken, Fabriken und Werkstätten, von Zimmerplätzen und anderen Bauhöfen, von Werften und Ziegeleien

sowie bei Bauten aller Art dürfen die Arbeiter an Sonn- und Feiertagen nicht beschäftigt werden.«

§ 105, Abs. 1 der Gewerbeordnung von 1891

Zweifelsohne stellt das Gesetz von 1891 einen rechtshistorischen Durchbruch dar: Es verbot die Arbeit an Sonn- und Feiertagen. Trotzdem machte auch diese Gewerbeordnung die Sonntagsarbeit nicht völlig unmöglich. Sie sah zahlreiche Ausnahmeregelungen vor. Diese betreffen vor allem solche Arbeiten,

- die aus technischen, biologischen und physikalischen Gründen notwendig sind;
- die im öffentlichen Interesse liegen;
- die der Be- und Verarbeitung leicht verderblicher Güter dienen.

Die Fülle der Ausnahmeregelungen veranlaßte Kritiker dazu, von einer Durchlöcherung des Gesetzes zu sprechen.

… über Neunzehnhundertneunzehn bis heute

Die Weimarer Reichsverfassung von 1919 hat durch den eingangs zitierten Artikel 139 der Sonn- und Feiertagsruhe eine verfassungsrechtliche Garantie gegeben. In diesem Artikel gingen zwei verschiedene Interessen eine Koalition miteinander ein: die Kirchen und die Arbeiterbewegung. Während es den Kirchen vor allem um die kirchliche Sonntagsfeier ging, war für die Arbeiterbewegung die sozialpolitische Forderung nach einem wöchentlich garantierten Ruhetag entscheidend. Dies drückt sich auch in der Formulierung des Artikels 139 aus: Sowohl die »Arbeitsruhe« als auch die »seelische Erhebung« werden als Zielsetzung der Bestimmung aufgenommen.

Das Grundgesetz der Bundesrepublik Deutschland hat die Weimarer Verfassung in diesem Punkt bestätigt und somit den Schutz des Sonntags in den Rang eines Verfassungsgebotes erhoben. Dies bedeutet: Das Arbeitsverbot am Sonntag kann nur mit der Mehrheit von zwei Drittel der Stimmen des Bundestages aufgehoben werden.

Regeneration des *ganzen* Menschen

Der Verlust des Sonntags und sein Ersatz durch das arbeitsfreie Wochenende allein befreit den Menschen keineswegs, sondern führt ihn erst recht in ganz neue Zwänge hinein. Dies zeigt sich vor allem daran: Auch die Freizeit gerät nun – genauso wie die Arbeitszeit des Alltags – unter enormen Leistungsdruck, wie die wirklich paradoxe und verräterische Neuschöpfung des Wortes »Freizeit-Industrie« glänzend dokumentiert…

Der faktische Sonntag ist in zweifacher Weise an den Alltag gekettet: erstens besteht seine Funktion darin, die Alltagsgedanken und Alltagsmenschen »im Feierlichen zu kaschieren«, sie hinaufzuheben, ohne den Alltag zu verändern; zweitens dient er beinahe ausschließlich der »Regeneration der Arbeitskraft«. Der etwas längeren Arbeitspause kommt die in der Werbung ausgedrückte Funktion der Coca Cola zu: »Mach mal Pause, schlürf deine Freizeit!«

Der christliche Sonntag will mehr: er will eine Regeneration des *ganzen* Menschen. Er macht dem heutigen Leistungsmenschen das humane Angebot einer Unterbrechung durch einen Tag schöpferischer Ruhe, in welchem der Mensch aus seinen zerstreuenden Tätigkeiten und anstrengenden Leistungen zu sich selber finden kann.

Kurt Koch

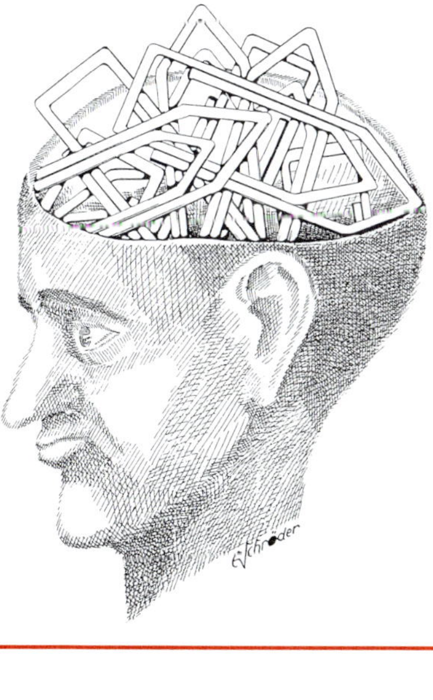

Angebot und Verbot des Sonntags
=
Hinweise und Verweise des Sonntags

Der Sonntag lädt uns ein...	Der Sonntag unterbricht...
* unseren Blick auf den Urheber des Lebens zu lenken, uns zu erinnern	* unsere Überheblichkeit: Wir selbst sind die Macher!
* einen zweck-freien Tag zu leben	* unsere Dauerfragen: Was habe ich davon? Was bekomme ich dafür?
* einen Tag der Gemeinschaft zu verbringen	* unsere Einstellung: Es geht zuerst um mich!
* den Tag der Befreiung aus Ängsten und Zwängen und Überheblichkeit zu feiern	* unsere Alltagserfahrung: Wir sind gefesselt durch verschiedenste Anforderungen!
* einen Schon-Tag der ganzen Schöpfung zu begehen, die Schöpfung zu genießen	* unseren egoistischen Ehrgeiz: Wir beuten die Erde total für uns aus!
* einen Ruhetag einzulegen, der Mut zu neuem Aufbruch macht	* unsere Sorge: Was muß heute, morgen ... erledigt werden?
* gegen die totale Vermarktung unseres Lebens zu protestieren, alternativ zu leben	* unser durchgängiges Denken: Was gibt es zu konsumieren? Was könnte ich noch mehr kaufen?
* Hinweise auf den Sinn unserer Arbeit zu suchen und zu finden	* unser rastloses Tun: Um des Geldverdienens willen ... Es muß halt sein ... Immer dasselbe ... ein Rädchen im Getriebe

»Gedenke des Sabbat: Halte ihn heilig!«
(Exodus 20,8)
Das Sabbat-Gebot ist ein Sabbat-Angebot

Nur ein Gebot – oder mehr?

Selbstverständlich...

... so haben viele von uns die Zehn Gebote gelernt:
»Ich bin der Herr, dein Gott.
1. Du sollst keine fremden Götter neben mir haben.
2. Du sollst den Namen Gottes nicht verunehren.
3. Gedenke, daß du den Sabbat heiligst...«
Ganz selbstverständlich sprechen wir Christen auch heute noch das dritte Gebot so aus. Wir formulieren es so noch heute, obwohl wir nicht den Sabbat, sondern den Sonntag meinen.

Wir Christen feiern den Sonntag, nicht den Sabbat.
Aber wir würden den Sonntag nicht feiern, wenn es nicht lange vor dem Sonntag den Sabbat gegeben hätte. Sabbat und Sonntag haben miteinander zu tun, gehören zusammen. Wenn das so ist, dann können wir wohl den Sonntag nur richtig und vollständig verstehen, indem wir auch den jüdischen Sabbat zu verstehen suchen.
Das Sabbat-/Sonntagsgebot kennen viele. Und viele wissen auch, daß es das dritte der Zehn Gebote ist. Und mancher erinnert sich vielleicht an ein Bild aus der alten Schulbibel. Da wurde Mose mit den beiden Gesetzestafeln dargestellt; auf der einen Tafel sind die ersten drei, auf der anderen die weiteren sieben Gebote eingemeißelt.
Aber ein Gebot kennen und hersagen können ist etwas ganz anderes, als dieses Gebot auch richtig zu verstehen. Und wieder etwas anderes kann es sein, diesem Gebot entsprechend zu leben, dieses Gebot zu »halten«.

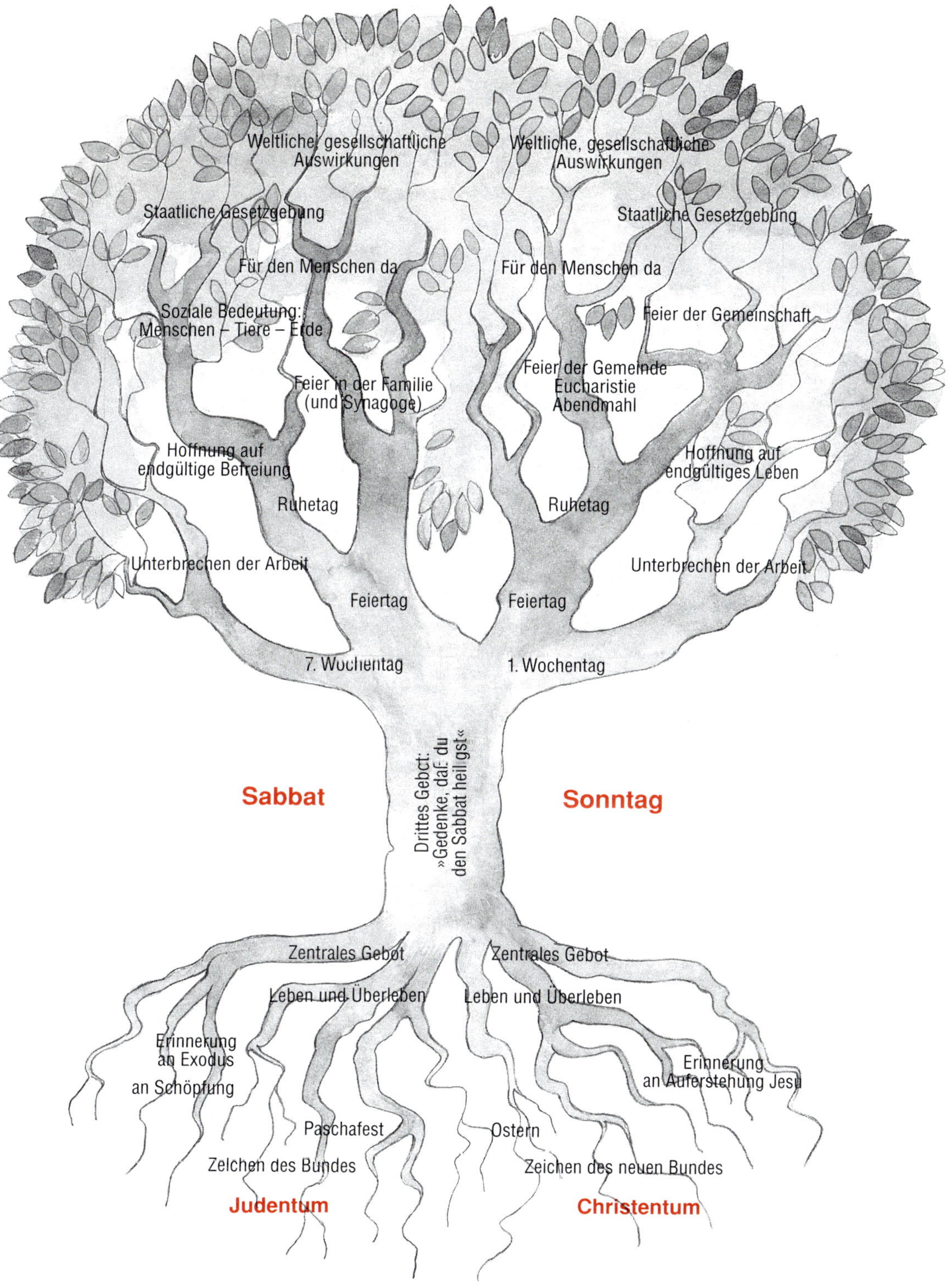
Weltliche, gesellschaftliche Auswirkungen
Weltliche, gesellschaftliche Auswirkungen
Staatliche Gesetzgebung
Staatliche Gesetzgebung
Für den Menschen da
Für den Menschen da
Soziale Bedeutung: Menschen – Tiere – Erde
Feier der Gemeinschaft
Feier in der Familie (und Synagoge)
Feier der Gemeinde Eucharistie Abendmahl
Hoffnung auf endgültige Befreiung
Hoffnung auf endgültiges Leben
Ruhetag
Ruhetag
Unterbrechen der Arbeit
Unterbrechen der Arbeit
Feiertag
Feiertag
7. Wochentag
1. Wochentag
Drittes Gebot: »Gedenke, daß du den Sabbat heiligst«
Sabbat
Sonntag
Zentrales Gebot
Zentrales Gebot
Leben und Überleben
Leben und Überleben
Erinnerung an Exodus
an Schöpfung
Erinnerung an Auferstehung Jesu
Paschafest
Ostern
Zeichen des Bundes
Zeichen des neuen Bundes
Judentum
Christentum

Selbstverständlich...

Ganz selbstverständlich

- ist der Sonntag in unseren Kalendern graphisch hervorgehoben
- betonen unterschiedlichste Wandkalender von x-beliebigen Firmen mit x-beliebiger Werbung den Sonntag durch rote Farbe
- teilen wir mit dem Sonntag unsere Zeit, unsere Woche ein
- leben wir alle (in der Regel) am Sonntag anders als an den All-Tagen der Woche
- haben die meisten Geschäfte am Sonntag geschlossen
- verzichten (noch) die öffentlichen Rundfunk- und Fernsehanstalten am Sonntag auf Werbespots
- finden wir am Sonntag keine Tageszeitung und keine Post in unserem Briefkasten

...

Der jüdische Sabbat – ein Angebot und Geschenk

Wer dieses Buch von vorn bis hierhin gelesen hat oder zumindest schon in die vorangegangenen Kapitel hineingeschaut hat, dem dürfte bereits etwas Wichtiges deutlich geworden sein: Das Sabbatgebot beruft sich auf zwei Glaubens-Wirklichkeiten Israels: »Gott hat uns befreit« und »Gott hat uns und die ganze Welt geschaffen«.

Zum Sabbatgebot kam es erst – das ist übrigens bei allen (sinnvollen) Geboten ähnlich –, nachdem Menschen deutlich wurde: Wenn wir als einzelne und als Gemeinschaft dieses Gebot der Sabbatheiligung halten, dann bekommen wir damit etwas angeboten, das unser Leben reicher macht. Oder noch klarer ausgedrückt: Da wurde Menschen zunächst einmal deutlich, daß der Sabbat ihnen etwas bringt, ihnen etwas schenkt oder gibt. Wenn dies jedoch die erste und wichtigste Erfahrung der Menschen ist, dann wäre es für sie widersinnig und dumm, dieses Geschenk und Angebot abzulehnen.

Sabbat: »Ihr seid befreit – lebt also befreit!«

Im Mittelpunkt des jüdischen Glaubens steht: Gott hat uns, sein Volk, aus der Sklaverei in Ägypten befreit. Zur Erinnerung an diese Befreiung ist der Sabbat als Gedenktag gesetzt. Wenn also die Befreiung ein Geschenk ist, dann ist auch die Erinnerung an diese Befreiung etwas Wohltuendes, dann ist auch der Sabbat ein Geschenk.

Der Sabbat in jüdischen Witzen

Welcher Rabbi ist der größte?

Einst unterhielten sich drei chassidische Juden darüber, welcher ihrer Rabbis der größte sei.
»Mein Rabbi«, sagte der erste, »wir waren auf einem offenen Bauernwagen unterwegs, da begann es heftig zu regnen. Da breitete der Rabbi die Arme aus – und was denkt ihr? – es regnete links vom Wagen, es regnete rechts vom Wagen – und in der Mitte, wo der Wagen fuhr, blieb alles trocken.«
»Das ist gar nichts«, sagte der zweite, »mein Rabbi heilte ein krankes Mädchen, für dessen Leben die Ärzte schon alle Hoffnungen aufgegeben hatten.«
»Nein«, sagte der dritte, »hört das größte Wunder. Wir fuhren an einem Freitag von Lublin nach Lodz, als der Zug in eine Schneewehe geriet und die Gleise erst freigeschaufelt werden konnten, als schon fast der Sabbat einbrach. Kein Rad mehr durfte sich wegen des Sabbats bewegen. Doch die Frauen froren, und die Kinder wimmerten vor Hunger. – Was tat da unser Rabbi? Er betete zu dem Allmächtigen und wirkte das größte Wunder: Links stand der Sabbat und rechts stand der Sabbat, aber mitten dadurch fuhr unser Zug.«

»Rabbi, darf ich am Sabbat...?«

»Rabbi, darf ich einen Floh am Sabbat töten?«
»Einen Floh? – Ja.«
»Und eine Laus?«
»Eine Laus? – Unter keinen Umständen.«
»Rabbi, wo bleibt da die Logik?«
»Dummer, was verstehst du denn nicht? – Laut Toragesetz darf man am Sabbat nur solche Arbeit verrichten, die sich unter keinen Umständen aufschieben läßt. – Der Floh hüpft dir davon, da kannst du nicht warten. Aber die Laus – die bleibt dir doch!«

Sabbat als Geschenk – das meint aus diesem Glauben an die Befreiung: An diesem Tag haben wir Menschen frei, an diesem Tag dürfen wir frei leben. An anderen Wochentagen – an den All-Tagen – sind wir eingebunden, eingezwängt durch die Notwendigkeit der Arbeit und des Lebensunterhaltes. Am Sabbat dagegen brauchen und dürfen wir uns nicht von der Arbeit versklaven lassen. Am Sabbat können wir uns sorglos dem Leben hingeben, können wir uns schöneren und angenehmeren Dingen widmen.
Sabbat als Geschenk – das meint: Es gibt im Leben noch anderes und Wichtigeres als den Druck der Arbeit und die Zwänge des Alltags mit all den Verpflichtungen und notwendigen Arbeiten. Der Lebensunterhalt ist nicht der ganze Lebensinhalt; der Lebensunterhalt braucht und darf nicht zum Lebensinhalt werden.
Sabbat als Geschenk – das meint in Erinnerung an den befreienden Gott: Wir Menschen können nicht alles selbst machen. Trotz unserer Anstrengungen, Bemühungen und Leistungen können wir uns selbst nicht befreien. Aber – und das ist eben *die* Botschaft und *das* Angebot des Sabbats – all das brauchen wir auch nicht. Da können und dürfen wir auf jemanden vertrauen, der sich »befreiender Gott« nennt. Er hat das Geschenk seiner Befreiung bereits im Exodus des Volkes Israel wahr gemacht.
Sabbat als Geschenk – das meint aber nicht nur mich, nicht nur den einzelnen, sondern alle: Das Geschenk der Befreiung und Freiheit sollen die Beschenkten nicht für sich behalten. Vielmehr sollen sie es an andere weitergeben, weiterschenken. Vor allem an die, die bei den so Beschenkten »in Arbeit« und Abhängigkeit stehen. Damit wird das Sabbat-An-Gebot zu einer sozial eminent bedeutsamen Angelegenheit.

Ausdrücklich werden deshalb im Alten Testament bei diesem dritten der Zehn Gebote die Personengruppen genannt, für die sich der Sabbat als Geschenk und Angebot – vor allem, erst recht! – erweisen soll. Es sind Personen, die sich in Abhängigkeit befinden, die schwächer sind: »Dein Sohn und deine Tochter… dein Sklave und deine Sklavin… die Fremden…«

Über diese abhängigen Menschen hinaus werden sogar noch die abhängigen Tiere genannt: »Dein Rind, dein Esel, dein ganzes Vieh...«
Und die Begründung für diese Aufzählung der Abhängigen und Schwachen ist diese eine: »Weil du selbst Sklave gewesen bist und ich dich aus deiner Sklaverei befreit habe, deshalb...«

Das ist eben nicht selbstverständlich...

... daß wir die Zehn Gebote und damit auch das dritte Gebot richtig gelernt haben. Wenn wir sie richtig gelernt hätten, dann würden wir sie auch richtig verstehen. Richtig verstehen können wir diese Gebote nur, wenn wir sie so formulieren:

»Weil ich, Jahwe, dein Gott, dich aus Ägypten geführt habe, aus dem Sklavenhaus...
Deshalb sollst du keine anderen Götter neben mir haben.
Deshalb sollst du den Namen Gottes nicht verunehren.
Deshalb gedenke, daß du den Sabbat heiligest.
Deshalb...

Das ist uns aber eben nicht selbstverständlich. Deshalb stehen wir Geboten so oft ablehnend und abwertend gegenüber und sagen:
»Gebote – sie engen mein Leben ein, machen mich unfrei, wollen mir was vorenthalten. Gebote kennen doch nur das Eine und wiederholen das ständig: ›Das darfst du nicht tun...! Das mußt du tun...!‹«

Sonntags-Tip * Sonntags-Tip * Sonntags-Tip * Sonntags-Tip * Sonntags-Tip

»Wichteln«: Einander wohltun

Kennen Sie das »Wichteln« als einen Brauch in der Adventszeit? – Wenn nicht, es geht so – übertragen auf jedes mögliche Wochenende:

Die Namen aller, die am Wochenende zusammen sind, werden – vielleicht am Freitagabend oder am Samstagmorgen – auf Zettel geschrieben, gefaltet und gemischt. Jede/r zieht nun einen Zettel (= Namen) und behält diesen Zettel, wenn ein anderer Name darauf steht als der eigene. Sonst muß der Zettel zurückgegeben und neu gemischt werden. Schließlich werden alle einen Zettel mit dem Namen eines anderen haben. – Die gezogenen Namen auf keinen Fall verraten!

Während des Samstags und/oder Sonntags sollen dann alle nach Gelegenheiten und Möglichkeiten suchen, wie sie für ihren Partner bzw. für ihre Partnerin »Wichtel« (Heinzel»männchen«) sein können. Das heißt: Sie oder ihn positiv überraschen, ihr oder ihm einen Gefallen tun… Wichtig dabei ist: Dieses Positive möglichst unauffällig tun – denn »Wichtel« geben sich nicht zu erkennen!

Natürlich können auch »falsche Fährten« gelegt werden, indem ich nicht nur meinen Partner/meine Partnerin positiv überrasche, sondern auch jemand anderen. – Das wäre alles andere als schlimm… – Ob wir am Ende der vereinbarten Zeit alle unseren »Wichtel« nennen können? Gibt es da womöglich Überraschungen bei der Auflösung?

Klar, daß sich »Wichteln« bei verschiedensten Gelegenheiten »spielen« läßt: in der Familie über ein ganzes Wochenende, im Urlaub, mit Besuch zusammen, bei Freizeiten und Wochenenden unterschiedlichster Gruppen…

Sonntags-Tip * Sonntags-Tip * Sonntags-Tip * Sonntags-Tip * Sonntags-Tip

---

Sabbat: »Ihr seid von Gott geschaffen – erschöpft also die Schöpfung nicht!«

Im Laufe der Zeit kommt das Volk Israel zu einer Glaubenserkenntnis, die die bisher engen Grenzen um dieses kleine Volk sprengt und niederreißt. Die Juden bekennen jetzt: Unser befreiender Gott ist nicht nur der Gott dieses kleinen Volkes. Nein, er ist zugleich der befreiende Gott aller Menschen und der ganzen Welt.
Warum? – Dieser Gott hat die ganze Welt und den Menschen in ihr geschaffen; alles hat in ihm seinen Ursprung. Alles in der Welt ist für den Menschen geschaffen, ist ihm geschenkt, damit er lebe und überlebe.

Aber Welt und Mensch, Erde, Pflanzen und Tiere, sie alle brauchen, um leben und überleben zu können, immer wieder, regelmäßig Phasen der Ruhe und des Ausruhens. Der Mensch würde die Welt und sich selbst kaputtmachen, wenn er unentwegt (»unerschöpflich«) die Erde »sich unterwerfen und sie beherrschen« wollte. Der Mensch würde der Welt und sich selbst die Grundlage zum Leben und Überleben entziehen, wenn er ständig, ununterbrochen (»unerschöpflich«) die Erde ausnutzen und ausbeuten wollte.
Das bleibende Angebot für die Menschen aller Zeiten können wir aus der biblischen Schöpfungsgeschichte (Genesis 1,1 – 2,4) so »übersetzen«:

»Ich selbst, der Gott, der die Welt und Dich schuf, konnte meine Schöpfung erst dadurch vollenden, indem ich mir und ihr die Ruhe schenkte. – Du, Mensch, wirst erst dann die Welt ›vollenden‹, das heißt sie sinnvoll nutzen, wenn Du ihr und Dir selbst Ruhe schenkst, wenn Du ihr und Dir selbst Pausen gönnst. Sinnvolles Leben – menschen-, schöpfungs- und gottesgerechtes Leben – wird Dir nur dann gelingen, wenn Du Dir selbst Ruhe schenkst und der Schöpfung Ruhe schenkst, wenn Du Dir auch die Ruhe für Gott nimmst. Dafür bietet der Sabbat Gelegenheit, dazu will Dir der Sabbat ein Angebot sein.«

Also auch hier: Der Sabbat will nicht zuerst ein Gebot, erst recht nicht eine Schikane oder eine Einengung für den Menschen sein. Ganz im Gegenteil: Ruhen, Pause machen, Aufhören, Aufatmen, Zu-sich-selbst-Kommen, Sich-besinnen auf den Urheber des Ganzen – das ist Angebot und Geschenk. Das ist letztlich das einzig wahre An-Gebot, um menschenwürdig leben und mit der Mitwelt (Schöpfung) überleben zu können. – Wenn das aber so ist, dann ist doch nur konsequent, dieses An-Gebot als lebensförderndes Gebot auch zu beachten, das Sabbat-An-Gebot zu »halten«.

Der Sabbat in jüdischen Witzen

Vom Sabbat leben

»Ich lege in meinem Geschäft jeden Tag drauf.«
»Lieber Himmel, wovon lebst du denn?«
»Nun – am Sabbat und am Sonntag habe ich ja zu.«

Geschäftsmann

Am Sabbat steht ein Jude im Eingang seines Geschäfts. »Kommen Sie herein«, ruft er den Passanten zu. »Ich verkaufe Ihnen diese schöne Hose zum halben Preis!« Einer der Passanten, ein frommer Jude, fragt den Geschäftsmann vorwurfsvoll: »Wie, am Sabbat wollt Ihr Geschäfte machen?«
Hierauf der andere: »Ich will diese Hose zum halben Preis verkaufen, und das nennt Ihr ein ›Geschäft‹?«

Ausrede

Im Ersten Weltkrieg besichtigt ein Leutnant die berühmte Synagoge eines kleinen Ortes in Galizien, und zwar am Sabbat.
Nach der Besichtigung sagt er dem Synagogendiener: »Ich würde dir ja gerne Geld geben – aber am Sabbat ist das ja verboten.«
Darauf der Synagogendiener: »Nu, Herr Laitnantleben, Gott der Gerechte, er mecht froh sein, wenn im Krieg die Lait nichts täten Ärgeres, als nehmen Geld am Sabbat.«

Logisch

Ein Ungläubiger erklärt: »An Gott glaube ich nicht. Aber an die Auferstehung der Toten glaube ich.«
»Wo bleibt denn da die Logik?« fragt ein gläubiger Jude.
Der Ungläubige antwortet: »Wenn ein Jude am Sabbat soviel Schnaps, Wein, Tee in sich hineingießt und dazu noch Unmengen von fetten Speisen und Süßspeisen in sich hineinstopft und dennoch vom Mittagsschläfchen lebendig wieder aufsteht – dann ist auch an der Auferstehung der Toten nicht mehr zu zweifeln.«

(Täte uns nicht manchmal diese Art von Humor, der sich selbst auf den Arm nimmt, auch ganz gut?)

Das Sabbat-An-Gebot – Wie der Rahmen einer Doppeltür

Wir haben bereits das Bild mit Mose und den zwei Steintafeln erwähnt. Üblicherweise stehen auf der ersten Tafel die Gebote eins bis drei, auf der zweiten Tafel die Gebote vier bis zehn. – Vielleicht ist in Verbindung mit solcher Bilddarstellung auch dies noch in unserer Erinnerung: Die ersten drei Gebote handeln vom Verhalten des Menschen zu Gott, die folgenden sieben vom Verhalten der Menschen untereinander. – Im Bild der zwei Steintafeln bildet das dritte Gebot – als letztes auf der ersten Tafel – gleichsam die Brücke oder den Übergang. Brücke und Übergang nicht nur für die beiden Tafeln des Mose, vielmehr Brücke und Übergang zwischen Mensch und Gott.

Wir dürfen das auch so interpretieren: Mit dem »Halten des Sabbat-Gebotes« lassen wir uns nicht nur auf einen Auftrag ein, der uns zu einem richtigen Ver-Halten Gott gegenüber an-hält. Gleichzeitig markiert dieses An-Gebot ein richtiges Ver-Halten unseren Mitmenschen gegenüber. – Oder wenn wir diese Aussage variieren wollen: Das Sabbat-An-Gebot verdeutlicht, daß sich ein bestimmtes Verhalten Gott und den Menschen gegenüber entsprechen. – Oder noch einmal anders: Das Eine – unser Verhalten gegenüber Gott – geht nicht ohne das andere – unser Verhalten gegenüber den Menschen. Glauben und Leben dürfen nicht voneinander getrennt werden, sie haben einander zu entsprechen.

Gott begegnen

Eine jüdische Geschichte

Ein frommer Rabbi besuchte jeden Sabbat die Synagoge und jeden Tag den Tempel und hatte es in seinem Glaubensleben schon weit gebracht. Da wünschte er sich, seinem Gott einmal leibhaftig zu begegnen und brachte ihm seine Bitte vor: »Jeden Tag komme ich in den Tempel, um dich zu besuchen. Jetzt wäre es mir eine große Freude, wenn du einmal in mein Haus kommen würdest und mich besuchtest.«

»Ich komme morgen«, sagte Gott, »mach mir alles bereit.«

Der fromme Rabbi lief nach Hause und traf mit Eile und Geschick die notwendigen Vorbereitungen. Kostenaufwendig waren sie zudem. Aber der fromme Mann scheute kein Hindernis – am Abend des Tages war für das kommende Ereignis alles bereitet.

Der nächste Tag begann in der Frühe mit der innerlichen und äußerlichen Reinigung, die zum Leidwesen des Rabbi nicht ganz ungestört verlief, da ein Kind, angelockt vom Duft der vorbereiteten Süßspeisen, um einen kleinen Kuchen bat. »Morgen bekommst du deinen Kuchen«, vertröstete der fromme Rabbi. »Heute kommt Gott. Geh jetzt, du störst.«

Gott ließ auf sich warten. In die erwartungsvolle Atmosphäre platzte ein müder Reisender hinein, als es um die Mittagszeit zuging. »Nein, heute nicht«, sprach der Rabbi. »Morgen kommst du an die Reihe. Geh inzwischen zu meinen Nachbarn. Heute kommt Gott. Du störst.«

Der Tag verging, aber Gott ließ sich nicht blicken. Als die Spannung fast nicht mehr auszuhalten war, klopfte ein drekkiger, kranker Bettler an die Tür. »Nein«, scheuchte ihn der Rabbi fort, »nicht heute, morgen ist soviel da, wie du willst. Heute kommt Gott, er muß sogar jede Minute hier eintreffen. Weg mit dir. Du störst.«

Aber Gott kam nicht. Voller Zorn und Enttäuschung legte sich der fromme Mann schlafen.

Am nächsten Morgen war sein Zorn nicht verraucht und er überhäufte Gott im Tempel mit Anklagen und wütenden Vorwürfen: »So oft bin ich zu dir gekommen. Ist es da zuviel, wenn du ein einziges Mal zu mir kommen sollst?!«

»Was willst du?« erwiderte ihm Gott, »dreimal war ich da, aber du hast mich nicht erkannt.«

Damit erhält das Sabbat-Gebot durch seine Stellung in der Reihe der Zehn Gebote eine herausragende Gewichtung. Es ist gleichsam der Türrahmen, in dem sich die beiden Flügel einer Tür öffnen hin zu Gott und hin zu den Menschen. Der eine Türflügel in diesem Rahmen: Wir verstehen uns und die Welt als von Gott geschaffen und beschenkt, als von Gott befreit und zur Freiheit berufen. – Der andere Türflügel in diesem Rahmen: Weil beschenkt und befreit, deshalb versuchen wir, unseren Mitmenschen gegenüber als Schenkende und Befreiende zu handeln.

Das Sabbat-Gebot stellt uns somit vor eine Alternative, vor ein Entweder – Oder:

Entweder wir betrachten uns als Menschen, die nur auf sich selbst verwiesen und angewiesen sind, die möglichst viel für sich erreichen und bekommen wollen, die unter dem Druck des Leisten-Müssens und des Alles-selber-machen-Wollens stehen, die nichts geschenkt haben wollen und nichts verschenken, die selbst die Mitte von allem sind…

Oder wir betrachten uns als Menschen, die sich von jemand anderem – von Gott – beschenkt und befreit wissen, die deshalb gelassen leben und auch mal Dinge lassen können, die sich durch Leistungs- und Arbeitsanforderungen nicht unterdrücken lassen, die außer sich selbst auch andere im Blick haben, die über den Augenblick hinaus auch auf die Zukunft anderer Menschen und der Mitwelt bedacht sind…

Entweder – Oder, an der konkreten Beantwortung dieser so oder anders zu formulierenden Alternativen entscheiden sich Leben und Überleben, Gegenwart und Zukunft der Menschen. Je nachdem, wie wir uns sehen – und daraufhin handeln, entscheidet sich, ob sich die Türflügel zu Gott und den Menschen hin öffnen oder ob sie verschlossen bleiben. Der Sabbat/Sonntag wiederum ist als An-Gebot von Gott her wie keines der anderen neun Gebote in der Lage, als Rahmen mit eingelassenen Scharnieren die Tür beweglich zu halten.

Gleiches Maß

Eine jüdische Geschichte

Einem, der den Sabbat unwissentlich entweiht hatte, weil sein Wagen gestürzt war, und der, wiewohl in gewaltsamem Laufschritt, die Stadt nicht vor Anbruch der heiligen Frist erreichte, erlegte der junge Rabbi Michael eine harte und lange Kasteiung als Buße auf. Der Mann hielt sich mit aller Kraft daran, das Vorgeschriebene zu erfüllen, merkte aber bald, daß sein Leib nicht standhielt, sondern zu kränkeln und nun auch das Gemüt zu schwächen begann.

Da erfuhr er, daß der Baalschem (ein wegen seiner Weisheit berühmter jüdischer Gelehrter) durch die Gegend reiste und sich in einem nahen Ort aufhielt; er ging hin, faßte sich ein Herz und bat den Meister, ihm für die Sünde, die er begangen habe, eine Lösung aufzuerlegen. »Trage ein Pfund Kerzen ins Bethaus«, sagte der Baalschem, »und laß sie zum Sabbat anzünden. Das ist deine Lösung.«

Jener meinte, sein Bericht habe nur ein halbes Gehör gefunden, und wiederholte sein Anliegen aufs eindringlichste. Als der Baalschem aber auf dem unbegreiflich milden Urteil beharrte, erzählte ihm der Mann, welch schwere Strafe über ihn verhängt worden war.

»Tu nur, was ich dir sage«, antwortete der Meister, »dem Rabbi Michael aber überbringe, er möge in die Stadt Chwostow kommen, wo ich den nächsten Sabbat halten will.« Aufgehellten Angesichts nahm der Bittsteller Abschied.

Dem nach Chwostow fahrenden Rabbi Michael brach unterwegs ein Wagenrad, und er mußte zu Fuß weiter. So sehr er sich beeilte – es dunkelte schon, als er die Stadt betrat, und als er die Schwelle des Baalschem überschritt, sah er ihn schon erhoben, die Hand am Becher, um den Segen über den Wein zum Eingeleit des Ruhetages zu sprechen. Der Meister unterbrach die Handlung und er redete den erstarrt Dastehenden an: »Gut Sabbat, Sündloser! Hattest das Leid des Sünders nicht geschmeckt, trägst niemals ein verzagtes Herz in dir – so war deine Hand leicht, Buße auszuteilen. Gut Sabbat, Sündiger!«

»Jeder soll am ersten Tag der Woche...« (1 Korinther 16,2)

Das Judentum hat der Welt den Sabbat geschenkt; das Christentum hat der Welt den Sonntag geschenkt.

Sabbat und Sonntag, das sind zwei verschiedene Tage. Aber in ihrem An-Gebots-Charakter leben sie aus derselben Wurzel, möchten sie den Menschen dieselbe Zusage machen.

Ursprung und Zusage des Sonntags beziehen sich – genauso wie beim Sabbat – auf eine (von Menschen geglaubte) Tat Gottes: Gott hat seinen Sohn Jesus nach dessen Kreuzestod nicht dem Tod überlassen, sondern ihn zu neuem Leben auferweckt.

Für Christen ist dieser Glaube an die Auferweckung Jesu vom Tod zum Leben der Kern und die Grundlage für alle anderen Glaubenswahrheiten und -überzeugungen. Der Glaube an die Auferweckung Jesu beinhaltet die Zusage, daß das Leben stärker ist als der Tod, daß auch für uns Menschen am »Ende« nicht der Tod, sondern das Leben stehen wird.

Der christliche Sonntag führt damit – so können wir es ausdrücken – den jüdischen Sabbat auf die Spitze: Von Gott sind wir nicht nur

befreit, getragen und geborgen in der kurzen Spanne unseres Lebens auf der Erde. Von Gott sind wir befreit, getragen und geborgen über dieses Leben und über diese Zeit hinaus. Dies drücken wir Christen in dem Begriff »ewiges Leben« aus.
Für Christen war es deshalb von Anfang an *das* zentrale und unaufgebbare Gebot, sich am Auferweckungstag Jesu, am Tag nach dem Sabbat, also am ersten Tag der Woche, zu versammeln.
Warum? – Weil es nicht reichen konnte, sich nur einmal im Jahr, zu Ostern, zu versammeln, um sich der Auferweckung Jesu zu erinnern. Genauso war es ja auch bei den Juden: Auch ihnen reichte es nicht, sich nur einmal im Jahr, zum Paschafest, an ihre Befreiung aus Ägypten zu erinnern.
Nein, diese Erinnerungs-Versammlung mußte wöchentlich sein, an *jedem* ersten Wochentag, der dann den Namen »Tag des Herrn« bekam.

Für die Christen war es also von Anfang an selbstverständliches Gebot, sich zur Eucharistiefeier, zur Erinnerung an die Auferstehung Jesu, zu treffen. Sie wollten dieses Zentrum des eigenen Glaubens nicht vergessen; sie wollten sich wöchentlich in Gemeinschaft der darin enthaltenen Zusage an sie selbst vergewissern: Weil Jesus lebt, ist unser Leben vom Tod befreit. Wenn wir uns an Jesus und sein Leben erinnern, wenn wir in seiner Spur zu leben versuchen, dann erhalten wir und behalten wir Anteil an seinem Leben.
Das Sonntags-Gebot »halten« – das hieß also von Anfang an: Sich regelmäßig – Sonntag für Sonntag – in der Glaubensgemeinschaft erinnern und vergewissern, daß uns Leben zugesagt, angeboten ist. Dies ist ein Grund zum Feiern, zum Danken, zum Loben – und auch zum Bitten, um dieser Zusage im eigenen Alltagsleben zu entsprechen.
In den ersten frühchristlichen Jahrhunderten reichte »zum Halten des Sonntags« dieses An-Gebot der Zusammenkunft zur Eucharistiefeier. Die Feier der Eucharistie war identisch mit der Feier des Sonntags. Sonntags an der Eucharistie in der Gemeinschaft der Gemeinde teilzunehmen, das war am Anfang und von Anfang

Eine Mahnung der frühen Kirche

Am Herrentag des Herrn aber versammelt euch, brecht das Brot und feiert die Eucharistie, nachdem ihr zuvor eure Sünden bekannt habt, damit euer Opfer rein sei. Es soll aber keiner, der mit seinem Nächsten Streit hat, sich versammeln, bis sie sich ausgesöhnt haben, damit euer Opfer nicht entweiht werde.

Didache, um 100 n.Chr.

»Am achten Tag müssen die Christen zusammenkommen«

Aus apostolischer Überlieferung, die ihren Ursprung auf den Auferstehungstag Christi zurückführt, feiert die Kirche Christi das Pascha-Mysterium jeweils am achten Tage, der deshalb mit Recht Tag des Herrn oder Herrentag genannt wird. An diesem Tag müssen die Christgläubigen zusammenkommen, um das Wort Gottes zu hören, an der Eucharistiefeier teilzunehmen und so des Leidens, der Auferstehung und der Herrlichkeit des Herrn Jesus zu gedenken und Gott dankzusagen, der sie »wiedergeboren hat zu lebendiger Hoffnung durch die Auferstehung Jesu Christi von den Toten« (1 Petrus 1,3). Deshalb ist der Herrentag der Ur-Feiertag, den man der Frömmigkeit der Gläubigen eindringlich vor Augen stellen soll, auf daß er auch ein Tag der Freude und der Muße werde. Andere Feiern sollen ihm nicht vorgezogen werden, wenn sie nicht wirklich von höchster Bedeutung sind; denn der Herrentag ist Fundament und Kern des ganzen liturgischen Jahres.

Liturgie-Konstitution des II. Vatikanum, Nr. 106

an für die Christen selbstverständlich, das war gleichsam ihr Erkennungszeichen: »Christen sind diejenigen, die sich am ersten Tag der Woche (am Tag nach dem Sabbat) zur Eucharistie treffen.« Später wurde diese anfängliche Selbstverständlichkeit in der katholischen Kirche in einem sogenannten »Kirchengebot« so formuliert: »Du sollst an allen Sonn- und Feiertagen an der heiligen Messe teilnehmen (eine heilige Messe mit Andacht hören!).« Der Grund: Das An-Gebot wurde für viele – nicht erst heute, auch schon in früheren Jahrhunderten – zu einer Pflicht, zu einer lästigen Verpflichtung, der »man« nachzukommen hatte. Als nun viele diese Pflicht nicht mehr beachteten, da trat die (katholische) Kirche dieser Entwicklung mit ihrem zusätzlichen Kirchengebot entgegen und drohte bei Übertretung mit Sündenstrafen.

nicht dem Druck des Gebotes gebeugt

ihr sollt nicht kommen
dem Trott der Gewohnheit folgend
dem Zwang der Verhältnisse dienend
dem Druck des Gebotes gebeugt:
ohne Wunsch
ohne Willen
ohne Freiheit
ohne Freude;
Mit der Liebe
die nichts für sich behält
lade ich euch ein

als Bruder als Freund
als der
dem ihr alles bringen dürft
was euch freut
was euch quält
was euch ängstigt
was euch zornig macht
warte ich auf euch

als der
der eure Hingabe fordert
euren Einsatz verlangt
euer Ja zu Bruder und Schwester will
rufe ich euch her:
Damit ihr gesättigt sättigen könnt
damit ihr getröstet Trost verschenkt
damit ihr geliebt zu Liebenden werdet

Christa Peikert-Flaspöhler

Warum eigentlich?

Bei Treffen mit katholischen Jugendlichen und Erwachsenen zu Themen wie »Heute Christ sein«, »Glauben leben«, »Sonntag feiern« ... wird häufig – überwiegend von Eltern und Großeltern – die Frage gestellt: »Nun sagen Sie mal klipp und klar: Gilt das Kirchengebot, daß wir Katholiken sonntags die Messe besuchen müssen, eigentlich noch oder gilt es nicht mehr?«

So oder ähnlich wird meist gefragt aus der belastenden Erfahrung und Sorge heraus, daß die eigenen Kinder und/oder Enkel sonntags nicht mehr (regelmäßig) zur Kirche gehen. Dahinter stehen – unausgesprochen – aber (auch) ganz andere Fragen, etwa:

* »Habe ich, haben wir in der Erziehung unserer Kinder etwas falsch gemacht?«
* »Ist es eine Sünde, am Sonntag nicht an der Eucharistiefeier teilzunehmen? Was sind die Strafen für solche Sünden...?«
* »Hat ›die Kirche‹ uns etwas Verkehrtes beigebracht? Sieht ›die Kirche‹ heute die Dinge selbst ganz anders? Sind wir früher für dumm verkauft worden?«
* »Mir/uns fällt es doch auch nicht immer leicht, das Sonntagsgebot des Meßbesuches zu halten. Bekommen andere den Himmelslohn ›zu ermäßigten Preisen‹?«...

Von anderen werden etwa diese Einwände gegen die »Sonntagspflicht« vorgebracht:

* »Man kann auch ein guter Christ sein, ohne jeden Sonntag in die Kirche zu laufen!«
* »Die Evangelischen haben nicht das Sonntagsgebot wie die Katholiken. Sind die denn deshalb schlechtere Christen als wir? – Doch wohl nicht!«
* »Die meisten gehen ja doch nur aus Gewohnheit. Außerhalb des Gottesdienstes merkt man an ihnen nicht das Geringste, daß der Gottesdienst sie verändert hätte.«

* »Ich finde in der Kirche doch keine Gemeinschaft, auch wenn im Gottesdienst so viel davon geredet wird!«

* »Der Gottesdienst in der heutigen Form ist überholt und gibt mir nichts. Deshalb gehe ich gar nicht erst hin; dann brauche ich mich auch nicht zu ärgern.«

* »Ich gehe nur, damit es zu Hause keinen Krach gibt. Sonst wäre es jeden Sonntag mit dem Sonntagsfrieden vorbei.«

* »Wenn die Sonntagsmesse nicht in mein Sonntagsprogramm paßt, dann gehe ich nicht oder ersatzweise werktags.«

* »Bei mir in der Familie, in meinem Freundes- und Bekanntenkreis geht auch niemand zur Kirche. Wenn möglich, gehe ich einmal im Monat, das reicht doch!«

* »Ich bete lieber zu Hause. Ich brauche mein Christsein nicht auf den Markt zu tragen. Und im Wald kann ich auch fromm sein und an Gott denken.«

Sicher sind Ihnen auch solche Fragen und Einwände bekannt. Welche Antworten würden Sie versuchen? Überlegen Sie doch einmal! Sprechen Sie doch mit anderen darüber!
Bei Antworten oder Gegenargumenten werden wir wohl auch ganz persönliche Fragen an uns herankommen lassen müssen:

* Warum bin ich früher als Kind sonntags regelmäßig zur Kirche gegangen? Was war mir damals wichtig oder hat mich motiviert?

* Warum gehe ich eigentlich heute?

* Warum gehe ich heute nicht mehr (regelmäßig)?

* Warum möchte ich, daß auch andere – allen voran meine Kinder – sonntags den Gottesdienst besuchen?

»Und wenn die eigenen Kinder sich sonntags nicht mehr zur Kirche bewegen lassen?«

Unsere beiden Töchter sind inzwischen 13 bzw. 14 Jahre alt geworden. Bisher war es ganz selbstverständlich: Sonntag für Sonntag gingen wir gemeinsam zur Kirche. Daß sie mitgingen, war gar keine Frage, das stand gar nicht zur Diskussion. Wir besuchten die normalen Gemeinde-Gottesdienste oder Kinder- / Familien-Gottesdienste, wenn diese angeboten wurden. Unsere Töchter wurden Ministrantinnen; sie trafen ihre Freundinnen vor oder nach dem Gottesdienst...
Heute ist das schon problematischer geworden. Das fraglose Mitgehen, die selbstverständliche Teilnahme am Sonntagsgottesdienst hat sich gewandelt in Widerstand und Anfragen:

»Müssen wir heute wieder in die Kirche?«
»Das ist doch so langweilig, das ödet mich an!«
»Die anderen aus der Klasse gehen auch nicht.«
»...«

Noch gehen sie – wenn auch manchmal mürrisch – sonntags mit. Aber wir Eltern sehen die Zeit kommen, da wird die »Macht der Gewohnheit« so vieler zurückliegender Jahre nicht mehr helfen. Vielleicht wird schon bald aus dem »halb-freiwilligen« Mitgehen starker Protest. Vielleicht wird schon bald unser »sanfter Druck« bei der einen und/oder anderen Tochter ein eindeutiges »Nein!« hervorrufen. – Vor einer solchen möglichen Zukunft habe ich Angst, war doch der Sonntagsgottesdienst in unserer Familie über lange Jahre ein wichtiger Bestandteil unseres gemeinsamen Lebens.
Ich weiß es noch nicht, ob die Entwicklung so laufen wird, oder ob unsere Kinder in den nächsten Jahren den wohltuenden Sinn des Sonntagsgottesdienstes entdecken werden. Ich weiß nur, daß

ich sie irgendwann nicht mehr drängen und erst recht nicht mehr zwingen kann, sonntags regelmäßig den Gottesdienst zu besuchen. Und wenn sie sich gegen den Gottesdienst als wichtigen Teil ihres Sonntags und ihres Lebens entscheiden werden?

Dann hoffe ich, daß ich etwa so reagieren werde: Ich möchte sie nicht drängen und nicht zwingen. Ich möchte sie lassen, ihnen ihre Entscheidung lassen. Und ich möchte, daß durch ihre Gegen-Entscheidung nicht unser Sonntagsfrieden und unsere Zuwendung zu den Kindern zerstört werden. Aber ich möchte auch versuchen, ihnen den Sinn deutlich zu machen, warum der Besuch des Gottesdienstes am Sonntag gut und wichtig ist. Und ich möchte, daß unsere Kinder dann auch weiterhin an uns Eltern entdecken, daß wir sonntags nicht einfach »aus alter Gewohnheit« den Gottesdienst besuchen, sondern weil uns dies für den Sonntag wie für den Alltag eine Menge bedeutet.

Und ich hoffe nicht nur, sondern ich weiß auch dies: Die jahrelange selbstverständliche Übung des Gottesdienstbesuches wird bei den heranwachsenden Kindern nicht ohne Wirkung bleiben. Unser (weiteres) Tun als Eltern mit dem Gebet für den Lebensweg unserer Kinder wird für sie hilfreicher sein als Druck oder beleidigte und traurige Gesichter.

Das Wichtigste aber ist für mich dieses Hoffen und Wissen: Selbst wenn unsere Kinder später (sonntags) den Weg zur Kirche nicht mehr suchen und finden werden, Gott wird sie auch so weiter suchen – und finden.

Wir dürfen uns nicht verpflichtet fühlen, unsere Kinder, die wir zunehmend in vielen Lebensbereichen frei lassen, gerade in Fragen des Glaubenslebens an das zu halten und zu binden, was wir selbst für richtig und wichtig halten. Auch hier dürfen und müssen wir sie frei gehen lassen. Alles andere wäre Anmaßung und mangelndes Vertrauen in das versprochene weitere Mitgehen Gottes mit unseren Kindern.

H.R.

Die wandelnde Glocke

Es war ein Kind, das wollte nie
zur Kirche sich bequemen,
und sonntags fand es stets ein Wie,
den Weg ins Feld zu nehmen.

Die Mutter sprach: Die Glocke tönt,
und so ist dir's befohlen,
und hast du dich nicht hingewöhnt,
sie kommt und wird dich holen.

Das Kind, es denkt: Die Glocke hängt
da droben auf dem Stuhle.
Schon hat's den Weg ins Feld gelenkt,
als lief' es aus der Schule.

Die Glocke Glocke tönt nicht mehr,
die Mutter hat gefackelt.
Doch welch ein Schrecken! hinterher
die Glocke kommt gewackelt.

Sie wackelt schnell, man glaubt es kaum;
das arme Kind im Schrecken,
es läuft, es kommt als wie im Traum:
die Glocke wird es decken.

Doch nimmt es richtig seinen Husch,
und mit gewandter Schnelle
eilt es durch Anger, Feld und Busch
zur Kirche, zur Kapelle.

Und jeden Sonn- und Feiertag
gedenkt es an den Schaden,
läßt durch den ersten Glockenschlag,
nicht in Person sich laden.

Johann Wolfgang von Goethe

Ausfahrt
freihalten

Statistische Zahlen

In den letzten Jahrzehnten sind sowohl in der evangelischen wie auch in der katholischen Kirche die Zahlen der Gottesdienst-»Besucher« rapide zurückgegangen.

Rückgang des Gottesdienstbesuches sonntags bei Katholiken

In der (alten) Bundesrepublik Deutschland gingen regelmäßig sonntags zur Kirche:

Jahr	Insgesamt	Männer	Frauen
1963	55%	48%	61%
1976	34%	25%	42%
1983	22%		28%
1988	20%		

Das bedeutet:
In den 13 Jahren von 1963 bis 1976 ein Rückgang von 21%,
in den 12 Jahren von 1976 bis 1988 ein Rückgang von 14%,
in den 25 Jahren von 1963 bis 1988 ein Rückgang von 35%.
Zusätzlich Aufschluß geben statistische Zahlen über die Altersstruktur der Gottesdienstbesucher:

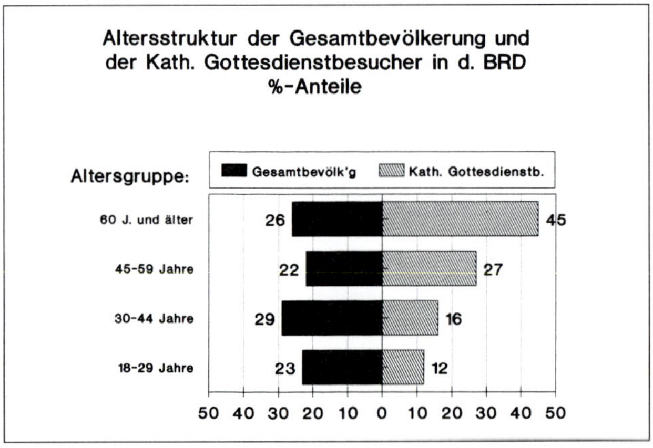

Quelle: Stat. Jahrbuch 1987 / 88

Die Menschen über 60 Jahre stellen knapp die Hälfte (45%) der regelmäßigen Kirchgänger; in der Gesamtbevölkerung macht diese Altersgruppe jedoch nur 26% aus.
Die unter 30jährigen stellen nur noch ein Achtel (12%) der regelmäßigen Kirchgänger; in der Gesamtbevölkerung macht diese Altersgruppe jedoch 23% aus.
Aufschlußreich für die Situation »vor Ort« dürfte es sein, diese mehr »globalen« Zahlen mit der entsprechenden Entwicklung in der eigenen Gemeinde in Beziehung zu setzen!

Mit einer stärkeren Betonung von Gebot und Pflicht oder gar mit Androhung von Sündenstrafen wird der heute zu beobachtenden Entwicklung zu »immer leerer werdenden Kirchen am Sonntag« bestimmt nicht entgegengesteuert werden können.

Auf die Dauer werden Menschen wohl nur dann sonntags (regelmäßig) zum Gottesdienst zusammenkommen, wenn sie dort lebenswichtige Erfahrungen machen:

»Hier merke ich, daß ich eingeladen bin, und ich habe nicht das Gefühl, mich einer lästigen Sonntagspflicht entledigen zu müssen.«

▼

»Hier feiern wir wirklich ein Fest des Lebens und des Glaubens. Da wird nicht einfach eine Liturgie runtergespult.«

▼

»Hier kommt mein Leben mit seinen Sorgen und Hoffnungen, Ängsten und Freuden tatsächlich zur Sprache. Die brennenden Anliegen unserer Zeit und Welt bleiben nicht draußen vor der Kirchentür, sondern sind im Gottesdienst mittendrin.«

▼

»Hier fühle ich mich angenommen und verstanden. Hier kann ich kommen als derjenige oder diejenige, der/die ich tatsächlich bin.«

»Hier muß ich nicht zuerst etwas leisten und vorzeigen, um anerkannt zu werden.«

▼

»Hier erhalte ich Orientierung, Mut und Kraft für meinen Alltag morgen und übermorgen.«

▼

»Hier verstehe ich das, was gesprochen, gesungen und getan wird.«

▼

»Hier finde ich Ruhe und Stille, Zeit und Raum zum Nachdenken.«

▼

»Hier treffe ich Menschen, die mir auch außerhalb des Gottesdienstes wichtig sind – und denen ich wichtig bin.«

▼

»Hier versuchen Jung und Alt, Frauen und Männer, Reiche und Arme… aufeinander zuzugehen, sich kennenzulernen, sich zu verstehen und sich gegenseitig zu stützen.«

▼

»Hier begegne ich einem Gott, der mich annimmt, der mir und uns vergibt, der uns liebt. Nicht jedoch einem Gott, der Angst macht, der strafen und uns klein halten will.«

▼

»Hier werden alle diese mir wichtigen Wohltaten durch eine verständliche, konkrete und ermutigende Verkündigung (= Auslegung des Wortes Gottes) unterstützt.«

Was müssen wir tun?

Wir rufen die Christen auf, sich an den Sinn des Sonntags neu zu erinnern und den Sonntag zu heiligen. Nur wenn wir uns des religiösen Kerns bewußt bleiben und dies in unserem Leben auch praktizieren, wird es gelingen, die Sonntagsruhe in der Gesellschaft zu erhalten. Für die Sonntagsheiligung sind von Bedeutung: die Feier des Gottesdienstes in der christlichen Gemeinde. So wichtig für den einzelnen das persönliche Gebet und die Verbundenheit mit Gott sind, so bedeutsam ist doch auch das gemeinsame Gebet der Christen in der Versammlung der Gemeinde am Sonntag. Wenn wir uns Gott zuwenden, dann werden wir uns unserer Würde als »Bild Gottes«, wie es im Schöpfungsbericht heißt, bewußt. Gott ist der Grund des Menschen und seiner unantastbaren Rechte und Pflichten. Darüber hinaus sind die Getauften »einer in Christus« (Galater 3,28). Ihrer Berufung entspricht die gemeinsame Danksagung, die ihr Einssein in Christus bezeugt und vertieft...
Wir sollten uns auch fragen, wie der Sonntag als Ruhetag uns wirklich Muße und Erholung schenken kann. Ausruhen von ermüdender Arbeit, so unverzichtbar es ist, darf doch nicht gleichgesetzt werden mit Muße, mit der Ruhe, mit der Sonntagsruhe. Ausruhen soll verausgabte Kräfte wieder ersetzen; Muße ist eine schöpferische Ruhe von den ständigen Beanspruchungen und dem Streß des Alltags. Sonntagsheiligung ist Besinnung und Bewußtwerden des Sinns unseres Daseins, ist die Hinwendung zu Gott, unserem Schöpfer und unserem Ziel. Wir müssen wieder mehr Zeit für uns und füreinander haben. Dies ist nicht allein eine Frage der äußeren Verhältnisse, sondern auch unserer Einsicht und unserer Entschiedenheit: Wir dürfen nicht uns selbst den Sonntag stehlen...
Wir bitten alle Christen, bei der Planung und Durchführung von Veranstaltungen so zu verfahren, daß der Sonntag nicht durch unser eigenes Verhalten in Gefahr gerät. Kirchliche Veranstaltungen und Veranstaltungen kirchlicher Verbände und Einrichtungen am Sonntag müssen den Gottesdienst vorsehen, sei es als besonderen Gottesdienst, sei es als Teilnahme am Gottesdienst der Gemeinde. Christen müssen bei der Planung weltlicher Veranstaltungen darauf dringen, daß Gelegenheit zum Gottesdienst bleibt. Der Sonntag darf nicht durch häufige lange Veranstaltungen in der Nacht vom Samstag auf Sonntag entwertet werden.

Sorgen wir dafür, daß der Sonntag für uns und für unsere Mitwelt das bleibt, als was er gestiftet ist: der Tag des Herrn als ein Tag für den Menschen, ein Tag, der dazu dienen soll, daß der Mensch seine Würde und seine Bestimmung erfährt.

Unsere Verantwortung für den Sonntag.
Gemeinsame Erklärung der Deutschen Bischofskonferenz und des Rates der Evangelischen Kirche in Deutschland vom 25. Januar 1988

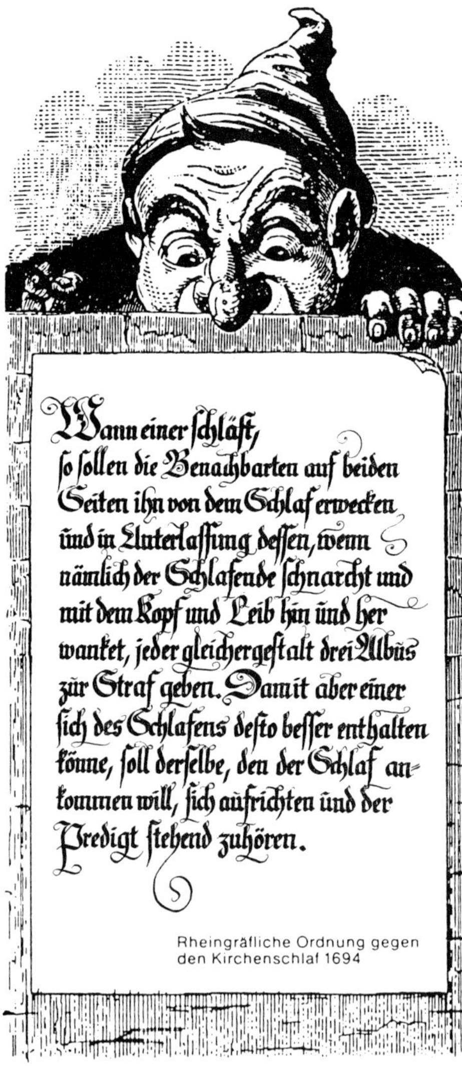

Rheingräfliche Ordnung gegen den Kirchenschlaf 1694

Den Gottesdienst besuchen – und dann...?

Für die einen hat der Gottesdienst einen festen Ort im Verlauf des Sonntags; für andere ist der Gottesdienst eine eher lästige Verpflichtung; für wieder andere bietet der Gottesdienst immer einen Streitpunkt, der den ganzen Sonntag vermiesen kann; in vielen Familien geht ein Teil regelmäßig zum Gottesdienst, ein anderer Teil nicht, darüber wird nicht weiter gesprochen ... Für viele – die meisten (Christen) – hat der Sonntag praktisch nichts mit dem Gottesdienst zu tun ...

Ein (neuer) Anreiz zum Gottesdienst kann vielleicht dadurch entstehen, daß wir unseren Besuch mit anderen Unternehmungen am Sonntag in Verbindung bringen.

Wir vereinbaren mit Freunden, gemeinsam einen Gottesdienst zu besuchen. Anschließend treffen wir uns in einer unserer Wohnungen, bereiten miteinander das Mittag- bzw. Abendessen zu und essen miteinander.

Wir besuchen – mit anderen zusammen – den Gemeindegottesdienst am Sonntagvormittag und gehen anschließend zum Gemeinde-Frühschoppen (sofern es ihn gibt). – Und mittags bleibt die Küche kalt!

Wir verbinden unseren Sonntagsausflug mit dem Besuch eines Gottesdienstes in einer sehenswerten Kirche oder am Ausflugsziel.

Wir informieren uns, wo es an diesem Sonntag einen Familiengottesdienst oder einen Gottesdienst für Jugendliche oder einen Gottesdienst mit besonderer Musik oder mit einem Chor... gibt. Dorthin fahren oder gehen wir; dabei lernen wir auch noch andere Kirchen in unserer Umgebung kennen...

Vielleicht finden wir so neuen Zugang zur eigenen Gemeinde oder eine festere Bindung zu einer anderen »Wahl«-Gemeinde –, denn Gottesdienst hat auch zu tun mit der Vertrautheit zu Menschen in der jeweiligen Gottesdienst-Gemeinschaft.

Wozu die Krücken?

Sieben Jahre wollt kein Schritt mir glücken.
Als ich zu dem großen Arzte kam
Fragte er: Wozu die Krücken?
Und ich sagte: Ich bin lahm.

Sagte er: Das ist kein Wunder.
Sei so freundlich, zu probieren!
Was dich lähmt, ist dieser Plunder.
Geh, fall, kriech auf allen vieren!

Lachend wie ein Ungeheuer
Nahm er mir die schönen Krücken
Brach sie durch auf meinem Rücken
Warf sie lachend in das Feuer.

Nun, ich bin kuriert: ich gehe.
Mich kurierte ein Gelächter.
Nur zuweilen, wenn ich Hölzer sehe
Gehe Ich für Stunden etwas schlechter.

Bert Brecht

Der Sonntag

Ein Tag der Gemeinschaft

Was wir so sagen...

Gemeinsam geht es besser

Gemeinschaft aufbauen

Sich der Gemeinschaft entziehen

»Einsam – zweisam – dreisam und gemeinsam...«

Eine Fahrgemeinschaft bilden

Die Gemeinschaft mit dir aufkündigen

Gemeinschaft macht stark

Gemeinsam Verantwortung tragen

Für die Gemeinschaft Verantwortung tragen

Sich für die Gemeinschaft einsetzen

Verpflichtungen gegenüber der Gemeinschaft haben

...

Zieh den Kreis nicht zu klein

Text und Musik: H. G. Surmund
Aus: Notenheft / LP »Weitersagen«. Impulse Musikverlag Ludger Edelkötter Drensteinfurt 1977. Rechte im Impulse Musikverlag

2. Wenn du sprichst, sprich nicht allein, steck Andre an, Sprechen kann Kreise ziehn. Wenn du sprichst, sprich nicht für dich, sprich Andre an: Zieh …

3. Wenn du hörst, hör nicht allein, steck Andre an, Hören kann Kreise ziehn. Wenn du hörst, hör nicht für dich, hör für mich mit: Zieh …

4. Wenn du weinst, wein nicht allein, steck Andre an, weinen soll Kreise ziehn. Wenn du weinst, wein nicht für dich, schließ dich nicht ein: Zieh …

5. Wenn du lachst, lach nicht allein, steck Andre an, Lachen soll Kreise ziehn. Wenn du lachst, lach nicht für dich, lach Andren zu: Zieh …

»So ein Tag, auf den man sich so freute...«

Während der Woche erscheint der Sonntag als Freudentag, als außergewöhnlicher Tag. Auf den Sonntag übertragen wir Wünsche, die sich im Moment, jetzt im Alltag, nicht realisieren lassen. »Am nächsten Sonntag, da werden wir, da können wir...« Und dann, am Wochenende und am Sonntag selbst, wird dieser ersehnte Tag zu einem Tag der Enttäuschung. Denn vieles, wovon wir vorher geträumt hatten, läßt sich so nicht verwirklichen.

- Erwachsene und Eltern haben den Wunsch, diesen Tag betont »in der Familie« zu leben... Und dann haben die Kinder ganz andere Interessen mit anderen – außerhalb der Familie...

- Kinder, Heranwachsende möchten so gern mit ihren Eltern oder mit dem Vater, den sie während der Woche kaum sehen, etwas unternehmen... Und dann sind die Eltern, ist der Vater so müde, möchten in Ruhe gelassen werden...

- Alleinstehend Berufstätige beabsichtigen, jemanden zu besuchen, mit ihr oder mit ihm ausführlich zu sprechen... Und dann wird der Sonntag doch wieder zum Putz-, Wasch- und Haushaltstag, weil so vieles in der Woche liegengeblieben ist...

- Alte Menschen erhoffen am Sonntag eine Unterbrechung ihres Alleinseins durch den Besuch ihrer Kinder... Und dann kommen diese doch nicht; es wird wieder ein Tag der Einsamkeit und des Sich-allein-Fühlens...

- Die Familie hatte einen gemeinsamen Ausflug zu einem lohnenden Ziel vereinbart... Und dann war dort ein solcher Betrieb, die Kinder wollten dort dies und die Eltern jenes...

- Groß und Klein, die ganze Familie, alle hatten sich so auf den Sonntag gefreut, denn sie hatten offen und ehrlich miteinander geklärt, was sie miteinander und was die einzelnen an diesem Tag machen wollten... Und dann kommt es gleich beim Frühstück wegen einer Nebensächlichkeit zu einem Krach... Freude und lockere Stimmung sind dahin. Ab jetzt läuft alles anders...

- In einer Familie oder in einer anderen Gemeinschaft von Menschen haben die einzelnen – für sich im stillen – ihre Sonntagsvorstellungen, was sie dann tun möchten, geklärt. Aber sie haben eben nicht mit den anderen über die eigenen Wünsche gesprochen... Und dann lassen sich die Vorstellungen der anderen mit den eigenen nicht vereinbaren. Die Folge: Sich-Durchsetzen-Wollen, »Siegen« und Verlieren, Sich-Zurückziehen und Sich-Verweigern...

- ...

»Das können wir uns alltags nicht leisten, aber am Sonntag leisten wir es (uns)«

Die Hindernisse des Sonntags liegen bereits in den Wünschen an ihn: Da soll der Sonntag etwas Besonderes bieten. Aber das bewirkt einen Leistungsdruck, unter den wir uns selbst und/oder andere bewußt oder unbewußt setzen.

»Da *müssen* wir uns doch möglichst etwas Besonderes einfallen lassen!« – »Da *müssen* wir doch in Familie machen!« – »Da *müssen* wir doch etwas gemeinsam unternehmen!«…

Als einziger Tag in der Woche soll der Sonntag ein Tag sein, der von allen Pflichten freizubleiben hat. Aber die meisten täglichen Pflichten zu Hause müssen trotzdem weitergehen – sehr oft zu Lasten der Frauen.

Da soll endlich am Sonntag die Gemeinschaft, in der wir leben, zu ihrem Recht kommen. Aber unterschiedliche Bedürfnisse nach Gemeinschaft und unterschiedliche Vorstellungen von solcher Gemeinschaft (Wer gehört dazu? Nur Lebensgemeinschaft oder wer noch? Was tun wir miteinander?…) müssen ausgeglichen werden. Und das Bedürfnis nach Alleinsein ist auch auszuloten. Es ist angenehm und sinnvoll, zusammen zu sein und etwas zusammen zu tun, aber es ist auch anstrengend.

So wird für viele der Sonntag zum problemträchtigsten Tag in der Woche. Gar mancher hat regelrecht Angst vor dem Sonntag. Nicht wenige seufzen bereits am Samstag oder irgendwann am Sonntag: »Ach, wenn doch endlich wieder Montag wäre!«

Sonntags-Tip * Sonntags-Tip * Sonntags-Tip * Sonntags-Tip * Sonntags-Tip

»An diesem Sonntag du – am nächsten Sonntag ich…«

Haben Sie das schon einmal versucht?

Je nach Anzahl der Familienmitglieder lassen wir uns über mehrere Sonntage darauf ein, daß abwechselnd eine/r von uns für die Gestaltung eines Sonntags verantwortlich ist. Wir könnten so ein Stück einüben, daß nicht immer dieselben – die Kinder oder die Eltern – den Ablauf des Sonntags bestimmen.

Wichtig ist dabei, daß wir vorher Spielregeln festlegen, auf die wir uns alle verständigen und einlassen können.

So wäre zum Beispiel zu vereinbaren, wie lange wir etwas gemeinsam tun, ob sich die Verantwortung der »Sonntags-Gestalter« auf den Sonntagvormittag oder -nachmittag beschränkt…

Sonntags-Tip * Sonntags-Tip * Sonntags-Tip * Sonntags-Tip * Sonntags-Tip

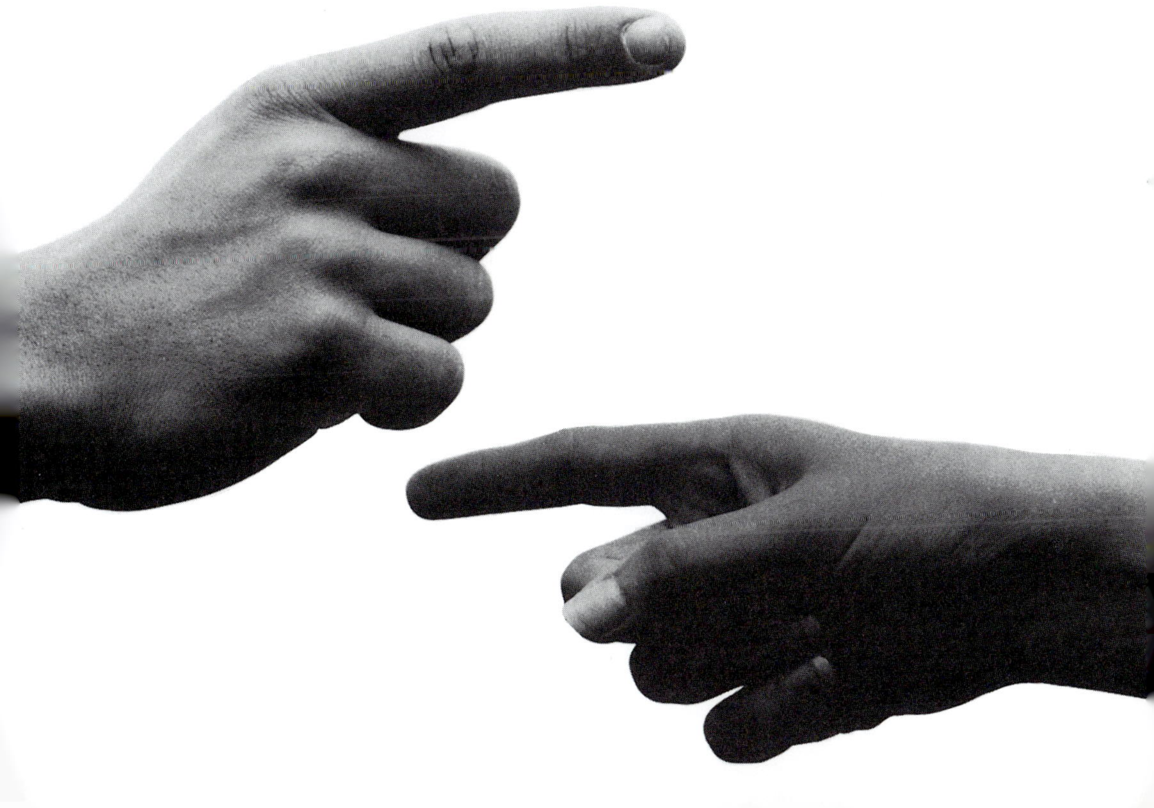

Der Alltag belastet den Sonntag

Daß der Sonntag so problem- und konfliktgeladen ist, hat psychologisch seine Ursachen sowohl beim einzelnen Menschen als auch bei der Gesellschaft, also bei dem Sozialgefüge, in dem der einzelne lebt. Belastende Anforderungen des Alltags, Vorgegebenheiten und Lebensgewohnheiten im Alltag wirken sich auf den Sonntag aus. Sie kommen an diesem Tag erst so richtig zum Vorschein, unter Umständen zum zerstörenden Ausbruch.

Der Alltag betont und überbetont Arbeit und Leistung. Arbeit und Leistung fordern andere von uns, wir fordern sie von anderen, wir fordern sie schließlich von uns selbst. Gegenseitig fordern und überfordern wir uns…

Am Sonntag – da sollen wir dann auf einmal »nichts« tun, da sollen wir uns von »nichts« fordern lassen. Darüber kann Unbehagen in uns hochkommen, so etwas wie Schuldgefühle können sich sogar breitmachen: Können wir uns dieses »Nichts«-Tun eigentlich leisten? – Also versuchen wir, am Sonntag andere, neue »Leistungen« von uns und von anderen einzufordern.

Der Alltag drückt (und erdrückt) mit Hektik und Betriebsamkeit. Diktiert werden wir von einem Plan-Soll-Tempo, das die Produktion vorgibt. Ausweiten kann sich das zu einem umfassenden Lebensgefühl der Hektik und des Getriebenseins. »Streß« nennen wir die Außen-/Innenansicht dieser Lebenseinstellung…

Am Sonntag – da sollen und dürfen wir aus diesem Tempo, aus diesem fremdbestimmten Getriebenwerden »aussteigen«. Doch statt Entspannung, Befriedigung und Befreiung machen sich Gereiztheit, Ungeduld und Unzufriedenheit in uns bemerkbar.

Der Alltag redet uns ein immer intensiveres Leistungsverhalten ein, damit wir unser übersteigertes Bedürfnis nach materiellen Werten erfüllen können. Die verführerische Gleichung lautet: Mehr Leistung = mehr Geld = mehr Konsumleistung = mehr Glück…

Am Sonntag – da nehmen wir dann die vielen Dinge, die wir haben, wahr. Wir haben Zeit, sie zu gebrauchen und zu genießen. Daneben aber entdecken wir eine innere Leere. Das kann uns depressiv machen: »Das kann doch nicht alles sein!«

Der Alltag führt uns an verschiedensten Orten mit Menschen zusammen. Aber wir gehen meist nur sach- und aufgabenbezogen miteinander um, weil wir nur sachlich miteinander verbunden und voneinander abhängig sind. Alltagsbeziehungen sind weithin eingeschränkt und bestimmt durch Sachen, Aufgaben, Arbeitsteilung. Persönliche Verbundenheit kann da eher ein Hindernis sein: »Also, bitte, auf Distanz!«…

Am Sonntag – da sollen wir nun gerade persönliche Beziehungen und Begegnungen fördern. Aber oft können und wollen wir das gar nicht. Wir weichen vor solchen persönlichen Begegnungen aus, fliehen entweder in unverbindliche und gesichtslose Menschenansammlungen oder verkriechen uns in unser ganz privates Schneckenhaus.

Der Alltag beansprucht uns für ganz bestimmte, durch den jeweiligen Beruf bedingte Tätigkeiten. In unserer technokratischen Alltagsgesellschaft sind da strenges logisches, technisches, sachgerechtes Denken gefordert…

Am Sonntag – da sollen auf einmal ganz andere Werte wichtig sein: Staunen, spontan sein, sich von etwas innerlich ergreifen lassen, tiefer schauen, Zusammenhänge wahrnehmen… Werte, die im Alltag weitestgehend verpönt sind, sollen am Sonntag er- und gelebt werden – für viele eine Überforderung.

Der Alltag verlangt von uns, daß wir »funktionieren«. Danach werden wir eingestuft und bezahlt, das bestimmt unsere Qualität: Wie gut wir der Sache, dem Produktionsablauf, den vom Produktionsziel gesetzten Normen, den angestrebten Gewinnen entsprechen. Da haben Gefühle nichts zu suchen...

Am Sonntag – da entdecken wir (vielleicht), daß der Alltag viele Bedürfnisse und Gefühle in uns verdrängt hat. Aber Gefühle lassen sich nicht total verdrängen. Jetzt steigen sie hoch, wollen berücksichtigt und ernstgenommen werden. Weil wir sie im Alltag unterdrückt haben, läßt nun der entstandene Überdruck ein Chaos von Gefühlen ausbrechen. Wir sind nicht in der Lage, sie zu ordnen und einzuordnen.

Sonntags-Tip * Sonntags-Tip * Sonntags-Tip * Sonntags-Tip * Sonntags-Tip

Die Wirklichkeit des Alltags bedenken

»Am Sabbat sind wir alle gleich. Wir alle gedenken am Sabbat unserer gemeinsamen Befreiung. Der Unterschied zwischen Reich und Arm, Oben und Unten wird am Sabbat aufgehoben...« – das ist der Grundtenor des jüdischen Verständnisses vom Sabbat.
»Am Sonntag feiern wir das Leben. Das Leben aller ist gleich wertvoll. *Alle* sind zum Leben, zum Über-Leben, zu Menschen-würdigem Leben berufen... – das bekennen Christen mit ihrem Sonntag.
Dies muß aber etwas mit dem Alltag zu tun haben, wenn es nicht bei einer bloßen Sentimentalität des Sonntags bleiben soll.
Der Sonntag könnte Gelegenheit sein, über unseren Alltag, über unser Alltags-Denken und Alltags-Verhalten, nachzudenken.
Wie sieht die Wirklichkeit aus in den vielen »kleinen« Situationen unseres Alltags-Lebens?

Nachdenken...

... über die Art und Weise, wie ich mich selbst gegenüber Schwächeren durchsetze
... über Prestigedenken und Überheblichkeit
... über mein Ausnutzen und Übervorteilen anderer
... über selbstverständliches Verschwenden von umweltbelastenden oder die Umwelt ausbeutenden Dingen

... über meine (Nicht)Bereitschaft zu teilen
... über eigene Lebenseinstellungen und Einstellungen zu Lebenswerten, zu lebenswertem und lebensunwertem Leben ...

Wie sieht die Wirklichkeit aus in den vielen »großen« Fragen von Gesellschaft und Welt?

Nachdenken...

... über eine Politik, die eine Teilung unserer Gesellschaft in zwei Drittel Reiche und ein Drittel Arme für selbstverständlich und unveränderbar hält
... über die »Normalität« von Arbeits»festigkeit« und Arbeitslosigkeit
... über die Gewichtung von Produktions-intensiven Arbeitsplätzen einerseits und Gemeinschafts-stützenden und Umwelt-sanierenden Arbeitsplätzen andererseits
... über offensichtliche Absichten oder Armut an Phantasie, die zur Verfestigung unseres »Erste-Zweite-Dritte-Welt-Denkens« (und Verhaltens) führen...

Am **Sonntag** – da könnten wir über solche Fragen nachdenken, vielleicht uns sogar gezielt informieren...
Im **Alltag** – da würden wir dann unter Umständen anders handeln, kämpfen, Partei ergreifen...

Sonntags-Tip * Sonntags-Tip * Sonntags-Tip * Sonntags-Tip * Sonntags-Tip

Der Alltag – darauf läuft dann letztlich alles hinaus – darf und will keinen Gedanken und keinen Blick »verlieren« für etwas (oder jemanden!?) außerhalb oder über dem Sichtbaren und Machbaren. Eine Welt, die sich voll und ganz orientiert an Konsum, Leistung und Technik, darf sich den »Luxus der Transzendenz« nicht erlauben – dies könnte sogar gefährlich sein und das ganze »Getriebe« womöglich in Frage stellen...

Am Sonntag – da soll nun diese Transzendenz, Gott, auf einmal von Bedeutung für unser Leben sein. Wenn aber Menschen Gott in ihrem Alltag verloren haben, wenn Gott dort nicht (mehr) vorkommt, dann gelingt es auch nicht, ihn am Sonntag »hervorzuholen«. Sollte aber das vage Gefühl eines »Gottesverlustes« aufkommen, dann kennen wir Ersatz-Götter. Diese können ganz verschiedene Namen tragen: Konsum – Prestige – Nervenkitzel – Genuß – Auto- und Motorradraserei...

Wollen wir den Sonntag als Gegengewicht zum Alltag?

So stehen Alltag und Sonntag im Gegensatz zueinander und in unauflöslicher Beziehung. Alltag und Sonntag sind Gegengewichte, um unser Leben ausgewogen sein zu lassen. Wir können den Sonntag nur dann richtig feiern, wenn wir ihn quer zum Alltag stellen. Und: Dies müßte Konsequenzen für unsere Sicht und Bewertung des Alltags haben: Der Alltag mit seinen Werten kann nicht das ganze Leben bedeuten!
Wollen wir das überhaupt – und können wir das noch? Bestimmt der Alltag mit seinen Werten unser Leben *ganz*, also auch am Wochenende, auch am Sonntag? Oder lassen wir den Alltag vom Sonntag unterbrechen, lassen wir vom Sonntag aus unseren Alltag in Frage stellen?

Was wir alles mit dem Sonntag verbinden…

Sonntagskleid(ung) Sonntagsreden Sonntagschristen
Sonntagsgottesdienst Sonntagspflicht Sonntagsneurose
Sonntagsreligion Sonntagsgesicht Sonntagspredigt
Sonntagswetter **Sonntagsstimmung** *Sonntagsheiligung*
Sonntagserlebnis Sonntagsevangelium **Sonntagsmaler** …
Sonntagsbraten ***Sonntagsfahrer*** Sonntagskultur
Sonntagsausflug Sonntagsarbeit Sonntagsfahrverbot
Sonntagsspaziergang Sonntagsprogramm ***Sonntagsbesuch***
Sonntagsveranstaltung Sonntagsfrömmigkeit Sonntagszeitung
Sonntagsgeschichten *Sonntagspolitiker* ***Wort zum Sonntag*** …
Sonntagskind **Sonntagsfrage** *Sonntagsruhe* Sonntagsgebet
Sonntagsessen

Die eigentliche Anfrage des Sonntags ist seine kritische Frage an unsere Wirklichkeit und an unser Lebensverständnis überhaupt. Welt und Leben verstehen wir weitgehend vom Alltag her. Wir denken in dem Schema: »Wer leistet, der bekommt seinen Lohn – entsprechend der Leistung.« Aufgrund unserer Leistung haben wir dieses oder jenes verdient. So ist das gerecht, denn wir haben ja geschafft. Vom Alltag her sind wir die Täter, müssen wir die Täter sein, wollen wir es auch sein. Damit sind wir die Macher, die Planer, die über die Welt Verfügenden – die Schöpfer. Das ist dann nur noch ein kleiner Schritt bis zu der Auffassung: Wir sind die Götter.

Wenn *wir* es aber sind, die leisten und deshalb verdienen, was wir verdienen, dann wollen wir auch nichts umsonst haben, dann brauchen wir uns auch nichts schenken zu lassen, denn dann wollen wir uns nicht (jemandem) ver-danken... *Wir* setzen den Anfang und bilden das Zentrum.

Dann aber brauchen wir den Sonntag nicht mehr. Denn auf den Sonntag zu freuen, lohnt sich nur deshalb, weil wir uns ver-danken dürfen, weil wir (uns) nicht alles leisten müssen und können, weil wir alle angenommen sind von jemandem, der uns nicht beurteilt nach unserer Leistung, unserem Verdienst, unserem Können oder unserem Besitz. Und dies dürfen, können und sollen wir sonntags widerspiegeln in unserem Verhalten zu uns selbst und zur kleinen oder größeren Gemeinschaft, in der wir leben – alternativ zum Alltag.

Der Sonntag will uns lassen, uns sein lassen, uns Freiheit lassen, uns auf andere eingehen lassen, uns gelassen auch Dinge »unerledigt« sein lassen. – Können, wollen wir das zulassen?

Statistische Daten und Tatsachen

Am Sonntag...

- schlafen um 9.45 Uhr noch 17,5% aller Bundesbürger;
- langweilen sich 40% der Bevölkerung;
- gucken die Bundesbürger im Durchschnitt mehr als 100 Minuten in die Röhre;
- sieht die Beliebtheitsskala der Gestaltung des Tages so aus: 1. Spazierengehen – 2. Schlafen – 3. Ausruhen – 4. Ins Grüne fahren;
- ist der Fußballtag der Deutschen: In der alten Bundesrepublik spielten im Durchschnitt mehr als 130.000 Mannschaften (das heißt: Es sind

1.755.000 Personen als Spieler, Trainer, Schiedsrichter und Linienrichter im Einsatz – die Zuschauer noch nicht berücksichtigt);

- dem 30. Juni 1991, wurden zum erstenmal in der 114jährigen Geschichte des Wimbledon-Turniers an einem Sonntag Tennisspiele ausgetragen;
- werden die Kinder ruhig gehalten;
- gibt sich der Rundfunk feierlich und/oder freizeitbetont;
- ist der Besuch der Eucharistiefeier von knapp 30% im Jahre 1980 auf ca. 15% der katholischen Bevölkerung im Jahre 1988 zurückgegangen;
- wird die zweite Hälfte des Tages, je mehr er sich dem Montag zuneigt, für viele zu einem Problem;
- finden abends die meisten Familienkräche statt;
- notiert die Telefonseelsorge zwischen 20.00 Uhr und 24.00 Uhr die größte Zahl von Anrufen im Vergleich zur ganzen übrigen Woche.

»Ausgerechnet sonntags diese Konflikte...!«

Vor allem in der Familie zeigt es sich...

Mehr als in allen anderen Gruppierungen spiegelt sich in der Familie die Krise des Sonntags wider. Auf engstem Raum spielt sich hier das ab zwischen Einzelperson und Gemeinschaft, was auf anderer Ebene in der Gesamtgesellschaft geschieht.
In der Familie treffen und begegnen sich mehrere und damit auch unterschiedliche Menschen mit all ihren – jeweils eigenen – Alltagserfahrungen und je anderen Hintergründen von Schule, Vereinen, Arbeitsplätzen, politischen Gruppierungen, Haushalt, Nachbarschaft... Die in der Woche erlebten unterschiedlichen Spannungen an den jeweiligen Aufenthaltsorten und in der Familie treiben am Sonntag oft wie auf einen Gipfelpunkt zu und prallen im Sonntags-Familienkreis unter Umständen hart aufeinander.
Aber es wäre falsch, wenn wir das, was da in der Familie sonntags häufig so frustrierend für alle abläuft und sich entlädt, den einzelnen oder allen Beteiligten als Böswilligkeit unterstellen würden. Vielmehr hängt dieses mit den Problemen des Alltags zusammen – der Sonntag bringt es dann allerdings zum Vorschein. – Wenn der Sonntag in vielen Familien zum konfliktreichsten Tag der Woche werden kann, dann deshalb, weil die Konflikte des Alltags uns am Sonntag einholen: Alltagskonflikte, die eigentlich an diesen Alltagen ausgetragen werden sollten, weil sie für den Alltag von Bedeutung sind, werden eben im Alltag nicht ausgetragen. Die Gründe mögen ganz verschieden sein, sie haben aber wohl auch damit zu tun: alltags scheint zu wenig Zeit und Ruhe dafür zu sein; jetzt notwendige Gespräche und Klärungen werden deshalb aufgeschoben.

Dabei sind wir es nur ungenügend gewohnt oder vielleicht sind wir sogar unfähig, mit Konflikten konstruktiv umzugehen. Statt dessen haben wir »Ent-Schuldigungen«: Lieber den Frieden bewahren! Der oder die andere könnte sich verletzt und angegriffen fühlen. Konflikte sind doch etwas Negatives! Lieber die Finger davon lassen!...
Aber vorhandene, nicht ausgesprochene und nicht ausgestandene Konflikte nagen weiter. Sie lassen sich nicht durch Totschweigen lösen. Verdrängte Konflikte aus der vergangenen Woche und befürchtete Konflikte in der kommenden Woche machen sich am ehesten am Sonntag Luft.

sonntag

ein tisch kam barfuß in den raum
stopfte sich die platte voll
mit kaffee und kuchen mit
tellern und tassen
und fraß
die familie
von den stühlen

Jörg Burkhard

Mann und Frau: meine Rolle – deine Rolle

Konfliktgeladen ist das Rollenverständnis von Mann und Frau. Und wir sprechen nur selten über unsere eigene Rolle, über unsere Unzufriedenheit in der eigenen Rolle, über unseren Eindruck von Unter- oder Überforderung, über unser Gefühl des Ausgenutzt-Werdens aufgrund der eigenen Rolle, über das Festgelegtsein auf *diese* Rolle – überhaupt auf eine Rolle…
Während der Woche erleben sich Mann, Vater und Mutter in einer gewissen Rollenvertrautheit oder »Reviersicherheit«. Die jeweilige Rolle ist durch die alltägliche Arbeit mehr oder weniger selbstverständlich. – Die vielleicht schon lange (scheinbar) klar gezogenen Grenzlinien brechen jedoch am Sonntag zusammen.

Der Sonntag gehört der Familie

»Sie hocken jeden Tag, vom Montag bis zum Samstag, in der Kneipe. Ich wundere mich, daß Sie nicht auch am Sonntag noch im Wirtshaus sind.«
»Nichts da, der Sonntag gehört strikt meiner Familie – da sehe ich fern.«

Nehmen wir die Anforderung oder Überforderung des berufstätigen Vaters: Im Alltag wird sein Leben bestimmt von Arbeit und Beruf. Hier sucht er seine Anerkennung und hier drängt er nach beruflichem Aufstieg oder nach Sicherung der erreichten Position. Dafür nimmt er vieles in Kauf, oft auch und gerade zu Lasten seiner Ehe und Familie. – Am Sonntag dagegen möchte er – wenigstens einmal in der Woche – ein guter Vater und Ehepartner sein.
Und schon kann der Konflikt aufbrechen: Entweder beklagt er ein Zuwenig an Kontakt und gemeinsamem Tun mit Frau und Kindern, – er möchte ja so vieles nachholen, was in der Woche zu kurz gekommen ist. Oder er wird »sauer«, weil er in Ruhe gelassen werden möchte, um sich von der Arbeit für die Arbeit erholen zu können. Oder er ist unzufrieden, weil die Beziehung zwischen seiner Frau und den Kindern viel intensiver geworden ist als zu ihm. Oder der Sonntag stört seinen im Alltag gewohnten Rahmen, alleine »das Sagen« zu haben.
Und bei der nicht erwerbstätigen Frau und Mutter kann sich der Rollenkonflikt am Sonntag so darstellen: Während der ganzen Woche war sie im Haushalt und für die Familie eingespannt. Sie kam kaum nach draußen und möchte sich nun am Sonntag freimachen von der Hausfrau- und Mutterrolle. Aber diese Alltags-Rolle wird auch am Sonntag von ihr erwartet; und draußen war ihr Mann ja während der ganzen Woche, er möchte jetzt am Sonntag zu Hause bleiben, das Zuhause genießen, sich verwöhnen (lassen)…
Oder die Frau (und Mutter) ist erwerbstätig. Während der Woche ist deshalb im Haushalt und in der Familie vieles unerledigt geblieben. Aber statt jetzt gemeinsam mit ihrem Mann am Samstag an die Dinge heranzugehen, um dann auch gemeinsam den Sonntag frei zu haben, bleiben die Dinge doch wieder bei ihr hängen und liegen. – Das alte Rollenklischee läßt grüßen…

Eltern und Kinder: »Komische Ansichten habt ihr...«

Neben dem Konflikt zwischen Mann und Frau wird sonntags wohl der Unterschied zwischen den Generationen am spürbarsten. Da besteht seitens der Eltern der Wunsch, gerade am Sonntag viel Gemeinsames zu unternehmen, die ganze Familie »unter einen Hut« zu bekommen. Aber siehe da: je nach Alter ganz unterschiedliche Interessen und Bedürfnisse, verschiedene Verabredungen und Wünsche...

Natürlich wissen die Eltern theoretisch – und auch die heranwachsenden Kinder wissen es –, daß diese Verschiedenheiten normal sind und ihr Recht auf Verwirklichung haben. Aber in der Praxis ist dann die Suche nach einem für alle erträglichen Kompromiß gar nicht so einfach. Unversehens ist der »schönste Krach« da, mit dem sonntäglichen Familienfrieden ist es vorbei.

Oder: Jeden Tag erleben wir die Konflikte mit unseren heranwachsenden Kindern. Wir nehmen zunehmend ihre anderen Vorlieben, Interessen, Cliquen und Anschauungen wahr. Aber wir verdecken und verschieben diese Konflikte Tag für Tag. Am Sonntag entlädt es sich dann: Entweder bei der Frage des gemeinsamen Tuns oder bei einem geplanten Familienbesuch oder bei der Frage des Besuchs des Sonntagsgottesdienstes oder... – Es läßt sich nicht mehr verheimlichen, daß die Kinder andere Wege gehen wollen als ihre Eltern.

Gerade die Frage des Sonntagsgottesdienstes enthält für viele Familien starken Zündstoff. Die »Lösung« suchen die Eltern entweder im Appell an die Pflichterfüllung oder mit moralischem Druck oder im Übergehen und Verschweigen »um des lieben Friedens willen«. Und wenn sich die Kinder dann – vielleicht über einen längeren Zeitraum – gegen den Besuch des Gottesdienstes entscheiden, dann sind die Eltern ratlos: Sie gehen doch selbst regelmäßig sonntags zum Gottesdienst und haben auch ihre Kinder über Jahre dazu angeleitet. Schuldgefühle mögen aufkommen: »Was haben wir denn verkehrt gemacht?«

Unvollständige Familien: »… gerade sonntags vermissen wir dich«

Zu einem eigenen Problem kann der Sonntag bei unvollständigen Familien bzw. bei Getrennt-Lebenden werden… Leben Vater oder Mutter, Mann oder Frau getrennt von ihrer bisherigen Familie, ist ein Ehepaar geschieden, ist jemand in der Familie gestorben, dann wird die entstandene Lücke besonders am Sonntag schmerzlich gespürt. Und dies oft nicht nur über einen begrenzten »Übergangs«-Zeitraum, sondern über lange Zeit. Denn Erinnerungen sind stark.

Das Faktum der Trennung wird am Sonntag intensiver erfahren als im Alltag: Da gibt es die Regelung des Besuchstages für Kinder bei dem getrennten Elternteil. Da ist die Begegnung von Alleinerziehenden und ihren Kindern mit »normalen« Familien beim Sonntagsspaziergang oder bei einem Besuch. Da ist die Trauer um einen Verstorbenen… Früher war das alles so anders und schöner!

Mehr als der Alltag macht der Sonntag die vorhandene Leere oder das Gefühl des Gescheitertseins oder die Tatsache des Unwiederbringlichen bewußt. Sehnsucht und Schmerz lassen dann noch einmal das Zusammensein in der Vergangenheit gegenwärtig werden, lassen es in einem vielleicht idealisierten Licht erscheinen.

Alle und jeder

Eine jüdische Geschichte

Ein Rabbi sagte einmal: »Wenn am Sabbat meine Stube voller Leute ist, wird es mir schwer, Worte der Lehre zu sprechen. Denn jeder bedarf seiner eigenen Lehre, jeder soll in seiner Lehre vollendet werden, und was ich allen zuteile, entziehe ich jedem von ihnen.«

Sonntags-Tip * Sonntags-Tip * Sonntags-Tip * Sonntags-Tip * Sonntags-Tip

»Es gibt viel zu erzählen...«

Wohl nicht jeden Sonntag, aber hin und wieder könnten wir eine Erzählrunde vereinbaren – am späten Sonntagvormittag oder am Nachmittag oder am Abend. Themen gibt es viele, sie können wechseln, sie ergeben sich aus der jeweiligen Situation...

* »Das war in der vergangenen Woche für mich wichtig, das war erfreulich, das war belastend...«
* »Was wird wohl in der folgenden Woche wichtig, belastend oder erfreulich werden?«
* »Wir tauschen Erinnerungen aus: Wißt ihr noch, damals...?«
* »Was lese ich gerade? – Was liest du gerade?«
* »In vier Wochen fahren wir in Urlaub. Was wissen wir bereits über unser Reiseziel? Was möchten wir dort alles unternehmen?«
* »...«

Sonntags-Tip * Sonntags-Tip * Sonntags-Tip * Sonntags-Tip * Sonntags-Tip

Ich wünsche mir was

Die sechsjährige Tochter hat bald Geburtstag und wird von ihrer Mutter gefragt: »Am Sonntag ist dein Geburtstag, was wünschst du dir?«
Die Kleine sagt: »Mutti, ich wünsche mir *uns*. Dich und den Papa und die Anne und den Jens. Für meinen Geburtstag wünsche ich mir uns alle zusammen.«

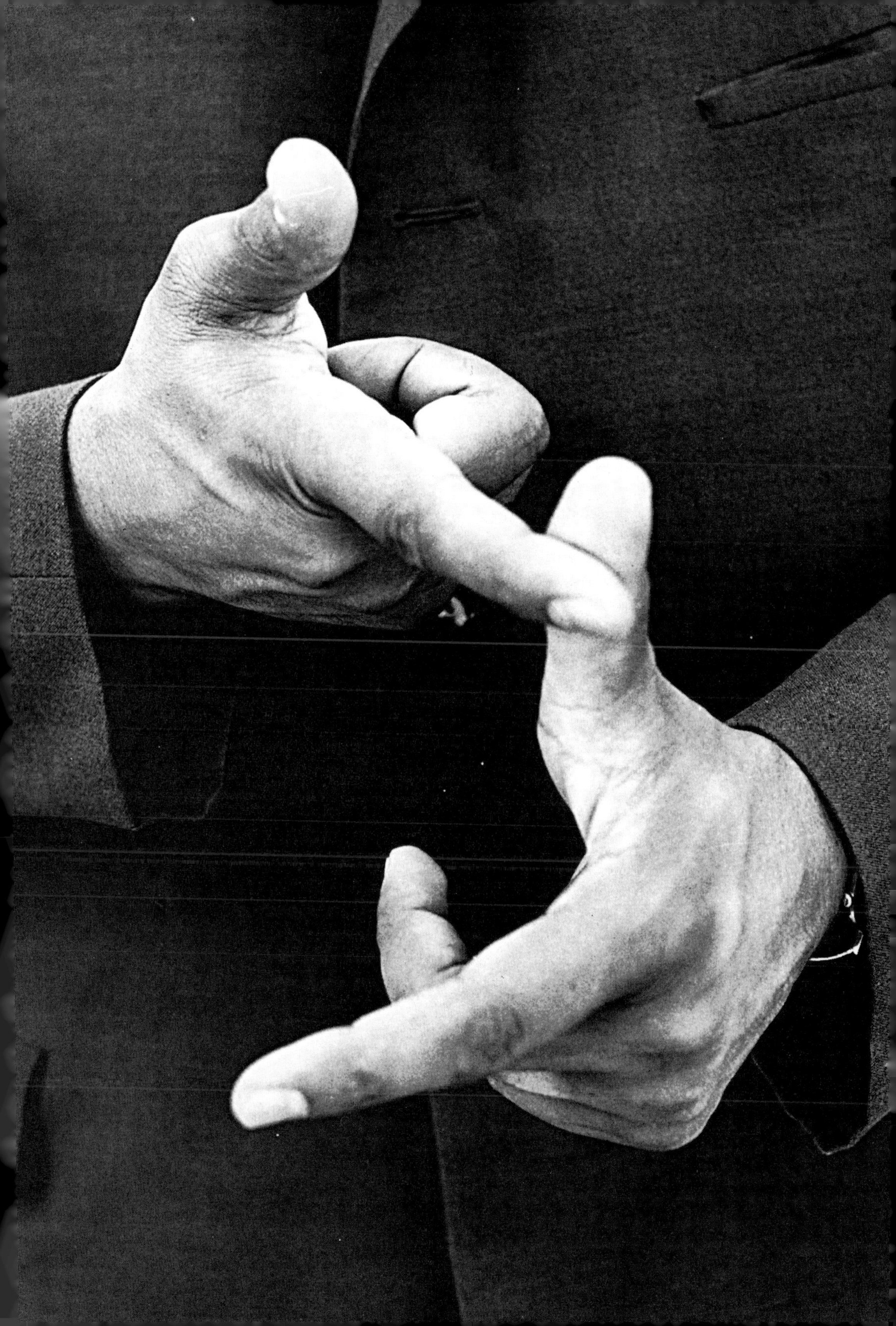

Gastfreundschaft am Sonntag

Gastfreundschaft und Sonntag stehen in engster Verbindung.

Der Sonntag ist Alternative zum Alltag.

Gastfreundschaft ist Alternative zum üblichen, alltäglichen Umgangsstil unserer Gesellschaft.

Der Sonntag will den Menschen ein Tag der Ruhe sein.

Gastfreundschaft tut dem Menschen gut in aller Hektik; er findet einen Platz, an dem er sich ausruhen kann.

Der Sonntag will uns wieder zu Atem kommen lassen.

Gastfreundschaft läßt uns Atem holen.

Der Sonntag läßt uns wieder Mensch sein; wir dürfen das eigene Gesicht zeigen.

Gastfreundschaft bietet an, die »Waffen« der Abwehr und des Schutzes fallen zu lassen. Gastfreundschaft bietet an, mich gehen zu lassen, mich zu geben, wie ich bin.

Der Sonntag unterbricht das Leisten-Müssen, das Etwas-Geben-Müssen.

Gastfreundschaft läßt den Gast spüren: Hier bei uns brauchst du nicht schon wieder – wie sonst in der Fremde – etwas leisten; hier brauchst du nichts »bringen«.

Der Sonntag stoppt die Angst, dieses und jenes und alles noch machen zu müssen.

Gastfreundschaft lädt dazu ein, alle Angst zu lassen, einfach dasein zu dürfen.

Der Sonntag will unsere Abwendung von den noch zu machenden Dingen und die Zuwendung zu uns selbst, zum anderen, zu Gott.

Gastfreundschaft kann nicht über Dinge gelingen, die wir »auftischen«; sie lebt von der Zuwendung von Mensch zu Mensch, über die Öffnung von Menschen.

Der Sonntag will den Menschen einen Freiraum schenken, damit sie sich entfalten und sich dem Termin- und Zeitdruck entziehen können.

Gastfreundschaft läßt frei, frei zu kommen und frei zu gehen.

Den Sonntag kann nur feiern, wer das schon einmal erlebt hat: Gast sein zu dürfen in »Gottes Zeit«.

Gastfreundschaft kann nur gewähren, wer selbst schon Gast war.

Aber wir tun uns schwer mit der Gastfreundschaft. Selbst wenn wir gastfreundlich sein wollen, selbst wenn wir gern Gäste haben, wir sind von vielen Unsicherheiten besetzt, von großen und kleinen. Viele Stichworte fallen uns ein, die verunsichern und belasten: Putzen – das bringt Arbeit – Essen und Getränke einkaufen – Hektik – das muß alles vorbereitet werden – Zeit ...
Und Fragen haben wir, wenn wir Gastgeber/-in und wenn wir Gast sind:
Wie lange bleiben sie – oder wir?
Finden wir uns zu einem richtigen Gespräch?
Und wenn das Gespräch ins Stocken gerät?
Darf man das, soll man das – jemanden überraschend besuchen?
Sollte man ein Geschenk mitbringen?
Werden wir den Ansprüchen des Gastes, des Gastgebers gerecht?
Sind wir als Gäste erwünscht?
Bin ich lieber Gast oder lieber Gastgeber/in?
Auf welche Spielregeln verständigen wir uns?
Gibt es da Verhaltensnormen, die wir gern ändern möchten?
Kommen wir/sie zum Essen – oder nur so?

Sonntags-Tip * Sonntags-Tip * Sonntags-Tip * Sonntags-Tip * Sonntags-Tip

Gast sein – Gastgeber sein

Der Sonntag wäre eine gute Gelegenheit, um Gast zu sein bei anderen, um Gastgeber zu sein für andere.

Den/Die wollten wir doch schon lange mal besuchen!

Würden sich der oder die nicht freuen, wenn wir sie mal wieder einlüden?

Wer würde sich gerade heute freuen, wenn wir zu Besuch kämen, wenn wir einlüden – weil er oder sie so völlig allein ist?

Wir laden heute mal bewußt ganz andere ein, nicht die, mit denen wir uns sowieso oft treffen.

Nicht nur die Erwachsenen sollten bestimmen, wen sie einladen oder besuchen wollen; auch die Kinder haben Wünsche, denen die Erwachsenen entsprechen könnten.

Vielleicht könnte dieser Besuch oder diese Einladung der Beginn eines neuen Gespräches sein, das wir mal irgendwann abgebrochen haben.

Hatten wir eigentlich in letzter Zeit mehr Besuch oder waren wir häufiger zu Besuch? – Da sollten wir unter Umständen etwas ändern.

* Gastgeber/in sein oder Gast sein –
  muß das eigentlich mit großem Aufwand verbunden sein?

Sonntags-Tip * Sonntags-Tip * Sonntags-Tip * Sonntags-Tip * Sonntags-Tip

Gastsein oder Fremdsein in der Kirche

»Dies ist Gottes Haus. Komm herein, mach es zu Deinem! Die Menschen von St. Peter laden Dich herzlich ein, hier zu verweilen, um zu beten und nachzudenken und auszuruhen.
Du bist auf der Suche nach einem erfüllten Leben; verbinde Deinen Glauben mit dem unseren.«

Am Eingang einer amerikanischen Kirche

»Die Marienkapelle ist ein Gotteshaus, kein Museum!
Die Würde des Gotteshauses gebietet: Ehrfurcht, größte Ruhe, anständige Haltung!
Umhergehen während des Gottesdienstes ist untersagt.«

Am Eingang einer deutschen Kirche

Von der Gastfreundschaft

Ein Text von Romano Guardini
aus dem Jahre 1921

Was heißt das, jemand zu Gaste nehmen? Es bedeutet, daß jemand »Draußen« ist, und man nimmt ihn in sein »Drinnen« auf, in sein »Heim«…

Dann kommt er herein in unser Haus, in unsere Stube und ist bei uns drinnen. Da bedeutet denn richtige Gastfreundschaft, daß man es ihm heimisch mache. Er muß erhalten, was er braucht: Speise und Trank und Pflege, und zwar wohlbereitet, sauber und reichlich, so wie man es eben vermag. Aber noch mehr gehört dazu. Man kann jemand zur Tür hereinlassen, und er hat doch das Gefühl, daß er draußen geblieben ist. Sein Körper hat hereingekonnt, aber die Seele nicht. Er muß auch geistig aufgenommen werden. Und das geschieht, wenn man ihm freundlich entgegenkommt.

Der Gast bringt Gott herein… Als noch keine Eisenbahnen waren und Autos, als jeder auf den anderen angewiesen war, da fühlten die Menschen lebendig, daß der Gast etwas Heiliges sei, und heilig das Gastrecht. Jetzt weiß man weithin nur noch von »Besuchen«, bei denen die Leute sich unterhalten und langweilen. Vom inneren Vorgang der Gastfreundschaft weiß man wenig mehr. Jeder ist dem anderen fremd; jeder soll sehen, wie er sich durchhilft…

Nicht mit gefühlsseligem Getue sollen wir den Gast aufnehmen, sondern in aufrichtiger Bereitschaft. Schlicht und fröhlich. Wir geben ihm, was wir haben: Speise und Lagerstatt, ein freundliches Wort und jede Hilfe, die er braucht. Und je schlichter, je selbstverständlicher, desto besser. Er soll sich daheim fühlen. Wir werden ihn nicht belästigen, aber auch nicht im Stich lassen, wenn er uns und unsere Hilfe braucht. Man schleppt einen Besuch nicht herum, hierhin und dorthin, zu allen möglichen »Sehenswürdigkeiten«; er soll sich frei fühlen. Wir werden ihn aber auch nicht allein lassen, sobald wir merken, daß er gern Gesellschaft hätte. Doch denke hier jeder selbst weiter!

… Schön ist das alles und ist ein Gleichnis von etwas gar Hohem. Was Gastfreundschaft wert ist, weiß nur, wer von draußen her kommt, aus der Fremde … Aber sind wir nicht alle Wanderer? Jene wenigstens, die nicht satt hinterm Ofen sitzen? Alle, in denen das Verlangen nach der ewigen Ferne lebt und sie hinaustreibt, immer weiter, durch manchen dunklen Wald und tiefe Schlucht bis zu den Gipfeln? …

Sprichwörter der Welt

Ein gutes Wort ist dem Wanderer eine Speise, die stärkt.
Polen

Wer andere besucht, soll seine Augen öffnen, nicht den Mund.
Tanzania

Gott besucht uns häufig, aber meistens sind wir nicht zu Hause.
Südafrika

Wir haben das Rad vom Wagen abgemacht. Der Gast muß bleiben.
Ungarn

Wer Brot gibt, findet Brot.
Deutschland

Teile dein Brot, und es wird kleiner.
Teile dein Dach, und es bleibt.
Teile deine Freude, und sie nimmt zu.
China

Der Gast hat einen unsichtbaren Krug voll Segen auf dem Kopf.
Pakistan

Sonntags-Tip * Sonntags-Tip * Sonntags-Tip * Sonntags-Tip * Sonntags-Tip

Ein verregneter Sonntagnachmittag

Solche verregneten Tage – auch »Sonn«-Tage – gibt es bei uns ja leider nicht selten. Die Stimmung ist dann oft entsprechend. Die Decke scheint uns auf den Kopf zu fallen, nicht nur die Kinder reagieren aggressiv, das Fernsehprogramm ödet an, wir wissen nichts mit uns anzufangen...

Warum nicht einmal an einem solchen Nachmittag – natürlich geht das auch bei Sonne – eine befreundete Familie anrufen und einladen?

Vielleicht unter diesem Motto:
»Habt ihr nicht Lust, euch mit uns zu einem Spielnachmittag zu treffen? Bringt doch einige alte und neue Spiele, die ihr gern spielt, mit. Wir selbst suchen auch einige Spiele raus. Vielleicht lernen wir so auch interessante Spiele kennen, die euch oder uns vorher noch unbekannt waren...«

Wetten, daß wir dann beim Spielen das Regenwetter gar nicht mehr merken werden?

Sonntags-Tip * Sonntags-Tip * Sonntags-Tip * Sonntags-Tip * Sonntags-Tip

»Samstags gehört Vati mir!«
Die soziale und kulturelle Bedeutung des arbeitsfreien Wochenendes

Vor 100, ja noch vor 50 Jahren wäre das nicht vorstellbar gewesen: Arbeiter und Angestellte verabschieden sich bereits am Freitagnachmittag von ihren Kolleginnen und Kollegen mit den Worten »Schönes Wochenende!«
Den Kampf um das arbeitsfreie Wochenende haben die Gewerkschaften erst vor etwa 40 Jahren unter dem Slogan: »Samstags gehört Vati mir!« eröffnet. Es hat dann allerdings noch fast 20 Jahre gedauert, bis dieses gewerkschaftliche Ziel in den meisten – wenn auch nicht in allen – Branchen verwirklicht war.
Die Forderung nach dem arbeitsfreien Wochenende hatten die Gewerkschaften damals nicht aus arbeitsmarktpolitischen Überlegungen aufgestellt. Vielmehr standen familienpolitische und humanitäre Motive dahinter. Sie bewegten den Gewerkschaftsbund und seine Einzel-Gewerkschaften dazu, die Verkürzung der wöchentlichen Arbeitszeit von 48 auf 40 Stunden mit dem Kampf um den arbeitsfreien Samstag zu verknüpfen.
Es ist also erst eine relativ kurze Zeit, in der das arbeitsfreie Wochenende für die meisten Arbeitnehmerinnen und Arbeitnehmer besteht. Trotzdem ist das arbeitsfreie Wochenende bereits eine feste soziale und kulturelle Institution geworden. In unserem Gefühl, in der konkreten Zeit- und Alltagsplanung und auch in unserer Vorstellung vom Ablauf der Woche sind der arbeitsfreie Sonntag *und* der arbeitsfreie Samstag fest verankert.

Samstag und Sonntag
gehören zusammen
wie Jona und der Fisch.
Wer den Fisch tötet,
tötet Jona.

Flexibilität: Das neue Zauberwort und die neue Bedrohung

Zu betonen ist: Das arbeitsfreie Wochenende ist eine Errungenschaft des gewerkschaftlichen Kampfes. Diese Errungenschaft ist heute bedroht. Inzwischen ist der Samstag für mehr und mehr Arbeitnehmerinnen und Arbeitnehmer wieder zu einem ganz normalen Arbeitstag geworden.
Zahlen beweisen es: Im Jahre 1980 lag der Anteil derjenigen, die regelmäßig samstags arbeiten, bei 18%. Bis zum Jahre 1987 stieg dieser Anteil bereits auf 32% – und die Tendenz ist weiter steigend. – Schon werden Arbeitszeit-Modelle propagiert und durchgeführt, die eine »schwingende Vier-Tage-Woche« unter Einbeziehung des Samstags vorsehen.

Bestätigung

Ich lese in der Zeitung
die Unternehmer sagen
wir sollen flexibel sein
in der Arbeit

Ich schaue in den Duden
biegbar
biegsam
geschmeidig
veränderlich
beugbar
steht da

Ja
denke ich mir
Das wollten sie immer schon

Knut Becker

"Auf Abruf bereit!"

»Flexibilität« ist das neue Zauberwort, mit dem vor allem die Arbeitgeber in der Druck- und Metallindustrie ihre Forderung begründen, den Samstag in die Regelarbeitszeit einzubeziehen. Ihr Hauptargument: Es ist notwendig, die Maschinen stärker als bisher auszulasten, um im internationalen Wettbewerb bestehen zu können. Die Unternehmer haben in die modernen Maschinen gewaltige Kapitalkosten investiert; diese lassen sich aber nur dann amortisieren, wenn die Maschinen möglichst häufig genutzt werden – eben auch samstags.

Der Arbeitgeberverband teilt mit:

Die ökonomischen Interessen treffen sich mit den Interessen eines anderen Personenkreises. Dieser plädiert für die Auflösung des großen Freizeitblocks Wochenende und seine Verlagerung auf zwei einzelne Tage – z.B. Sonntag und Dienstag... Daraus wachsen ein höherer Freizeitgewinn und damit ein höheres Maß an Lebensqualität.

Solche Argumentation mag für Ein-Personen-Haushalte, die gegenüber anderen Familienmitgliedern keine Verpflichtungen haben, gelten. Natürlich sind Schwimmbäder, Skipisten und andere typische »Freizeit-Orte« an den Wochentagen nicht so voll wie am Wochenende. Selbstverständlich ist es einfacher, an einem arbeitsfreien Werktag notwendige Behördengänge zu unternehmen, als wenn man dafür einen Tag »Urlaub nehmen« müßte.

Aber rechtfertigen diese einzelnen Interessen schon die Abschaffung des arbeitsfreien Wochenendes? Welche Folgen für Individuum und Gesellschaft sind zu erwarten, wenn der *kollektive* Zeitrhythmus der Gesellschaft aufgelöst wird?

Samstag und Sonntag: Eine wohltuende Einheit

Nicht erst in *unserer* Gesellschaft hat sich der regelmäßige Rhythmus zwischen Zeiten gemeinsamer Arbeit und Zeiten gemeinsamer Ruhe bzw. Freizeit bestens bewährt. Dieser Rhythmus scheint über lange, lange Zeiten hinweg nicht nur eine äußerliche Vereinbarung von Gesellschaften (gewesen) zu sein. Nein, er ist aus Grundbedürfnissen der Menschen selbst entstanden und gewachsen.

Und heute sind Samstag und Sonntag – das gemeinsame Wochenende – zu einer selbstverständlichen *und* wohltuenden Einheit zusammengewachsen. Das freie Wochenende ist mehr als die Summe zweier arbeitsfreier Tage, auch wenn sich die Handlungen und Aktivitäten am Samstag von denen am Sonntag wesentlich unterscheiden.

Für die meisten Menschen unserer Gesellschaft hat der Samstag dieses Gesicht: Er ist Tag des gemeinsamen Großeinkaufs, der Tag für notwendige Reparaturen am Haus und in der Wohnung, der Tag für Gartenarbeiten und Autowaschen, der Tag für »die tausend kleinen Dinge«, die während der Woche liegengeblieben sind.

Natürlich könnten wir diese Tätigkeiten auch an einem anderen Tag verrichten. Aber indem der Samstag dem Sonntag vorangeht, wird dieser Tag noch einmal in besonderer Weise hervorgehoben; der Samstag hat – sowohl gegenüber dem Sonntag wie auch gegenüber allen anderen Wochentagen – sein besonderes Gepräge. Er ist wirklich ein »Tag dazwischen«.

Würde das arbeitsfreie Wochenende aufgelöst, dann bestände nicht nur die Gefahr, die bisherigen Samstags-Tätigkeiten nun am Sonntag zu erledigen. Zu vermuten wäre auch, daß der Sonntag auf einen reinen Erholungstag reduziert würde. Der Sonntag würde lediglich der Regeneration der Arbeitskräfte dienen. Alles Besondere, das diesen Tag bislang von allen anderen Tagen abgesondert und ihn aus dem Alltag herausgehoben hat, drohte verlorenzugehen.

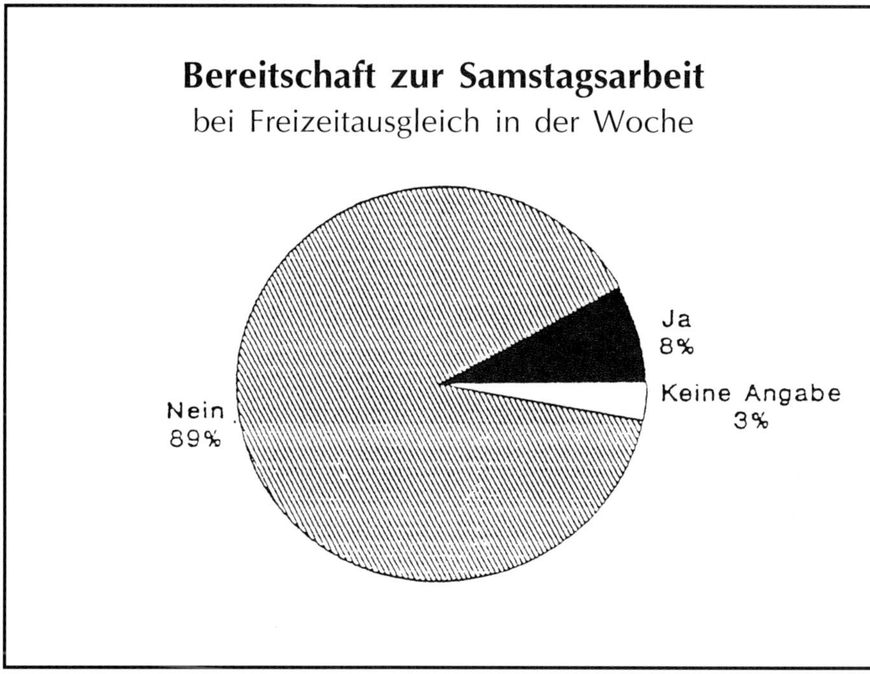

Zu bedenken ist auch dies: Die Einbeziehung des Samstags in die Regelarbeitszeit bedroht den Sonntag in direkter Weise. Denn die bisher in den Betrieben am Samstag durchgeführten Reparatur-, Wartungs- und Instandsetzungsarbeiten müßten nun bei einer Aufhebung des arbeitsfreien Samstags auf den Sonntag verschoben werden...

Außerdem wäre es wohl nur eine Frage der Zeit, eine Frage, die vielleicht in 10 oder 15 Jahren akut werden könnte, dann würden die gleichen Argumente, die heute für den Samstag als Arbeitstag vorgetragen werden, in gleicher Weise auf den Sonntag angewendet. – Warum auch nicht? Für die Interessen der Wirtschaft und der Freizeit-»Verwalter« wäre der Sonntag letztendlich austauschbar mit dem Samstag – und mit allen anderen Wochentagen.

Eine gefährliche Arbeitsteilung:

Die Gewerkschaften für den Samstag – die Kirchen für den Sonntag

Im Blick auf das arbeitsfreie Wochenende hat es manchmal den Anschein, als kämpften die Gewerkschaften für den Erhalt des arbeitsfreien Samstags und die Kirchen für die Bewahrung und »Hochschätzung« des Sonntags. Diese Arbeitsteilung dürfte gefährlich sein und wohl beide auf die Verliererstraße bringen.

Natürlich hat der Sonntag als Tag der Erinnerung an die Auferstehung Christi, als Tag der Verkündigung und der Gemeindeversammlung für die Kirchen seine tiefste und theologisch wichtige Bedeutung.

Natürlich kann diese Sichtweise nicht für die Gewerkschaften im Mittelpunkt der Argumentation stehen. Die religiöse Dimension des Sonntags kann auch nicht der einzige Aspekt sein, der bei der Beurteilung von Arbeitszeit-Regelungen eine Rolle spielt. Es sind auch andere Dimensionen heranzuziehen. Und diese Dimensionen wurden bislang – von Ausnahmen abgesehen – in der kirchlichen Auseinandersetzung um die Flexibiliserung der Arbeitszeit zu wenig beachtet.

Nicht allein der Sonntag und dessen theologische Qualität stehen mit der Auflösung des arbeitsfreien Wochenendes auf dem Spiel. Vielmehr sind weitreichende negative Auswirkungen auf einzelne Menschen, auf Familien, ja, auf die Gesellschaft als Ganze zu erwarten. Zweifellos geht die Flexibilisierung der Arbeitszeit mit einer Erweiterung der Freizeit einher. Aber um welche Freizeit geht es? Welches Verständnis von Freizeit steckt dahinter?
Wenn wir – die Autoren – hier von Freizeit sprechen, dann denken wir nicht an den spielenden, einsamen Menschen der Freizeit-Industrie und Freizeit-Werbung. Wir denken nicht an den »Freizeit-Menschen«, der die Skipisten hinunterfährt oder in Fitneß-Studios oder in Squash-Zentren oder in Spiel-Salons oder ... seine Freizeit verbringt. Freizeit erhält ihren letzten Wert auch nicht allein dadurch, daß sie die Möglichkeit zur Erholung schafft.
Der Wert der Freizeit leitet sich in erster Linie davon ab: Ich habe die Möglichkeit des Kontaktes mit anderen; ich habe die Möglichkeit, selbstbestimmte Zeit mit anderen zu verbringen. Wenn wir dies aber als entscheidenden Wert von Frei-Zeit ansehen, dann dürfte einsichtig sein, worum es bei einer Alternative arbeitsfreies Wochenende - Flexibilisierung der Arbeitszeit eigentlich geht. Dann dürfte auch einsichtig sein, daß Kirchen und Gewerkschaften hier an einem Strang zu ziehen haben und sich nicht in »ihre« Zuständigkeitsbereiche abdrängen lassen dürfen.
Erfahrungen mit Schichtarbeitern zeigen, daß trotz vermehrter Freizeit der Wert ihrer Freizeit gegen Null sinkt, da die Kontaktmöglichkeiten für diese Gruppe stark reduziert sind. – Bei einer zunehmenden Flexibilisierung der Arbeitszeiten droht die Gefahr, daß sich mehr und mehr Menschen in eben dieser Situation befinden und in die private Sphäre zurückziehen werden. Verbunden wird damit bei vielen ein noch höherer Medienkonsum sein. – Das Fernsehen hat sich auf diese Situation bereits eingestellt: Das Angebot ist inzwischen rund um die Uhr konsumierbar.
Und dies wäre noch ein eigenes Kapitel: Die angebotene und angepriesene Flexibilisierung der Arbeitszeiten richtet sich nicht nach den Wünschen der Arbeitnehmer/-innen; tatsächlich wird sie von den betrieblichen Interessen bestimmt...

Schutz des Sonntags – Erhalt des freien Wochenendes

»Kirchen und Gewerkschaften betrachten mit Sorge die zunehmende Bereitschaft und die Absicht von Unternehmensverbänden und einer großen Zahl von Politikern, die regelmäßige Wochenendarbeit, über den zwingend notwendigen Teil gesellschaftlicher Dienstleistungen hinaus, auszudehnen. Über den bereits ausgeweiteten Bereich öffentlicher und privater Dienstleistungen hinaus soll das Wochenende auch im produzierenden Gewerbe in die Regelarbeitszeit einbezogen werden…

Das arbeitsfreie Wochenende ist grundlegende Voraussetzung für den Aufbau und Erhalt sozialer Bindungen, religiöser und persönlicher gemeinschaftsfördernder und gemeinschaftserhaltender Freiräume sowie des kulturellen Lebens.

Aus einer solchen Sicht ist das freie Wochenende, der Samstag und der Sonntag, mehr als die Summe von zwei arbeitsfreien Tagen. Sie sind Dreh- und Angelpunkt gesellschaftlichen, kulturellen und religiösen Lebens und für die persönliche Lebensgestaltung jedes Menschen. Sie sind Ruhepunkte und aktives Leben zugleich.…

Auch eine weitere Flexibilisierung der Arbeitszeit, Änderungen der Ladenschlußzeiten, Arbeit auf Abruf und die Ausweitung der Schichtarbeit haben weitreichende Folgen: Durch sie wird über die für Familie und Freunde, für die Teilnahme am politischen, kirchlichen, gewerkschaftlichen, kulturellen, sportlichen und dem gesellschaftlichen Leben insgesamt verfügbare Zeit entschieden.

Hervorzuheben ist die besondere Bedeutung des Sonntags für Christen. Am Sonntag als dem »Tag des Herrn« feiern sie durch gemeinsame Gottesdienste Tod und Auferstehung Jesu und leben die begründete Sabbatruhe, den Tag des göttlichen Schöpfers. Dies wollen wir respektiert wissen…

Wir fordern die verantwortlichen Kräfte in Wirtschaft und Politik auf:

- rechtliche Bedingungen zu schaffen, die Frauen und Männer von dem Zwang befreien, ihre Zustimmung zu Überstunden und für sie ungünstigste Arbeitszeiten, insbesondere an Wochenenden und Feiertagen, geben zu müssen.
- alles zu tun, um das arbeitsfreie Wochenende dauerhaft zu sichern.

Wir rufen Organisationen, Verbände, Vereine des politischen und gesellschaftlichen Lebens, aber auch Einzelpersonen zur Solidarität mit der gemeinsamen Erklärung auf.

Gemeinsame Erklärung des Evangelischen Kirchenkreises Arnsberg, der Katholischen Seelsorgeregion Sauerland-Nord, des Deutschen Gewerkschaftsbundes Kreis Hochsauerland und der Industriegewerkschaft Metall, Verwaltungsstellen Arnsberg und Olsberg. Februar 1990

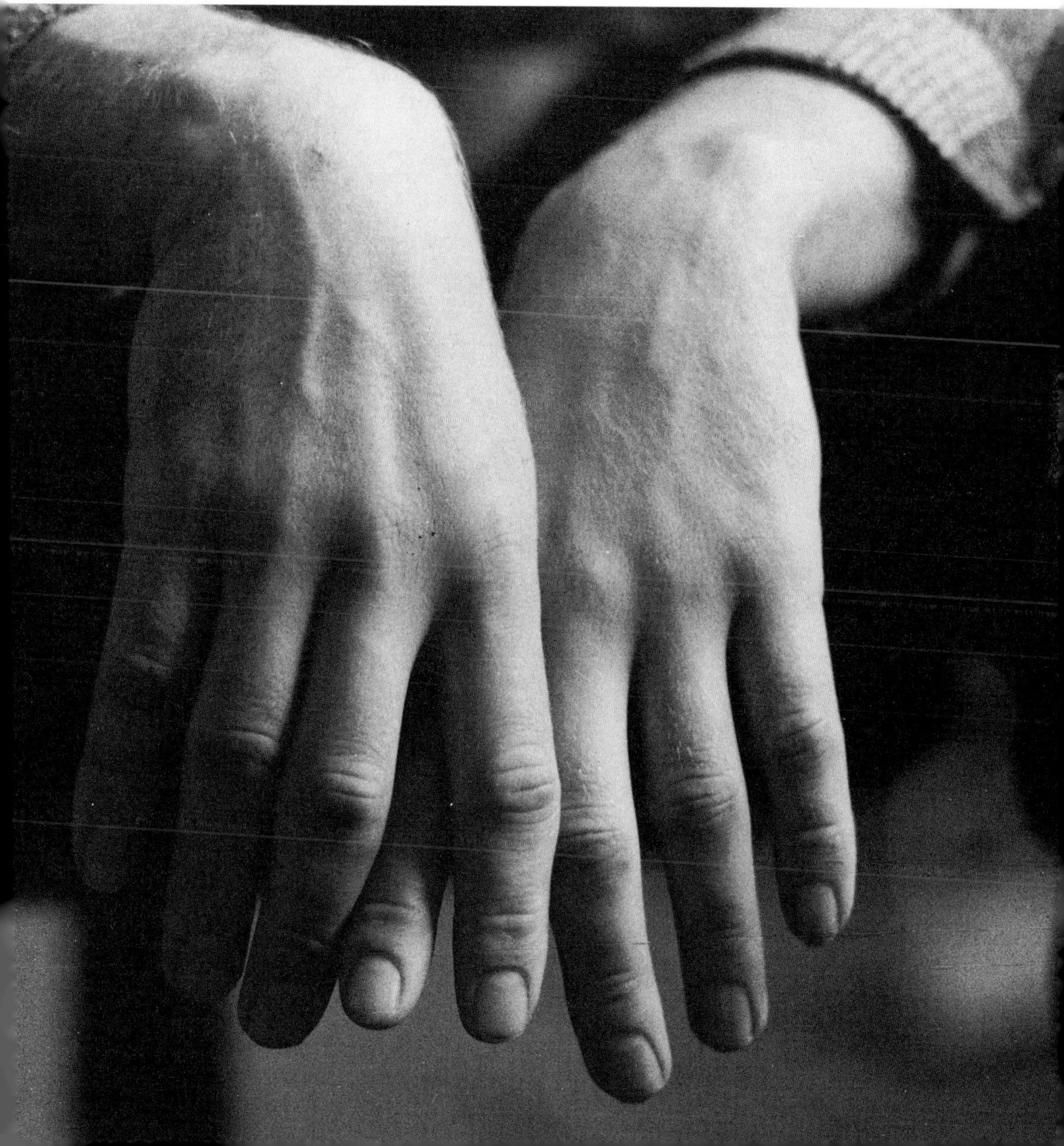

Folgen der Flexibilisierung: Isolierung – Vereinsamung – Kulturverlust

Mit weiterer Flexibilisierung würde der Rückzug aus dem öffentlichen Leben, aus der Mitarbeit in Parteien, Gewerkschaften, Vereinen, Bürgerinitiativen oder in Kirchengemeinden vorprogrammiert sein. Erst recht, wenn öffentliches Engagement mit der Einbindung in die Familie und mit der Verpflichtung für diese noch mehr in eine zeitliche Konkurrenz gerät.
Damit wächst aber auch die Einsamkeit. An deren Ende kann dann eine tiefe Gefährdung der eigenen Identität stehen. Denn: Nur über den Kontakt mit anderen können wir erst wirklich entdecken, wer wir selbst sind, wie wir leben und wie wir anders leben könnten, welche Rolle wir in unserer Welt spielen... Einsamkeit und damit verbundene Orientierungslosigkeit treffen dann noch mehr gerade diejenigen, die eh' schon Schwierigkeiten haben, von sich aus mit anderen Menschen Kontakt aufzunehmen.

Neues Arbeitszeitsystem

Im BMW-Werk in Regensburg wurde im Jahre 1988 ein neues Arbeitszeitsystem eingeführt.
Von Montag bis Samstag werden seitdem pro Tag 9 Stunden gearbeitet. Jeder einzelne Arbeiter arbeitet an 4 Tagen jeweils 9 Stunden, was eine individuelle Arbeitszeit von 36 Stunden ergibt.

»Sportler haben keine Chance«

Ein Interview mit Ugur Lafci, Bundesliga-Ringer

Ugur Lafci (27) ist in Ankara geboren und kam im Alter von drei Jahren mit seinen Eltern nach Bayern.
Seit dem 14. Lebensjahr betreibt er Ringen als Leistungssport. Mit seinem

Verein ATSV Kehlheim stieg er in dieser Saison in die 1. Bundesliga auf. Im Juli 1987 fing er bei BMW in Regensburg an. Im Januar dieses Jahres kündigte er dort.

Metall: *Warum hast Du gekündigt?*
Ugur Lafci: *Ich ringe gern und will damit nicht aufhören. Vor der Umstellung auf die Samstagsarbeit hat alles gut geklappt. Dann ging es nicht mehr.*

Metall: *Wie oft trainierst Du?*
Lafci: *Ein bis zwei Stunden täglich. Durch die Arbeitszeitverlängerung auf neun Stunden am Tag habe ich das körperlich nicht mehr gepackt. Ich konnte nur noch zwei bis dreimal die Woche trainieren. Das war selbst für die zweite Bundesliga zu wenig.*

Metall: *Ist Dir BMW bei Deinem Leistungssport nicht entgegengekommen?*
Lafci: *Nein, im Gegenteil. Bei der Einstellung deutete man mir schon an, daß ich mit dem Ringen kürzer treten sollte. Wie der Teufel es will, holte ich mir bei den bayerischen Meisterschaften im Februar 1988 einen Muskelriß an der Schulter. Ich war sechs Wochen krank.*

Metall: *Hatte das Folgen?*
Lafci: *Direkt nicht. Ich habe mich dann um interne Umschulungsmaßnahmen bei BMW bemüht. Aber BMW hat alle meine Anfragen abschlägig beschieden. Daraufhin habe ich mich beim Arbeitsamt erkundigt. Ich erhielt Ende 1988 grünes Licht für eine Umschulung als Energieelektroniker. Weil ich mit dem Ringen ernsthaft weitermachen wollte, habe ich dann bei BMW gekündigt.*

Metall: *Würdest Du noch mal am Wochenende arbeiten?*
Lafci: *Nein. Ich habe ein ganz neues Verhältnis zu meiner Familie bekommen. Meine Frau arbeitet auch, halbtags bei einer Bank. Wenn ich meine freien Tage bei BMW hatte, mußte sie arbeiten.*

Betroffen von der Auflösung des gemeinsamen arbeitsfreien Wochenendes sind vor allem Familien- und Partnerbeziehungen. Wenn die gemeinsame freie Zeit eingeschränkt wird, gehen notwendige Zeiten für die Pflege der Beziehungen untereinander verloren. Sowohl der Austausch von Zärtlichkeiten als auch das Aufarbeiten von Konflikten bleiben auf der Strecke. Probleme stauen sich an, sie können nicht gelöst werden, weil zu wenig gemeinsame freie Zeit da ist.
Vor allem in den Familien, in denen beide Elternteile berufstätig sind, wird die Zeit fehlen, in denen die Kinder mit ihren Sorgen, Fragen und Wünschen zu den Eltern kommen können. Es wird aber auch die Zeit fehlen für gemeinsame Unternehmungen, für den Besuch bei entfernt wohnenden Verwandten und Freunden. Der gemeinsame Ausflug am Wochenende wird wegen der unterschiedlichen Arbeits- und Freizeiten entweder ganz unterbleiben oder zumindest mit einem großen Aufwand, alle und alles »unter einen Hut zu bekommen«, verbunden sein.
Familie droht zum »Schichtbetrieb« zu verkommen. Eltern-Kind-Beziehungen entarten zu »Staffelstab«-Beziehungen. Die Auswirkungen auf die Entwicklung der Kinder sind nicht absehbar. – Unüberwindbare Schwierigkeiten werden für Alleinerziehende auftauchen: Wo etwa können sie ihre Kinder unterbringen, wenn der Samstag ein Regelarbeitstag wird, der Kindergarten oder die Schule jedoch geschlossen sind?
Leiden unter der Einschränkung gemeinsamer freier Zeit und unter dem Verlust des freien Wochenendes werden aber nicht nur einzelne, nicht nur Partnerbeziehungen und nicht nur Familien. Betroffen sind auch das vielfältige Vereinsleben und der Breitensport. Gerade diese Einrichtungen aber bilden in hochtechnisierten und durchrationalisierten Gesellschaften notwendige Gegengewichte. Sie stehen in der Gefahr, zerstört zu werden. Wie etwa soll der Fußballverein der Kreisliga bei einer weitergehenden Flexibilisierung der Arbeitszeiten noch seine Trainingsstunden abhalten können? Wie sollen die am Samstag üblichen Kinder- und Jugend-Sportveranstaltungen stattfinden, wenn Trainer, Betreuer und Übungsleiter fehlen?

Samstags gerne im Betrieb?

Samstags ist Frank Bierwirth im Betrieb. Er hatte sich vor einem Jahr dazu bereit erklärt. Damals hatte ihn der Abteilungsleiter angesprochen, als für die Instandsetzungsarbeiten die regelmäßige Samstagsarbeit eingeführt wurde. Das klang nicht schlecht: Zuschläge, als wär's Sonntagsarbeit; unter der Woche einen freien Tag, zur Hälfte montags, zur anderen Hälfte rollierend von Dienstag bis Freitag.

Er hatte sogar daran gedacht, sich für die geplante vierte Schicht am Wochenende zu melden: Samstag und Sonntag je 12 Stunden, aber 38,5 Stunden bezahlt und den Rest der Woche frei.

Heute ist er ganz froh darüber, daß die Gewerbeaufsicht die Sonntagsarbeit nicht genehmigt hat; noch nicht. Schon der Samstag macht ihm zu schaffen. Frank Bierwirths Frau arbeitet im Büro, täglich, von Montag bis Freitag. Die beiden Kinder sind in der Schule. Für gemeinsame Unternehmungen, etwa einen Ausflug, ist nur noch der Sonntag da. Franks Zeit für die Familie ist praktisch auf die Hälfte geschrumpft. Der freie Tag in der Woche schafft keinen Ausgleich. Sicher, Frank geht auf den Sportplatz und dreht seine Runden. Doch für gemeinsames Training im Verein ist die Zeit kürzer geworden: der Samstag fehlt. Nein, hätte er das alles vorausgesehen, er hätte sich wohl nicht für die Samstagsarbeit gemeldet.

In den meisten Vereinen und Verbänden hat der Samstag eine besondere Bedeutung. Er ist der Tag der Feier, des geselligen Beisammenseins, der nicht-zweckhaften Zusammenkunft, während Sitzungen und zweckgebundene Aktivitäten an anderen Wochentagen stattfinden.

Die Klassiker der Soziologie, etwa der Franzose Emile Durkheim (1858-1917), haben darauf aufmerksam gemacht, welche Bedeutung ein gesellschaftlicher Lebensrhythmus für die Einbindung des Individuums in die Gesellschaft hat. Geht dieser Rhythmus verloren, löst sich die feste Zeitordnung auf, dann drohen gesellschaftliche Brüche. Gruppen kommen auf, mit je eigenen Werten und Normen, die gegeneinander abgegrenzt sind und nur noch ihr eigenes Leben leben. Das schon bestehende Konfliktpotential einer Gesellschaft würde weiter erhöht. Es würde kaum noch möglich sein, eine gemeinsame, gruppenübergreifende gesellschaftliche Kultur mit gemeinsamen Wertbezügen auszubilden. Gefährdungen des gemeinsamen Rechtsbewußtseins wären nicht auszuschließen. – Schon heute kann in US-amerikanischen Städten, die keine verbindlichen Zeitordnungen kennen, in denen rund um die Uhr konsumiert und produziert wird, eine überdurchschnittliche Kriminalitätsrate beobachtet werden. Dieses Phänomen sollte nachdenklich machen, selbst wenn wir es nicht allein auf die »Verflüssigung« von gesellschaftlichen Zeitstrukturen zurückführen wollen.

Die Einbeziehung des Samstags in die Regelarbeitszeit ist nur ein Schritt zur zunehmenden Flexibilisierung der Arbeitszeiten. Es droht eine »Rund-um-die-Uhr-tätige-Gesellschaft«, in der die Ökonomie die vollständige Herrschaft über die Köpfe und Herzen der Menschen gewonnen hat. Die bestimmenden Werte dieser Gesellschaft werden sein: Effizienz, Leistungssteigerung und Konkurrenz. Unter dem »Markenzeichen Flexibilisierung« droht nicht nur eine Gesellschaft, die die Distanz zur eigenen Arbeit verloren hat. Es ist auch eine gesellschaftliche Kultur zu befürchten, die die Werte der Solidarität, des Einsatzes für die Schwächeren – christlich gesprochen: der Nächstenliebe – in den privaten Bereich verbannt. Es droht eine Gesellschaft, in der jede und jeder sich selbst die/der Nächste ist. Die »Rund-um-die-Uhr-Gesellschaft« kennt keine Ruhepausen mehr, in denen über die Ziele der gesellschaftlichen Entwicklung nachgedacht und gesprochen werden kann. Diese Gesellschaft kennt aber auch keine Feste mehr, in denen sie sich ihrer Vergangenheit erinnert und Abstand gewinnen kann vom Arbeits-Alltag.

Eine Gesellschaft mit individuellen Zeitstrukturen produziert das Problem der Einsamkeit

»Eine solche Einsamkeit bedeutet dann freilich nicht nur den Kontaktverlust mit anderen Menschen, sondern schließlich auch den Kontaktverlust mit sich selbst. Denn nur auf dem Umweg über andere und anderes hat sich der Mensch.«

H.P. Dreitzel

»Da sägt jemand an Ihrem Schreibtischstuhl!«

Eigentlich müßten wir immer »im (in) Betrieb« sein,
eigentlich müßten wir immer mit unserem Betrieb in Verbindung stehen,
eigentlich müßten wir immer erreichbar sein
und unseren Betrieb erreichen können,
eigentlich müßten wir uns immer auf dem laufenden halten
– ohne Pause, ohne Unterbrechung ... –
Sonst steht es schlecht um die eigene Karriere...

So wenigstens redet es uns die Werbung ein.
In einer Werbung für das Auto-Telefon klingt das etwa so:

»Wie, Sie wissen nicht, was sich gerade in Ihrem Betrieb tut – nur weil Sie nicht da sind?
Wie, Sie wissen nicht, was sich gerade in der Geschäftsverbindung zwischen Ihrer Firma und der Firma... tut und verändert nur weil Sie unterwegs sind?
Wie, Sie wissen nicht, daß da gerade jemand an Ihrem Schreibtischstuhl sägt...?
Das alles könnte Ihnen nicht passieren, wenn Sie das Auto-Telefon ›Immer Erreichbar‹ hätten. Dann wären Sie immer erreichbar, dann wären Sie immer auf dem laufenden... Deshalb...«

Auftag der Kirche(n): Gemeinschaft sein – Gemeinschaft leben – Gemeinschaft feiern

Alle christlichen Kirchen haben dies gemeinsam: Sie verstehen sich zuerst als Gemeinschaft und nicht als Institution.
Sie sind zuerst Gemeinschaft von Christus-Gläubigen und nicht eine organisierte Vereinigung.
Ihr Glaube entsteht aus Gemeinschaft, will gelebt und gefeiert werden in Gemeinschaft, will sich auswirken in der eigenen Gemeinschaft und darüber hinaus in der Gesellschaft, in der Welt.

Kirche = Communio = Gemeinschaft

Seit den Anfängen hat die Kirche ein zentrales Erkennungszeichen, in dem sie sich und anderen ausdrückt, daß sie Gemeinschaft ist und wie sie diese versteht: Die Feier der Eucharistie, zu der sich Sonntag für Sonntag die Gemeinde versammelt. Aber die Kirche – jede christliche Kirche – wird sich immer fragen (lassen) müssen: Ist sie wirklich das, was sie da feiert?
Wird in dieser Eucharistie – oder mögen wir sie Herrenmahl oder Abendmahl oder Gottesdienst nennen – tatsächlich Gemeinschaft erfahren?
Kommt das Leben dieser Gemeinschaft zur Sprache?
Trägt diese Feier dazu bei, Gemeinschaft aufzubauen?
Oder wird da routiniert etwas zelebriert, bei dem die Gemeinschaft nicht beteiligt ist, in dem Gemeinschaft nicht vorkommt, in dem Zeichen und Sprache und Verhalten am tatsächlichen Leben vorbeigehen…?

Keine nebensächlichen Fragen, sondern Kernfragen, weil es um *das* Erkennungszeichen geht.

So?	oder	So?
Das Leben der jungen Gemeinden		Die rechte Feier des Herrenmahles
»Und alle, die gläubig geworden waren, bildeten eine Gemeinschaft und hatten alles gemeinsam. Sie verkauften Hab und Gut und gaben allen davon. Jedem so viel, wie er nötig hatte. Tag für Tag verharrten sie einmütig im Tempel, brachen in ihren Häusern das Brot und hielten miteinander Mahl in Freude und Einfalt des Herzens. Sie lobten Gott und waren beim ganzen Volk beliebt.« *Apostelgeschichte 2,44-46*		»Wenn ich schon Anweisungen gebe: Das kann ich nicht loben, daß ihr nicht mehr zu eurem Nutzen, sondern zu eurem Schaden zusammenkommt: ... Was ihr bei euren Zusammenkünften tut, ist keine Feier des Herrenmahls mehr; denn jeder verzehrt sogleich seine eigenen Speisen, und dann hungert der eine, während der andere schon betrunken ist...« *1 Korinther 11,17-21*

»Am Sonntag kommen wir alle zusammen«

An dem Tag, der »Tag der Sonne« genannt wird, kommen alle in der Stadt und auf dem Land Wohnenden am gleichen Ort zusammen. Dann werden die Erinnerungen der Apostel vorgelesen oder die Schriften der Propheten, solange die Zeit es erlaubt. Wenn dann der Vorleser seinen Dienst beendigt hat, hält der Vorsteher eine Ansprache, in der er eindringlich mahnt, diese guten Lehren zu befolgen.
Dann stehen wir alle zusammen auf und beten. Dann, wenn das Gebet beendet ist, wird Brot, Wein und Wasser herbeigebracht. Der Vorsteher sendet mit aller Kraft Gebete und Danksagungen empor, und die Gemeinde stimmt zu, indem sie das Amen spricht. Dann erhält jeder der Anwesenden Anteil an den Gaben, über welche die Danksagung gesprochen ist. Den Abwesenden wird davon durch die Diakone geschickt.
Die Wohlhabenden und alle, die es wollen, spenden dann nach eigenem Ermessen, was sie sich vorgenommen haben. Das Ergebnis der Sammlung wird beim Vorsteher hinterlegt. Er sorgt dann für die Waisen und Witwen und für alle, die an einer Krankheit oder sonst einem Übel leiden, auch für die Gefan-

genen, die ankommenden Fremden, kurz für alle, die in Not sind. Ihrer aller nimmt er sich an.
Am Sonntag kommen wir alle zusammen, weil er der erste Tag ist, der Tag, an dem Gott die Finsternis und den Urstoff verwandelte und so die Welt erschuf; der Tag, an dem unser Heiland Jesus Christus von den Toten erstand.

Justin, der Martyrer (um 150)

Statt Fest der Gemeinschaft Freizeit des einzelnen

Der Sonntag wird im ganzen nicht mehr getragen von einer Gemeinschaft, die gemeinsame Überzeugungen hat und sie in Kultur und Feier zum Ausdruck bringen kann. Der Sonntag ist mehr und mehr zur Freizeit des einzelnen geworden, die Mitfeier des sonntäglichen Gottesdienstes zum nur noch privaten Entschluß. Das »Miteinander« schrumpft zusammen. Dies gilt auch in räumlicher Hinsicht: Arbeiten und Wohnen, Familie und Freizeit rücken meist auseinander. An Wochenenden erfolgen geradezu »Völkerwanderungen« aus den Ballungszentren. Die Pfarrgemeinde, in der man wohnt, bleibt zwar wichtig, aber man hat oft eine andere »Anbindung« an diese oder jene Gemeinde oder ihren Seelsorger. Die frei werdende Zeit vertreibt man, indem man das riesige Angebot der Freizeitindustrie nützt, das freilich auf seine Weise neue Abhängigkeiten und unaufhörlichen Streß erzeugen kann.

Bischof Karl Lehmann

»Das soll ein Gemeinschaftsfest sein…?«

»Gottesdienste haben mir erst dann etwas gesagt, als mir durch Jugendgottesdienste deutlich wurde, was sich hinter der alltäglichen (sonntäglichen) Liturgie verbirgt, was hinter den Formen versteckt ist. Erst jetzt konnte ich etwas damit anfangen.
Was mir wichtig ist, ist die Ruhe, das Lesen in der Schrift und darüber nachzudenken. Leider höre ich selten eine Predigt, die mir etwas bringt, die mich herausfordert. Was gesagt wird, ist lau und

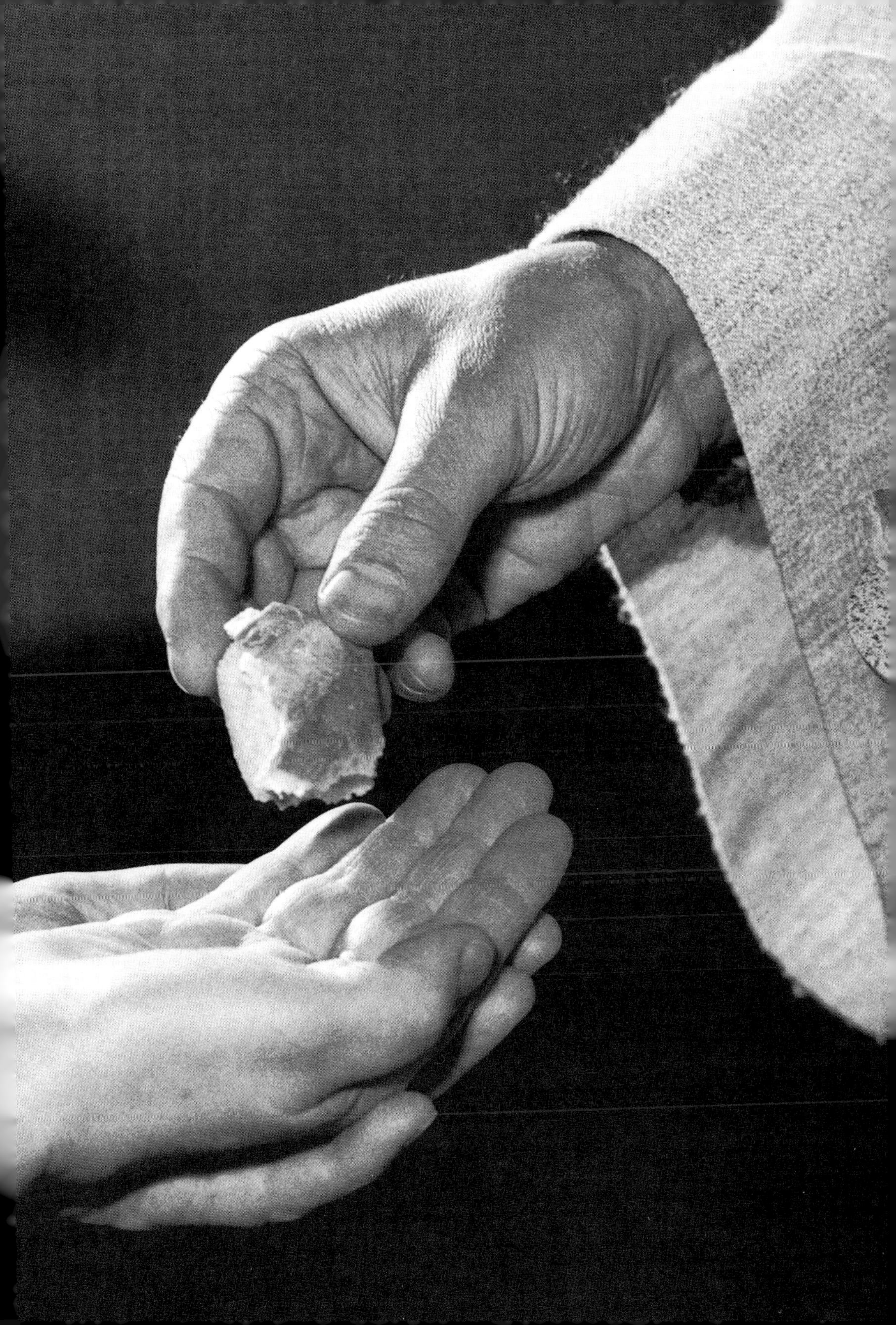

abgeschwächt und beruhigt nur mein Gewissen, – falls ich überhaupt ein schlechtes haben sollte. Es wird selten klar, welchen Bezug Christus zu meinem ganz konkreten Leben hier hat. Und es wird mir fast nie klar, daß dieser Glaube Einsatz und Opfer bedeutet. Das stört mich ganz arg.
Die Themen der Predigt sind selten aktuell.
Die Art, Gottesdienst zu feiern, stört mich: vorne der Pfarrer, als Zuschauer die Gemeinde, keiner kann den anderen ansehen... Hier soll ein Gemeinschaftsfest gefeiert werden?«

Eva (17 Jahre)

»Wenn das Gemeinde sein soll...«

»... Der Kirchgang ist mir in letzter Zeit immer unwichtiger geworden. Früher haben mich meine Eltern immer gezwungen, die Sonntagspflicht zu erfüllen. Bis vor kurzem haben sie mich jedesmal wohl oder übel dazu gebracht, doch dann habe ich meinen Willen durchgesetzt. Nicht ohne Begründung!
Ich habe mir überlegt: Wozu Kirche? – Die Antwort lautete eindeutig: ›Gemeinde sein‹ und ›Eucharistie feiern‹. Aber das konnte ich aus meinen eigenen Erfahrungen gar nicht nachempfinden. Wenn das stumme, unüberlegte, gezwungene Stillsitzen ›Gemeinde‹ sein soll – naja!
Ich kann in einer kleinen Gruppe mit aktiven Leuten viel eher was zustande bringen und ›Gemeinde sein‹. Außerdem bin ich nicht mit allem einverstanden, was man in der Kirche – ohne Einspruch erheben zu können – alles über sich ergehen lassen muß.
Persönlich bringt mir ein kurzes eigenes Gebet mehr. In der Kirche sitze ich immer nur da, schaue auf die Uhr, wie lange es noch dauert, versuche, mich zu konzentrieren und zuzuhören, was der Pfarrer sagt. Doch was der sagt, ist viel zu abstrakt, viel zu unpersönlich und viel zu weit weg vom konkreten Leben.
Nur in manchen ›lockeren‹ Jugendgottesdiensten sieht die Sache anders aus...«

Jemand,
der sich wirklich Gedanken gemacht hat (18 Jahre)

Gewissenserforschung

Aus dem Abendgebet der
»Kleinen Brüder und Schwestern
Jesu«

Sind wir geduldig, einfach und liebevoll
gewesen?
Haben wir jenen genug Zeit gegeben,
die zu uns kamen?
Haben wir ihre Hoffnung beantwortet,
wenn sie fragten?
Haben wir sie umarmt,
wenn sie weinten?
Haben wir sie zärtlich aufgemuntert,
bis ihr Lachen wieder da war?
Haben wir Blumen gegeben
mit dem Brot?
Sind wir unseren Schwestern und Brüdern
immer Schwester und Bruder
gewesen?

Der Sonntag

Ein Tag des Festes

Was wir so sagen…

Feste feiern oder feste feiern?
Zum Fest einladen oder eingeladen sein
Die Feste feiern, wie sie fallen
Ein Fest vorbereiten und gestalten
Lebenswichtiges am Fest festmachen
Ich freue mich auf das Fest
Da herrscht eine festliche Stimmung
»Unser Leben sei ein Fest…«
Die können noch richtig Feste feiern
Meine Festtagskleidung anziehen
Die haben ihre Festbeleuchtung an
Trinkfest und arbeitsscheu
Nur kein Fest auslassen!

…

ein fest fängt bei uns selber an

ein fest
fängt
bei mir
selber
an
ich
halt mich
nicht
zurück

denn
wenn
ein fest
für alle
glückt
bin ich
ein stück
von
diesem
glück

die freude
die
beim fest
sich zeigt
ist vor-
schein
von
dem
glück

das auf-
steigt
und was
alle
eint
als ewigkeit
im augen-
blick

Wilhelm Willms

Sonntag in unseren Landen – so oder …?

Der Sonntag – ein Festtag, ein Feiertag? Für viele Menschen ist der Sonntag das schon lange nicht mehr. Eher ist er ein Tag der Langeweile. – Vielleicht treffen die Erfahrungen, die der Liedermacher Franz-Josef Degenhardt in seinem Lied 1965 niedergeschrieben hat, auch heute noch unsere Empfindungen.

Deutscher Sonntag
Sonntags in der kleinen Stadt

Wenn die Spinne Langeweile Fäden spinnt und ohne Eile giftig grau
die Wand hochkriecht, wenn's blank und frischgebadet riecht,
dann bringt mich keiner auf die Straße und aus Angst und Ärger lasse
ich mein rotes Barthaar stehn und laß den Tag vorüber gehn.
Hock am Fenster, lese meine Zeitung, decke Bein mit Beine,
geh, hör und rieche nebenbei das ganze Sonntagseinerlei.
Pam padam, pam pam padam,
pam pampadam, jam pam pam pam pam.

Da treten sie zum Kirchgang an, Familienleittiere voran.
Hütchen, Schühchen, Täschchen passend, ihre Männer unterfassend,
die sie heimlich vorwärts schieben, weil sie gern zu Hause blieben.
Und dann kommen sie zurück, mit dem gleichen bösen Blick,
Hütchen, Schühchen, Täschchen passend, ihre Männer unterfassend,
die sie heimlich heimwärts ziehn, damit sie nicht in Kneipen fliehn.
Pam padam, pam pam padam,
pam pampadam, jam pam pam pam pam.

Wenn die Bratendüfte wehen, Jungfraun den Kaplan umstehen,
der so nette Witzchen macht, und wenn der dann so harmlos lacht,
wenn auf allen Fensterbänken Pudding dampft und aus den Schränken
schallt das Lied vom Wiesengrund, und daß am Bach ein Birklein stund.

Alle Glocken läuten mit, die ganze Stadt kriegt Appetit.
Das ist dann genau die Zeit, dann frier ich vor Gemütlichkeit.
Pam padam, pam pam padam,
pam pampadam, jam pam pam pam pam.

Da hockt die ganze Stadt und mampft, daß Bratenschweiß aus Fenstern dampft
Durch die fette Stille dringen Gaumenschnalzen, Schlüsselklingen,
Messer, die auf Knochen stoßen, und das Blubbern dicker Soßen.
Hat nicht irgendwas geschrien? Jetzt nicht aus dem Fenster sehn,
wo auf Hausvorgärtenmauern ausgefranste Krähen lauern.
Was nur da geschrien hat? Ich werd so entsetzlich satt.
Pam padam, pam pam padam,
pam pampadam, jam pam pam pam pam.

Wenn Zigarettenwolken schweben, aufgeblähte Nüstern beben,
aus Musiktruhn Donauwellen plätschern, über Mägen quellen,
dann hat die Luft sich angestaut, die ganze Stadt hockt und verdaut.
Woher kam der laute Knall? Brach ein Flugzeug durch den Schall?
Oder ob mit mal die ganze Stadt ihr Bäuerchen gelassen hat?
Die Luft riecht süß und säuerlich, ich glaube, ich erbreche mich.
Pam padam, pam pam padam,
pam pampadam, jam pam pam pam pam.

Dann geht's zu den Schlachtfeldstätten, um im Geiste mitzutreten,
mitzuschießen, mitzustechen, sich für wochentags zu rächen,
um im Chor Worte zu röhren, die beim Gottesdienst nur stören.
Schinkenspeckgesichter lachen treuherzig, weil Knochen krachen
werden. Ich verstopf die Ohren meiner Kinder. Traumverloren
hocken auf den Stadtparkbänken Greise, die an Sedan denken.
Pam padam, pam pam padam,
pam pampadam, jam pam pam pam pam.

Und dann die Spaziergangstunde durch die Stadt, zweimal die Runde,
Hüte ziehen, spärlich nicken, wenn ein Chef kommt, tiefer bücken.
Achtung, daß die Sahneballen dann nicht in den Rinnstein fallen.
Kinder baumeln, ziehen Hände. Man hat ihnen bunte, fremde
Fliegen, Beine ausgefetzt, sorgsam an den Hals gesetzt,
daß sie die Kinder beißen solln, wenn sie zum Bahndamm fliehen wolln.
Pam padam, pam pam padam,
pam pampadam, jam pam pam pam pam.

Franz-Josef Degenhardt

Fest der Sinne

Vor Jahren fragte ich mich einmal, mit welcher Farbe man die einzelnen Wochentage wohl verbinden könne. Komischerweise gab es da für mich eine gewisse Regelmäßigkeit und Gewißheit der Vorstellung. So gehörte zum Montag ein rot-brauner, zum Mittwoch ein hell ocker-farbener, zum Freitag ein weiß-gelber Farbton. Der Sonntag besaß in meinen Augen mit Sicherheit ein transparent-gläsern-silbriges Aussehen. Dies entsprach – so empfinde ich es heute – seiner herausgehobenen Wichtigkeit und Bedeutung.
Und so, wie der Sonntag eine bestimmte Farbe hatte, so war mein Empfinden mit diesem Tag in ganz besonderer Weise anders als an den übrigen Tagen der Woche. Ja, es gab – vor allem wenn ich mit meinen Gedanken in meine Kindheit zurückgehe – dieses typische Sonntagsgefühl, das ich schon frühmorgens beim Aufwachen empfand. Es hatte etwas zu tun mit meinen Sinnen – mit Hören, Sehen, Schmecken und Fühlen…

Den Sonntag hören

Der Sonntag war ein Tag mit eigenen Geräuschen:
Schon beim Aufwachen klang der Hall der Schritte von der Straße her anders als gewohnt – spärlicher, aber durchdringender; Sonntagsschuhe schienen andere Geräusche zu verursachen als Alltagsschuhe. Es war ein qualitativ anderer Anteil an Ruhe und Lärm, von dem dieser Tag begleitet wurde. Zum Beispiel das Dröhnen der Glocken der recht nahen Pfarrkirche – sonntags erklangen immer mehr Glocken als alltags; vor jedem Gottesdienst zwei, vor dem Hauptgottesdienst vier Glocken. Wenn es ganz viel »Krach« machte, dann war mit Sicherheit Feiertag – Sonntag…
Ich hörte, daß es Sonntag war.

Den Sonntag riechen

Der Sonntag war ein Tag mit eigenen Gerüchen:
Extra Schnittblumen im Haus, und kein Muckefuck –, sondern Bohnenkaffee – Duft, der durch die Wohnung wehte. Mutter trug Parfum. – Oder die Gerüche im Inneren der Kirche: die Menschen, die Kerzen, der Weihrauch. – Oder in den Straßen, zu Hause: Bratendüfte, Rotkohl – unterschiedliche Düfte! …
Ich konnte riechen, daß Sonntag war.

Den Sonntag sehen

War es die andere Kleidung, die man sonntags zu tragen hatte? Waren es die ernsten und zugleich entspannten Gesichter der Menschen, mit denen man Kontakt hatte? Waren es die anderen Situationen, in denen man seinen Mitmenschen begegnete? – Waren es also auch die Erlebnisse der Augen, die mich den Sonntag anders sehen ließen als den Alltag? …

Aber ja! Denn ich konnte in und an vielen Dingen sehen, daß es Sonntag war.

Den Sonntag fühlen

So war der Sonntag auch ein Tag mit eigenen, zu ihm gehörenden Gefühlen:

Nach der Samstagsbeichte fühlte ich mich innerlich vorbereitet auf die Wichtigkeit dieses Feiertages der Woche. Die Wichtigkeit war es, die Bedeutsamkeit, die ich spürte. Sie hatte etwas mit der Öffnung meines Herzens zu tun, mit dem Sich-bereit-Machen für eine andere Dimension meines Daseins…

Ja, ich konnte fühlen, daß Sonntag war.

Alle Sinne waren beteiligt und ließen mich auf vielfältige Weise, aber sehr eindrucksvoll diesen Tag erleben. – So war der Sonntag für mich wie ein Fenster, das ich öffnen durfte, um mich in einer irgendwie geheimnisvollen Ordnung und Regelmäßigkeit der Erscheinungen sicher und glücklich zu fühlen…

Ich habe etwas verloren…

Soweit meine Erinnerungen… Sie schmerzen, weil ich etwas verloren zu haben glaube, was mir gut, wichtig und richtig war. Vielleicht habe ich etwas von meinem Glauben verloren, da ich den Sonntag nicht mehr so intensiv fühle, sehe, rieche und höre wie in den Tagen meiner Kindheit.

Heute ist alles anders. Jahrzehnte liegen dazwischen. Über die Frage, warum ich den Sonntag heute flacher erlebe, muß ich wohl noch intensiver nachdenken…

Rolf Hagen

Den Sonntag am Vorabend beginnen

Ablauf und Gestaltung des Sonntags hängen oft entscheidend vom Ablauf und der Gestaltung des Samstags – vor allem des Samstagabends – ab, davon,

… ob wir samstags bis weit in die Nacht gefeiert haben,
… ob wir bis zum Programmschluß vor dem Fernseher gesessen haben,
… ob wir bis in den Abend hinein gearbeitet haben;
oder aber davon,
… ob wir den Samstagabend bewußt als »Einläuten des Sonntags« verstehen und gestalten.

Konkrete Gestaltungsmöglichkeiten könnten sein:

* Wir essen gemeinsam zu Abend und bereiten das Abendessen auch gemeinsam vor.
* Wir besuchen den Vorabendgottesdienst und treffen uns dazu oder danach mit Freunden – zu einem anschließenden Spielabend, zu einem Bummel, zum Theaterbesuch, zum …
* Wir finden uns zu Hause zu gemeinsamem Tun zusammen: Spielen, Basteln, Vorlesen, eine gemeinsame Fernsehsendung …
* Wir überlegen und verständigen uns, was wir am morgigen Sonntag gemeinsam machen, was die einzelnen für sich tun möchten, was wer mit wem tun möchte …

Vielleicht ist gerade der späte Samstagnachmittag oder ein Teil des Samstagabends besonders geeignet, daß sich ein bestimmter »Ritus« entwickelt, der Raum läßt, sowohl für gemeinschaftliches Tun als auch für individuelle Interessen und persönliche Wünsche.

☞ *Fest = Der feste Tag*

Das Wort »Fest« kommt aus dem Lateinischen: Dies festus = der feste Tag, der von Geschäften und Arbeit freie Tag. Feste gliedern den Ablauf des Jahres, des Menschenlebens oder größerer Zeiteinheiten durch Wegmarken. Diese entsprechen zwar menschlicher Satzung, sind aber in ihrem inneren Rhythmus jenen Lebensabläufen angepaßt, die sie zum Ausdruck bringen wollen. Insbesondere werden der Anfang, die Höhepunkte und das Ende eines Verlaufes oder Ereignisses, ferner entscheidende Wendepunkte des Lebens festlich begangen, dadurch symbolisch verdichtet und im Feiern dargestellt. Aus alten Kulturen hat sich bis heute der Glaube entwickelt und erhalten, daß Ereignisse und Entwicklungen erst dadurch wirklich werden oder erst in der richtigen Weise ablaufen können, wenn sie im Fest ausdrücklich vollzogen werden.
Wiederkehrende Zeitabläufe – vor allem im Jahresablauf – führen zu regelmäßig wiederkehrenden Festen. Größere und einmalige Abläufe – zwischen Geburt und Tod im individuellen Leben oder Ge-Denk-Tage im Gemeinschaftsleben – führen zu besonderen Festen. Zum Fest gehört also immer ein Ereignis, das gefeiert wird.
Träger eines Festes ist immer eine Gemeinschaft. Deshalb können sie auch nur in Gemeinschaft gefeiert werden. Im Fest bestätigt eine Gemeinschaft ihre Einheit, schließt sich der Mitwelt (Gäste!) gegenüber auf und stellt sich ihr dar. Der Gemeinschaftscharakter spiegelt sich auch in den Inhalten des Festes wider. – Von jeher waren und sind für die Ausgestaltung und den Ablauf der Feste wichtig: Festzüge/Prozessionen, Tanz, Spiele, Musik, Essen und Trinken, Bescherungen/Geschenke… Feste brauchen einen bestimmten Ausdruck, mit dem gefeiert wird.
Der zum Fest dazugehörige Aufwand – bis hin zur Verschwendung – setzt das Fest sichtbar vom Alltag ab. Durch ihre Herausgehobenheit aus dem Alltag treten die Feste in Gegensatz zum Arbeitsleben, besonders dort, wo dieses hart und streng geregelt ist. Sie gewinnen dann, obwohl dies nicht ihre ursprüngliche Bedeutung ist, den Charakter der Arbeitsruhe, des Ausspannens und der Feier. Wie der »Feierabend« den kleinen, so bestimmen die Feste den großen Rhythmus des Arbeitslebens.
An die Stelle der früheren religiösen Regelung hat das moderne Verfassungs- und Arbeitsrecht die gesetzliche Regelung der Feiertage gesetzt.

»Laßt uns ein Fest feiern, denn wir haben Grund dazu«

Wir können unmöglich jeden Tag ein Fest feiern.
All-täglich ist der Alltag, nicht das Fest.
An den meisten Tagen – eben an den Alltagen –
müssen wir für unser eigenes Leben
und für das Weiterleben anderer sorgen.
Wir müssen arbeiten, Geld verdienen,
sachlich und zweckorientiert Aufgaben erledigen.
An den meisten Tagen
müssen wir uns einsetzen
für unseren Betrieb,
für die Aufrechterhaltung und Weiterentwicklung
unserer Welt und Gesellschaft.

Feste sind die Ausnahme.
Sie sind abgehoben vom Alltag,
aber nicht losgelöst vom Alltag.

Feste erinnern daran,
daß das Leben auch noch andere Seiten hat
als die Ansprüche des Alltags.
Feste unterbrechen den Trott
und eröffnen Aus-Wege aus dem Alltag.
Feste lassen uns für eine Spanne Zeit,
unsere lastenden Pflichten zu vergessen.
Feste wollen uns aber froh und gestärkt
wieder in den Alltag zurückkehren lassen.
Feste wollen unseren Alltag nicht verdrängen,
aber verändern.

Seit es Menschen und menschliche Kultur gibt,
begehen Menschen Feste.
Im Fest feiert der Mensch sein Leben.
Deshalb – weil sie immer schon wußten:
Leben ist nicht selbst-verständlich,
es ist und wird uns geschenkt.
Deshalb feiern wir:
Danken für das Leben, bitten um das Leben,
hoffen auf das (weitere) Leben.

Können wir heute noch feiern?

Früher konnte man sagen:
»Man soll die Feste feiern, wie sie fallen.«
Die Menschen hatten (immer wieder) Grund zum Feiern,
viele, viele Gelegenheiten zwischen Geburt und Tod,
weil sie ihr Leben jemandem verdankten.

Wie aber sieht das heute aus –
in unserer modernen Leistungsgesellschaft?
Wo ist da noch ein gemeinsamer Boden
für gemeinsames Feiern?

Wie feiern –
wenn diese Voraussetzungen nicht mehr da zu sein scheinen:
keine gemeinsame Erinnerung an eine gute Vergangenheit,
keine gemeinsame Hoffnung auf eine gute Zukunft,
kein gemeinsamer Grund zum Feiern in der Gegenwart?

Wie feiern –
wenn wir uns, unser Leben,
die Geschichte und Entwicklung unseres Lebens
nicht mehr jemandem ver-danken,
sondern als selbstverständlich oder zufällig registrieren,
die einen so, die anderen anders, andere wieder anders?

Wie feiern –
wenn wir in aufgeklärter Nüchternheit
und ununterbrochenem Fleiß
unsere Zeit einfallslos verplanen
und für Phantasie und festliches Spielen
keine Zeit mehr lassen?

Wie feiern –
wenn wir wie unsere Maschinen geworden sind,
die zu funktionieren und den Schnelligkeits-Takt zu geben haben,
die nicht frei und lustig und anders sein dürfen?

Wie feiern –
wenn uns bei dem, was wir protzig auftischen,
die Lebenskraft und die Qual der dafür Unterdrückten
gleichgültig sind?

Wie feiern –
wenn wir uns heute von der einen Fete
zur nächsten Party hetzen,
wenn wir dies alles »Fest« nennen:
Straßenfest – Vereinsfest – Weinfest – Pfarrfest – Grillfest –
Brunnenfest – Stadtfest – …?

Haben wir noch Grund zum Feiern?

Noch nie haben Menschen so häufig gefeiert
wie wir heute.
»Einen Grund zum Feiern werden wir schon finden!«
… aber ein wirklicher Grund ist nicht mehr da.
Es fehlen die Dimensionen von Erinnerung und Hoffnung,
von Vergangenheit und Zukunft,
die in der Gegenwart gefeiert werden wollen.

Wenn unseren vielen Festen der Grund, die Wurzel fehlt,
dann hilft uns und unseren Festen auch nicht,
daß wir mehr Zeit zum Feiern haben,
daß wir mehr Gelegenheiten zum Feiern finden,
daß wir mehr Geld zum Feiern ausgeben können,
daß wir mehr Menschen zum Mitfeiern kennen...

Weil unseren vielen Festen der Grund, die Wurzel fehlt,
deshalb unterscheiden sich unsere vielen Feste
auch kaum voneinander.
Das eine Fest ist wie das andere,
austauschbar sind sie geworden ...
Hauptsache: Gut essen und (noch mehr) gut trinken.
Am nächsten Tag dann – Katerstimmung...

Und trotzdem:
Wie vordergründig unsere Motive zum Feiern auch sein mögen,
wie erfinderisch wir auch in der Suche nach Anlässen sind,
wie oberflächlich wir auch nur Essen und Trinken,
belangloses Miteinander-Reden und gute Stimmung
als wichtig für ein »gelungenes« Fest ansehen mögen...
wir haben – auch heute noch – ein Bedürfnis
nach Fest und Feier.
Wir müssen hin und wieder ein Fest feiern.

Anlaß – Ausdruck – Gemeinschaft

Feste brauchen einen Anlaß. Ohne Anlaß kein Fest.
Anlässe –
zu Beginn des Lebens,
zur Besiegelung einer Liebe,
eine wichtige Lebensentscheidung,
ein besonderes Ereignis früher oder heute...
Wir feiern diese Anlässe,

weil es für uns ein guter Beginn war,
weil wir uns gern an einen guten, sinnvollen Beginn erinnern.
Wir feiern diese Anlässe,
weil wir Entscheidendes in der Vergangenheit
nicht selbst machen konnten.
Wir feiern diese Anlässe,
weil Entscheidendes in der Zukunft
nicht allein bei uns, bei unserem Können und Leisten liegt.
Wir feiern diese Anlässe,
weil wir uns ver-danken
und deshalb Grund zum Danken haben.

Im Fest versuchen wir,
unseren dankbaren Empfindungen Ausdruck zu geben:
Wir schmücken den Raum und den Tisch,
wir ziehen uns festliche Kleidung an.
Wir singen, tanzen und spielen;
unsere Gespräche sind locker und froh und leicht.
Im Mittelpunkt steht das festliche Mahl.
Wir versuchen, in Gesten und Symbolen,
in überlieferten Riten und alten Bräuchen
einander unseren Glauben, unsere Hoffnung, unsere Freude
zu »sagen«.

Wichtige Anlässe unseres Lebens ausdrucksvoll feiern –
das können wir nicht allein.
Keiner käme auf die Idee: »Das feiere ich für mich allein!«
Allein kann ich gut essen,
allein kann ich mich betrinken,
aber ein Fest wird das nie…
Ein Fest wird erst dann,
wenn eine Gemeinschaft feiert,
wenn Gäste und Freunde zusammenkommen.
Erst die Gemeinschaft gibt dem Fest seinen Sinn,
seine Symbole und seine Ausdrucksform.
Die ein Fest feiernde Gemeinschaft

setzt sich von anderen Menschen ab.
Für diese Fest-Gemeinschaft, nicht für andere
ist das Ereignis, das gefeiert wird,
von Bedeutung.

Ein Fest führt eine Gemeinschaft zusammen,
zugleich stiftet es neu Gemeinschaft.
Vielleicht hat diese Festgemeinschaft
im Alltag wenig miteinander zu tun,
denn der Alltag trennt, vereinzelt, entfernt voneinander.
Das Fest gründet neu den Zusammenhalt,
erinnert, bekräftigt und ermahnt:
»Wir haben eine gemeinsame Geschichte,
wir haben gemeinsame Werte,
wir sind miteinander verbunden.«

Das zusammen im Fest Gefeierte,
das gemeinsam im Fest Festgemachte,
das gemeinsam zum Ausdruck gebrachte Ja zum Leben
- das möge nicht nur für die Dauer des Festes gelten,
das möge sich auch morgen, im Alltag noch auswirken.
Erst dann haben wir ein richtiges Fest gefeiert.
Dann haben wir ein Stückchen Himmel auf die Erde geholt.
Dann haben wir etwas von der Zukunft vorweg erfahren:
Mut und neue Liebe zum Leben,
Versöhnung mit den vielen Ungereimtheiten des Lebens,
Versöhnung und Gemeinschaft auch
mit weiteren, anderen, ganz anderen Menschen…

Der Sonntag

Nach einer afrikanischen Sage

Eines Tages kamen unter einem großen Baum die Tiere zusammen, weil auch sie einen Sonntag haben wollten, wie die Menschen.
Der König der Tiere, der Löwe, erklärte: Das ist ganz einfach. Wenn ich eine Gazelle verspeise, dann ist für mich Sonntag. Das Pferd meinte: Mir genügt schon eine weite Koppel, daß ich stundenlang austraben kann, dann ist für mich Sonntag. Das Schwein grunzte: Eine richtige Dreckmulde und ein Sack Eicheln müssen her, dann ist für mich Sonntag. Das Faultier gähnte und bettelte: Ich brauche einen dicken Ast, um zu schlafen, wenn es bei mir Sonntag werden soll. Der Pfau stolzierte einmal um den Kreis, zeigte sein prächtiges Federkleid und stellte höflich, aber bestimmt fest: Nur ein Satz neuer Schwanzfedern, er genügt mir für meinen Sonntag.
So erzählten und erklärten die Tiere stundenlang, und alle ihre Wünsche wurden erfüllt, aber es wurde unter ihnen kein Sonntag.
Da kamen die Menschen vorbei und lachten die Tiere aus: Ja, wißt ihr denn nicht, daß es nur Sonntag wird, wenn man mit Gott wie mit einem Freund spricht?

Fest – Unser Alltags-Leben unterbrechen

Wir Menschen unterscheiden uns in vielem von allen anderen Lebewesen. Und ein wichtiger Unterschied ist: Wir Menschen feiern Feste, alle anderen Lebewesen tun das nicht. Wie der Mensch, leben auch die anderen Lebewesen ihr Leben. Aber der Mensch tut noch mehr: Er lebt nicht nur sein Leben, er kann auch zu seinem Leben auf Distanz gehen; er kann gleichsam sein eigenes Leben aus einem Abstand heraus noch einmal betrachten. Weil das so ist, braucht und hat der Mensch das Fest.

Wir können das auch so ausdrücken: Leben – das ist der Mensch im Alltag. Sein Leben aus Distanz, aus einem Abstand heraus betrachten – das ist der feiernde Mensch. Deshalb haben die Tiere »nur den Alltag«, denn sie leben. Deshalb hat Gott immer das Fest, immer den Sonntag, denn sein Leben ist Schauen und Sehen – ist Ruhe. Wir Menschen stehen dazwischen, zwischen den anderen Lebewesen und Gott, denn wir haben den Alltag und das Fest.

Fest ist alles das, was unseren Alltag, unser Arbeiten unterbricht. Das regelmäßigste, grundlegendste und beispielhafteste Fest ist der Sonntag. Da unterbricht der Mensch den Alltag, stellt sich in Distanz zum Alltag, da kann er seinen Alltag bedenken und reflektieren. Damit steht der Sonntag neben dem Alltag, aber nicht an der Stelle des Alltags.

Wenn wir den Sonntag neben den Alltag stellen, dann bejahen wir auch unseren Alltag, dann gehen wir wieder mit mehr Mut und mit mehr Bereitschaft, ihn zu vermenschlichen – etwa durch »Humanisierung der Arbeitswelt« –, in den Alltag hinein.

Wenn wir den Sonntag aber an die Stelle des Alltags setzen, dann verkehren wir unsere Wirklichkeit. Denn unsere Wirklichkeit ist Alltag und Sonntag. In der Realität unseres Lebens auf dieser Erde können wir nicht das Fest zur ganzen Wirklichkeit und nicht die ganze Wirklichkeit zum Fest machen wollen. Dies wäre der Himmel,

aber hier auf der Erde den Himmel haben und machen zu wollen, das würde zur Hölle führen.
Das Fest des Sonntags will uns gerade durch seine regelmäßige Wiederkehr an jedem siebten Tag die Verbindung von Alltag und Fest nahebringen. Das Fest des Sonntags – an jedem siebten Tag und eben nicht an jedem Tag – will uns aber auch zeigen, daß nicht alle Tage Fest und Sonntag sein kann.
Das Angebot des Sonntags-Festes: In regelmäßigem Rhythmus »auszusteigen« aus dem sorgenden und machenden Leben, um aus einer Distanz heraus zum eigenen Leben, zum gestrigen Alltag und zum morgigen Alltag, Ja zu sagen. Sonntag als Fest feiern: Das was uns als Menschen auszeichnet, pflegen und nicht verkümmern lassen.

Fest-Zeit

»Vermehrte Freizeit ist noch nicht Festzeit. Festzeit hat man nur mit anderen zusammen: Kommunikation mit Freunden und Freundinnen, mit dem Partner, in der Familie, in Gruppen und Vereinen, bei Sport, Musik und Tanz.
Festzeit ist auch die stille Zeit der Mystik, der Meditation, des Gebets. Festzeit ist Zeit der Besinnung auf das gemeinsame Engagement für Frieden und Gerechtigkeit, der symbolischen Feier einer geschwisterlichen Gesellschaft in religiösen oder gesellschaftlichen Liturgien. Festzeit ist immer auch feste Zeit, kollektiv geordnete Zeit. Denn wie sollen die Erwartungen und Pläne der einzelnen unkompliziert aufeinander abgestimmt werden? Jede Gesellschaft geht kollektiv mit ihrer Zeit um. Ihre Zeitordnung ist ihr Identitätsmerkmal. Ist es Zufall, daß die bekannten Kulturen ihre Zeit im Rhythmus von Erde, Sonne und Mond geordnet haben? Und ist es Zufall, daß die Wirtschaft, nachdem sie auf ihre ökologischen Grenzen gestoßen ist, aus der kosmisch-gesellschaftlichen Zeitkultur auszubrechen versucht?«

Friedhelm Hengsbach

Festlich den Sonntag beginnen

Viele von uns haben am Sonntag das Bedürfnis, länger zu schlafen und ausführlicher zu frühstücken als an den anderen Tagen der Woche üblich und möglich. Für viele ist das Sonntagsfrühstück auch die am besten geeignete Zeit und Gelegenheit, alle zusammen an einen Tisch zu bekommen.

Entsprechend können wir dem Frühstück im Tagesverlauf auch einen besonderen Stellenwert geben. Die Akzente werden je nach Zusammensetzung des Personenkreises, je nach Alter der Kinder, je nach Anzahl... ganz unterschiedlich aussehen. Aber vielleicht können alle das eine oder andere für sich bedenken und mal ausprobieren:

* Wir wechseln uns sonntags ab mit der Vorbereitung und Gestaltung des Frühstücks.
* Wir beginnen unser Frühstück mit einem gemeinsamen Lied, einem Gebet, einer Sonntags-Geschichte oder mit einem kurzen Text aus der Bibel.
* Wir stellen eine Kerze auf den Tisch und lassen sie während des Frühstücks brennen. – Vielleicht haben wir sogar eine (selbst gegossene und verzierte) »Sonntags-Kerze« für das ganze Jahr, etwa eine Osterkerze.
* Wir nehmen uns Zeit, um ausführlich zu erzählen, um den weiteren Ablauf des Sonntags zu besprechen.
* Wir lassen bewußt Radio, Plattenspieler oder Cassettenrecorder aus oder lassen uns auf die Musik ein, die reihum jemand zum Frühstück auswählt.
* Wir überlegen, ob wir mal jemandem zum Frühstück einladen könnten. Da gibt es vielleicht jemanden in einer Nachbarwohnung, im Bekanntenkreis..., der oder die sich darüber freuen würde. Daraus kann unter Umständen ein »Reihum-Brauch« werden.
* Nach dem Frühstück tun wir etwas gemeinsam: wandern, spielen, Fahrradtour, zur Kirche gehen...

Das Fest, das nicht stattfand

Die Brautleute hatten nicht viel Geld, aber dennoch waren sie der Meinung, daß viele Menschen bei ihrer Hochzeit mitfeiern sollten. Geteilte Freude ist doppelte Freude, dachten sie. Es sollte ein großes Fest werden, beschlossen sie, mit vielen Gästen. Denn warum sollte unsere Freude nicht ansteckend sein? – fragten sie sich. Es herrscht unter den Menschen ohnehin mehr Leid als Freude.

Also baten sie die Eingeladenen, je eine Flasche Wein mitzubringen. Am Eingang würde ein großes Faß stehen, in das sie ihren Wein gießen könnten; und so sollte jeder die Gabe des anderen trinken und jeder mit jedem froh und ausgelassen sein.

Als nun das Fest eröffnet wurde, liefen die Kellner zu dem großen Faß und schöpften daraus. Doch wie groß war das Entsetzen aller, als sie merkten, daß es Wasser war. Versteinert saßen oder standen sie da, als ihnen allen bewußt wurde, daß eben jeder gedacht hatte: Die eine Flasche Wasser, die ich hineingieße, wird niemand merken oder schmecken. Nun aber wußten sie, daß jeder so gedacht hatte. Jeder von ihnen hatte gedacht: Heute will ich mal auf Kosten anderer feiern.

Unruhe, Unsicherheit und Scham erfaßte alle, nicht nur, weil es lediglich Wasser zu trinken gab. Und als um Mitternacht das Flötenspiel verstummte, gingen alle schweigend nach Hause, und jeder wußte: Das Fest hatte nicht stattgefunden.

Chinesische Parabel

Der jüdische Sabbat – nicht einfach so ein Fest

Das Sabbatjahr

Der soziale Aspekt des Sabbat schimmert bei allen religiös-kultischen Feiern immer wieder durch. Am deutlichsten spürbar wird dies bei der vom Volke Israel eingerichteten Institution des Sabbatjahres, das in jedem siebten Jahr begangen wurde.
In zwei verschiedenen Versionen sind die Forderungen, die mit dem Sabbatjahr verbunden sind, uns überliefert.
In Levitikus 25,2-7 (vergleiche auch Exodus 23,10-12) werden die Israeliten aufgefordert, das Land brach liegenzulassen, den Boden nicht zu bearbeiten und die Weinstöcke und Olivenbäume nicht zu schneiden. Es sollen weder Ernte noch Saat stattfinden, vielmehr sollen sich alle von dem ernähren, was wild und ohne menschliches Zutun wächst.
Die Bestimmungen zum Sabbatjahr im Buch Deuteronomium (15,1-3) verlangen, in jedem siebten Jahr die Schulden, die aus einem Darlehen entstanden waren und bis zu diesem Zeitpunkt noch nicht zurückbezahlt werden konnten, zu erlassen. Wer bei einem anderen in Schuldknechtschaft gefallen ist, der soll maximal sechs Jahre bei diesem Sklave sein, im siebten Jahr aber freigelassen werden.
Heute wird in der Bibelwissenschaft allgemein anerkannt, daß bei allen Versuchen, die Bestimmungen des Sabbatjahres zu umgehen, diese zumindest prinzipiell galten und wohl auch tatsächlich eingehalten wurden. Sinn dieser Bestimmungen, die uns heute völlig unsinnig – »Man muß doch aus dem Boden herausholen, was herauszuholen ist!« – und ungerecht – »Schulden müssen doch zurückgezahlt werden!« – erscheinen, ist die Aufhebung der Herrschaft des Menschen über die Erde. Denn die Erde gehört Gott.

Und Gott verfügt auch über die Herrschaft des Menschen über den Menschen, denn jeder Mensch ist geschaffen nach Gottes Ebenbild.
Durch solches, uns utopisch erscheinendes Verhalten wird das Sabbatjahr – wie der wöchentliche Sabbat – zu einem Fest für die Menschen wie für die ganze Schöpfung:

Im Sabbat-Jahr
ist für die Erde ein Fest, da sie nicht bearbeitet und ausgenutzt wird, sondern brachliegen und sich erholen kann.

Im Sabbat-Jahr
ist für die Armen ein Fest, da sie ohne Angst vor Vertreibung und Strafe sich endlich mal wieder sattessen können.

Im Sabbat-Jahr
ist für die Tiere ein Fest, da sie offen und nicht versteckt auf den Feldern noch die Nahrung finden können, die das brachliegende Land hervorbringt.

Am Sabbat-Tag und im Sabbat-Jahr
ist für Rind und Esel ein Fest, da sie sich nicht in die Tretmühle der von den Menschen aufgezwungenen Arbeit begeben müssen.

Am Sabbat-Tag und im Sabbat-Jahr
ist für die Sklaven und Fremden ein Fest, da sie nicht ausgenutzt werden und sich nicht auf dem Arbeits-Markt verkaufen müssen.

Am Sabbat-Tag und im Sabbat-Jahr
ist für alle ein Fest, da das Gegeneinander zwischen den Menschen und das Gegeneinander zwischen Mensch und Natur aufgehoben ist, wirklich Gemeinschaft entsteht.

Am Sabbat-Tag und im Sabbat-Jahr
ist ein Fest zwischen Gott und Menschen, zwischen Gott und seiner Schöpfung, da die »alte« Harmonie wiederhergestellt und die ersehnte neue Harmonie schon ein Stück Wirklichkeit wird.

Das Sabbatjahr heute – Versuche einer Aktualisierung

In all seinen konkreten Bestimmungen und Auswirkungen wäre das alte Sabbatjahr Israels für die heutige Gesellschaft eine totale Überforderung und Unmöglichkeit.

Es ist jedoch auffallend, daß das Sabbatjahr heute wieder von sich reden macht und bei einer Reihe von Menschen konkret wird: Von Professoren ist seit langem bekannt, daß sie in regelmäßigen Abständen ein »Sabbat-Semester« oder ein »Sabbat-Jahr« einlegen. – In den Waldorf-Schulen praktizieren Lehrer etwas Ähnliches. – Und vermehrt »nehmen sich« Menschen in verantwortlichen Positionen oder Menschen, die etwas Wichtiges für ihr weiteres Leben und/oder für ihren Beruf klären wollen, ein »Sabbat-Jahr« – unter Umständen auch unter Verzicht auf ihr Gehalt.

So hatten auch sieben Pastoralreferenten/innen der Diözese Freiburg eine Idee, die vielleicht Schule machen könnte:

Sie alle verzichten auf ein Siebtel ihres Gehaltes. Diese Summe reicht aus, um eine/n weitere/n Kollegen/in einzustellen. Als Ausgleich für diese finanzielle Leistung erhält jede/r der nun acht Kollegen/innen im Verlaufe von acht Jahren nun *ein* Jahr zur freien Verfügung, eben ein Sabbatjahr.

Sonntags-Tip * Sonntags-Tip * Sonntags-Tip * Sonntags-Tip * Sonntags-Tip

»Wie war das früher bei euch?«

Den Sonntag feiern – das ist heute (für viele) schwierig geworden. Oft fehlt uns bei aller Hetze die Zeit, diesen Tag in besonderer Weise zu gestalten. Es fehlen uns aber auch die Formen, die Ausdrucksmöglichkeiten – oder auch der Mut, diesen Tag von anderen abzugrenzen, ihn anders als alle anderen Tage zu begehen.

Eine Möglichkeit, wieder einen neuen Zugang zum Feiern des Sonntags zu finden, könnte sein, die Großeltern oder andere ältere Menschen einmal erzählen zu lassen, wie bei ihnen früher der Sonntag aussah:

* Wie sah der Ablauf des Sonntags aus?
* In welcher Weise wurde der Sonntag vorbereitet?
* Gab es bestimmte Bräuche an besonderen Sonn- und Festtagen? Welche Bedeutung hatten (haben) diese alten Bräuche?
* Was waren die Höhepunkte des Sonntags für die Kinder, die Jugendlichen, die Erwachsenen?
* Gibt es bei dir/bei Ihnen Sonntags-Erinnerungen, die besonders wichtig sind?

...

Im Verlaufe eines solchen Gespräches ergeben sich bestimmt noch viele andere Fragen. – Älteren Menschen tut es gut, wenn sie mal aus ihrem Leben erzählen können. Und wir verstehen die Älteren heute sicherlich besser, wenn wir mehr aus deren Leben und Vergangenheit erfahren. – Vielleicht erhalten wir durch diese Erzählungen neue Ideen, wenigstens hin und wieder den Sonntag anders als gewohnt, in besonders festlicher Weise zu gestalten.

Sonntags-Tip * Sonntags-Tip * Sonntags-Tip * Sonntags-Tip * Sonntags-Tip

»Am Sabbat ist jeder ein König…«
Die Feier des jüdischen Sabbat

Der Sabbat ist vielfach vorzubereiten
Eine mittelalterliche Sabbatanweisung

Wenn der Sabbat kommt, sollst du sein bereit,
Und du sollst lassen alle deine Arbeit,
Dich selbst zum Sabbat rüste, das ist gar recht,
Auch rüsten sollen sich Mägd' und Knecht':
Gegen allen Alltag – am Sabbat sind alle gleich,
Sei wohlgemut und gedenk, du seist reich:

Reine Kleider trag und ein schön Gewand,
Denn der Sabbat wird eine Braut genannt.
Vor dem Sabbat kaufe ein das Best',
Und alle seine Gebote halte fest.
Hungrig vor dem Sabbat sollst du sein,
Hab zu Hause Fleisch und Fisch und guten Wein.
Dein Haus sollst du putzen sauber und rein,
Deinen Tisch sollst du richten auch ordentlich fein.
Dein Haupt sollst du gründlich waschen,
Und nichts bei dir tragen in deinen Taschen.
Deine Messer sollst du schärfen zum Schneiden
Und die Speisen sorgfältig zubereiten.
Schneid ab deine Nägel und wirf sie ins Feuer,
Der Wein zum Sabbat-Segen soll dir nicht sein zu teuer.
Deine Hände und Füße sollen sein ganz rein,
All diese Gebote sollst du gern halten ein.

Auch sollst du haben guten Mut,
Brauch am Sabbat alles, was deinem Leib tut gut.
Du sollst ganz frisch und fröhlich sein,
Als wären geschehen schon alle Werke dein.

Leg beiseite allen Kummer und Leid,
Tische und Bänke sollen stehn bereit.
Weiß und schön tu sie alle schmücken,
Den Braten vom Feuer sollst du rücken.
Alles Trink-Geschirr sauber schwenken,
An keinen Schaden sollst du denken.
Kauf das Beste, was du nur kannst finden,
Freu dich mit deiner Frau und all deinen Kindern.
Auf dem Tisch sollst du drei Mahlzeiten richten,
Red nichts, außer frohen lustigen Geschichten.

Der Ablauf des Sabbatfestes

Freitag – Den Empfang der Königin Sabbat vorbereiten

Der Sabbat wird nicht nur am Sabbattage selbst gefeiert, die Feier beginnt schon am Tag davor, am Freitag. Unrast und Druck des Alltags hören auf. Freude und frohe Erwartung breiten sich aus. Ein jüdisches Volkslied spricht das so aus:

»Freitag zur Nacht
ist jeder Jude ein König!
Die ganze Stube, sie lacht,
und die Menschen alle sind fröhlich.«

Und der Sabbat ist die Königin. Auf ihr Kommen wartet man freudig, auf ihr Erscheinen hat man sich vorzubereiten. – Besonders die jüdische Hausfrau hat am Freitag viel zu tun. Nicht nur die Wohnung muß geputzt werden, es müssen auch drei Mahlzeiten vorbereitet werden: für den Freitagabend, den Sabbatmorgen und für den Sabbatnachmittag. Denn am Sabbat ist jede Arbeit – dazu gehört in

strenggläubigen jüdischen Familien auch das Anzünden des Feuers – untersagt. Die Sabbatbrote (hebräisch: Barches), das sind zopfartige Weißbrote, müssen besorgt oder selbst gebacken werden.
Diese Brote stehen zu allen Sabbatmahlzeiten auf dem Tisch. Zur Erinnerung an eine Vorschrift im Alten Testament (Numeri 15, 17-21), nach der ein Teil des Brotteiges den Priestern gegeben werden sollte, wirft die strenggläubige Hausfrau auch heute noch vor dem Backen einen Teil des Teigs in das brennende Feuer.
Nach getaner Arbeit und nach einem Bad ziehen alle ihre Festtagskleidung an. Die Mutter trifft zu Hause die letzten Vorbereitungen. Sie deckt den Tisch: Vor dem Platz des Vaters liegen zwei mit einem Tuch bedeckte Sabbatbrote. Daneben stehen eine Karaffe Wein und ein Weinbecher. Mitten auf dem Tisch steht der Sabbatleuchter. Als letztes gehört unbedingt eine Schale oder ein Töpfchen Salz auf den Tisch.
Wein und Brot bilden die Hauptbestandteile der drei Sabbatmahlzeiten. Beide symbolisieren den Segen der Erde. Das Salz ist Symbol für den Bund Gottes mit seinem Volk. Das Licht kennzeichnet die Helligkeit, mit der der Sabbat den Rhythmus der Tage unterbricht. Die Sabbatbrote sind nicht nur Frucht der Erde. Sie weisen darüber

hinaus auf das Manna hin, das die Israeliten nach ihrem Auszug aus Ägypten morgens in der Wüste fanden. In der Heiligen Schrift wird erzählt, daß Gott den Israeliten dieses Manna-Brot jeden Tag schenkte, außer am siebten Tag, dem Sabbat. Dafür fanden sie am sechsten Tag die doppelte Menge. – Die beiden Sabbatbrote am wöchentlichen Sabbat vor dem Platz des Hausvaters versinnbildlichen diese doppelte Menge am Freitag. Und das Tuch, mit dem diese Brote bedeckt werden, weist hin auf den Tau, mit dem das Manna in der Wüste bedeckt war.

Freitagabend – Die Königin Sabbat tritt ein

Mit Anbruch der Dämmerung zündet die Hausfrau die Sabbatkerzen an, die den Glanz des Feiertages darstellen. Mit geschlossenen Augen, die Hände den Lichtern zugewandt, spricht sie nun den Lichtersegen:

»Lob nun, ja Lob dir, o Gott,
unser Gott und König des Alls, Du.
Der du uns geheiligt hast
durch deine Gebote
und uns befohlen hast,
das Licht des Sabbats zu entzünden.«

Nach dem Segen öffnet sie die Augen; das Sabbatlicht strahlt jetzt für sie. Sie breitet die Hände aus, um das Sabbatlicht symbolisch in alle Winkel der Wohnung zu verteilen.
Die Königin Sabbat kann eintreten. Der Sabbat hat begonnen, alle Arbeit des Werktages ruht jetzt.
Während der letzten Vorbereitungsarbeiten für die Feier des Sabbat in der Familie – meistens Aufgabe der Hausfrau – geht der Vater mit den Kindern zum Gottesdienst in die Synagoge. Hier steht der zweite Teil des Gottesdienstes ganz im Zeichen des kommenden Sabbat. Die »Braut Sabbat« wird durch den Vorsänger mit einem Weihelied begrüßt:

»›Wahre‹ und ›Gedenke‹ –
in einem Wort ließ uns hören der einzige Gott.
Der Herr ist einzig, und sein Name ist einzig,
zu Ruhm, zu Herrlichkeit und zu Preis.
Komm, mein Freund, der Braut entgegen,
das Antlitz des Sabbat laßt uns empfangen.

Dem Sabbat entgegen wollen wir gehen,
denn er ist die Quelle des Segens,
von Anbeginn, von der Vorzeit her gekrönt,
das Ende der Schöpfung, im Plane der Anfang.
Komm, mein Freund, …

Heiligtum des Königs, königliche Stadt!
Erhebe dich, zieh hinaus aus der Verwüstung!
Genug schon gesessen im Tal der Tränen!
Und er wird sich deiner erbarmen.
Komm, mein Freund, …

Schüttle dich los vom Staub, erhebe dich!
Ziehe deine Prachtgewänder an, mein Volk!
Du Jischais Sohn aus Bethlehem,
nahe du meiner Seele, erlöse sie.
Komm, mein Freund, …

Erwecke dich, erwecke dich,
denn dein Licht kommt! Auf, werde Licht!
Wach auf, wach auf, sprich ein Lied!
Die Herrlichkeit Gottes hat sich dir offenbart.
Komm, mein Freund, …

Nicht sollst du beschämt, nicht sollst du enttäuscht sein.
Was beugst du dich und seufzest du?
An dich schmiegen die Gedrückten meines Volkes sich,
und die Stadt wird erbaut auf ihrem Schutzhügel.
Komm, mein Freund, …

Komm in Frieden, du Krone des Gatten,
auch in Freuden und Jubel.
In die Mitte der Getreuen des gotteigenen Volkes.
Komm, o Braut! Komm, o Braut!
Komm, mein Freund, …

Bei der letzten Strophe blickt die Gemeinde dem Synagogeneingang entgegen, verbeugt sich und begrüßt so die eintretende Braut Sabbat. Anschließend wird Psalm 92 gebetet, der die Überschrift trägt: »Ein Lied für den Sabbattag«. Es folgen noch einige Segenssprüche und das Glaubensbekenntnis der Juden (»Schma Israel«), das im Alten Testament in Deuteronomium 6,4-12 überliefert ist. – Dieser Text und auch Psalm 92 lohnen sich, in der Bibel einmal nachgelesen zu werden!
Der Gottesdienst endet mit der »Heiligung des Sabbat«; die Juden nennen es »Kiddusch«. Zum »Kiddusch« wird ein Becher mit Wein gefüllt, den der Vorsteher des Gottesdienstes dann in die Höhe hebt. Er singt den Segensspruch über den Wein und über die Helligkeit des Tages, um den Sabbat mit Wein zu ehren und einzuweihen – und um an die eigene Verantwortung für die Sorgen der Armen zu erinnern.

Der Heilige Sabbat

Ein Rabbi wurde einmal von seiner Mutter gefragt:
»Was ist der eigentliche Sinn der Bezeichnung ›der heilige Sabbat‹?«
Er antwortete:
»Der Sabbat heiligt.«
Sie aber sagte:
»Er heiligt nicht allein, er heilt dich auch.«

Geschichte der Chassidim

Freitagabend – Die Königin Sabbat wird in der Familie beim Sabbatmahl gefeiert

Heimgekehrt vom Gottesdienst, wünschen sich alle einen guten Sabbat (Jiddisch: »Gut Schabbes!«). Dabei treten die Kinder nacheinander vor Vater und Mutter und empfangen durch Handauflegung den elterlichen Segen.
Bevor sich die Familie zu Tisch setzt, singt der Vater noch ein Lied nach einer sehr einfachen Melodie. Das Lied erzählt eine alte jüdische Legende, die etwa folgenden Inhalt hat:

»Zwei Engel begleiten den Menschen am Freitagabend von der Synagoge nach Hause. Der eine ist ein guter, der andere ein böser Engel. Wenn nun zu Hause die Sabbatlichter brennen und der Tisch für den Sabbat gedeckt ist, sagt der gute Engel: ›Amen‹. Wenn aber keine Sabbatlichter brennen und der Tisch für den Sabbat nicht gedeckt ist, sagt der böse Engel: ›Möge es am nächsten Sabbat genauso aussehen‹. Und dem guten Engel bleibt nichts anderes übrig, als ›Amen‹ hinzuzufügen.«

Dann nimmt die Mutter auf ihrem Stuhl Platz. Ihr Mann ehrt sie mit dem »Lob der tüchtigen Frau«, einem Gedicht aus dem letzten Kapitel des alttestamentlichen Buches der Sprüche (31,10-31). – Auch wenn dieser Text von einem anderen Rollenverständnis von Mann und Frau ausgeht, als wir es heute haben, zeugt er doch von einer hohen Wertschätzung der Frau.
Erst jetzt beginnt das eigentliche Sabbatmahl in der Familie. Und es beginnt mit dem, womit der Gottesdienst in der Synagoge endete, mit dem »Kiddusch«. Der Vater füllt den Becher mit Wein, hebt ihn hoch und spricht dazu:

»Gepriesen seist du, Ewiger, unser Gott, König der Welt,
der die Frucht des Weinstocks erschaffen.
Gepriesen seist du, Ewiger, unser Gott, König der Welt,
der uns geheiligt durch seine Gebote und an uns Wohlgefallen hat
und seinen heiligen Sabbat in Liebe und Wohlgefallen
uns zum Anteil gegeben hat als Gedenken des Schöpfungswerkes.

Er ist der erste Tag der heiligen Feste,
eine Erinnerung an den Auszug aus Ägypten.
Denn uns hast du erwählt und uns geheiligt von allen Völkern,
und deinen heiligen Sabbat hast du uns
in Liebe und Wohlgefallen zum Anteil gegeben.
Gepriesen seist du, Ewiger, der den Sabbat heiligt.«

Diese Worte des »Kiddusch« erinnern an die biblischen Grundgedanken, mit denen der Sabbat verbunden wird: Schöpfung und Auszug aus Ägypten. Und der dritte Grundgedanke ist: Israel ist aufgrund einer freien Tat Gottes erwählt worden. Dies nennen die Juden (und wir Christen) den »Bund«.
Jetzt trinkt der Vater einen Schluck Wein. Dann reicht er den Becher weiter bis zum Jüngsten in der Familie. Alle trinken von dem Wein. Nach dem rituellen Waschen der Hände – der Familientisch ist jetzt wie der Altar im Tempel; auch die Priester dort wuschen sich ihre Hände, bevor sie zum Altar schritten – setzen sich alle. Der Vater nimmt jetzt das Tuch von den beiden Sabbatbroten und spricht über sie den »Kiddusch«-Segen:

»Gepriesen seist du, Ewiger, unser Gott, König der Welt,
der Brot aus der Erde hervorbringt.«

Das Brot wird nun angeschnitten und in Stücke gebrochen. Diese werden mit Salz bestreut und an alle am Tisch verteilt. Jetzt kann die erste Sabbatmahlzeit beginnen.
Die Mahlzeiten am Sabbat sollen reichhaltiger und üppiger sein, als an den Werktagen. Zur Mahlgemeinschaft der Familie soll möglichst auch ein Gast gehören, denn Gastfreundschaft ist gerade am Sabbat geboten. Zu den Sabbatspeisen gehören »normale« Speisen wie Kartoffeln, Gemüse, Fleisch und Fisch. Das für den Sabbat typische Gericht ist jedoch »Schalet«: Das ist eine Speise aus Hülsenfrüchten, Fleisch und Eiern; sie wird freitags angerichtet und bis zum Sabbatmittag im Ofen warmgehalten.
Den Abschluß dieser ersten Sabbatmahlzeit bildet der Psalm 126, der auch an anderen Feiertagen nach den Mahlzeiten gesprochen oder gesungen wird. Es ist ein Psalm, der an die Gefangenschaft Israels in Babylon und an die ersehnte Rückkehr in die Heimat erinnert:

»Als der Herr das Los der Gefangenschaft Zions wendete,
da waren wir alle wie Träumende.
Da war unser Mund voll Lachen
und unsere Zunge voll Jubel.
Da sagte man unter den anderen Völkern:
Der Herr hat an ihnen Großes getan.
Ja, Großes hat der Herr an uns getan.
Da waren wir fröhlich.
Wende doch, Herr, unser Geschick,
wie du versiegte Bäche wieder füllst im Südland.
Die mit Tränen säen, werden mit Jubel ernten.
Sie gehen hin unter Tränen
und tragen den Samen zur Aussaat.
Sie kommen wieder mit Jubel
und bringen ihre Garben ein.«

Der weitere Abend verläuft sehr ruhig und entspannt. Die Familie sitzt zusammen, ohne daß das Fernsehen läuft. Es gibt ja so vieles zu erzählen...

Der Sabbattag – Die Königin Sabbat läßt die Arbeit aufhören

Der Charakter des Sabbattages unterscheidet sich dann völlig von dem des Freitagabends. Mit dem Freitagabend ist der bedächtige Teil des Festes vorüber, der Sabbat selbst ist beschwingter und leichter.

Am Sabbat steht man später auf als an den Alltagen. Die Familie geht zum morgendlichen Gottesdienst in die Synagoge, dann wird die zweite Sabbatmahlzeit eingenommen. Besinnung, Ruhe und Erholung bestimmen ab jetzt den Tag. Die Menschen haben einfach Zeit. Sie haben Zeit zum Lesen und zum Studieren der Heiligen Schriften. Sie haben Zeit, um miteinander zu diskutieren und zu spielen. Die Ehepartner haben Zeit füreinander und Zeit für die Kinder... Der Sabbat ist ein Tag der Familie; man geht spazieren,

genießt die Natur und entspannt sich seelisch und körperlich – so darf der Mittagsschlaf nicht fehlen. Besuche bei befreundeten Familien, bei Bekannten und bei Kranken sind wichtig.
Wenn das Leben am Sabbat vom Gebot der Arbeitsenthaltung oder der Arbeitsverweigerung bestimmt ist, dann ist dabei nicht die für die Arbeit nötige körperliche Anstrengung entscheidend. Vielmehr geht es um den Zweck der Tätigkeit. Alles planvolle, zielgerichtete, auf Nutzen und Verdienst bezogene Tun, das mit dem Werktag verbunden ist, fällt unter das Arbeitsverbot.
Damit ist die Sabbatruhe etwas wesentlich anderes als Rast oder bloße Arbeitsunterbrechung. Sabbatruhe ist das Atemholen der Seele. Wir kommen wieder zu uns selbst. In der völligen körperlichen und geistigen Entspannung können wir ganz frei werden, für uns selbst, für Gott und für die Zuwendung zum anderen Menschen. Dies alles ist zugleich so etwas wie ein Vorgeschmack auf die künftige Welt.

Der Sabbatausklang – Die Königin Sabbat wird verabschiedet

Am Sabbatnachmittag und -abend verändert sich die Stimmung: Fröhlichkeit und Unbeschwertheit weichen der Wehmut. Der Sabbat, die Zeit, in der jeder ein König ist, geht dem Ende entgegen. Und etwas von dieser wehmütigen Stimmung ist auch im Ritus der dritten Sabbatmahlzeit zu spüren.
Wie bei der ersten Mahlzeit am Freitagabend steht auch jetzt wieder der Wein im Mittelpunkt. Außerdem spielen eine Büchse mit wohlriechenden Gewürzen und eine Kerze eine wichtige Rolle. Mit Wein, mit aromatischen Kräutern und mit Licht wird Abschied genommen von der Königin Sabbat.
Im Kreis der Familie nimmt der Vater den Weinbecher, der bis zum Überlaufen gefüllt ist. Über diesen Wein wird der Segen gesprochen. Der überfließende Wein weist auf den Segen hin, den man für die kommende Woche erwartet.
Dann folgt der zweite Segen über die Gewürzbüchse. Diese wird

dann herumgereicht, damit alle noch einmal von dem besonderen Duft des scheidenden Sabbat einatmen können.

Ein besonderes Gewürz

Der römische Kaiser fragte einmal den Rabbi:
»Wie kommt es, daß eine Sabbatspeise so einen köstlichen Geruch hat?«
»Wir benutzen«, antwortete der Rabbi, »ein gewisses Gewürz, das Sabbat heißt, und tun es in die Speise. Daher kommt der köstliche Geruch.«
»Dann gebt uns doch etwas von diesem Gewürz«, bat der Kaiser.
»Das würde dir nichts nützen«, antwortete der Rabbi. »Es nutzt nur dem, der den Sabbat hält. Für den, der den Sabbat nicht hält, ist es nutzlos.«

Der dritte Segensspruch über die brennende Kerze lobt Gott als den Schöpfer des Lichtes. Das Licht der Kerze soll an den Beginn der Woche erinnern: Dort begann das erste Schöpfungswerk, dort beginnt (morgen) auch wieder die Herrschaft des Menschen über die Materie und sein eigenes Schaffungsvermögen.
Nach diesen drei Segenssprüchen nimmt der Vater den Becher Wein in die eine und die brennende Kerze in die andere Hand und spricht den »Unterscheidungssegen«:

»Gepriesen seist du, Ewiger, unser Gott, König der Welt,
der unterscheidet zwischen Heiligem und Profanem,
zwischen Licht und Finsternis,
zwischen Israel und den Völkern,
zwischen dem siebten Tag und den sechs Wochentagen.
Gepriesen seist du, Ewiger, der unterscheidet
zwischen Heiligem und Profanem.«

Alle trinken noch einmal vom Wein des Sabbat. Mit dem Rest des Weines wird die Kerze gelöscht. Auch die Sabbatlichter beenden ihr Leuchten, die Leuchter werden vom Tisch gestellt.
Die Königin Sabbat hat sich verabschiedet.
Das elektrische Licht wird eingeschaltet; diese Welt hat uns wieder.
– Aber nach sechs Tagen wird wieder Sabbat sein…

Warum nicht mal eine kleine »Hausliturgie« zum Sonntag?

Die Zeiten vor oder nach dem Essen am Samstagabend oder dem Frühstück am Sonntagmorgen dürften sich hierfür besonders anbieten.

»Liturgie« heißt eigentlich »Spiel vor Gott«. Liturgie will etwas ganz anderes sein als todernstes Tun. Warum sollten wir also nicht hin und wieder in der Familie »vor Gott spielen«, in einer uns angemessenen Weise liturgisch unser Leben feiern? Dies darf und soll sich dann auch wirklich ganz locker und fröhlich abspielen.

Elemente einer solchen Feier könnten – je nach Alter der Kinder – sein:

* Ein oder zwei Lieder, die wir alle singen können
* Ein Gebet, von jemandem ausgesucht oder frei formuliert
* Eine Geschichte aus der Heiligen Schrift, die wir vorlesen oder erzählen und dann miteinander spielen
* Eine »profane« Geschichte; auch die können wir spielen oder miteinander darüber sprechen
* Ein Bild, das wir uns in Ruhe anschauen; den anderen sagen wir dann die Gedanken, die uns zu diesem Bild gekommen sind
* Bilder, die wir zu einer Geschichte oder zu einem anderen Text selbst malen und dann den anderen zeigen. Können, wollen wir etwas zu unserem Bild sagen?
* Ein konkreter Gegenstand – also etwas Greifbares und Sichtbares; die Auswahl dürfte unerschöpflich sein –, den wir in die Mitte stellen/legen und den wir als ein Zeichen oder Bild (-Symbol) für diesen Sonntag betrachten. Auch darüber können wir unsere Gedanken austauschen.

Klar, daß diese aufgezählten Elemente nicht vollständig sein wollen; Sie haben bestimmt noch ganz andere Ideen. Klar auch, daß unsere »Hausliturgie« um so bunter und lebendiger wird, je mehr wir uns in der Vorbereitung der einzelnen Elemente abwechseln.

Vielleicht haben wir am Anfang noch etwas Scheu, eigene Gedanken und Empfindungen voreinander zu äußern oder darzustellen oder zu spielen. Diese Scheu dürfte sich jedoch verlieren, wenn wir es einfach mal probieren.

Mehrfaches kann sich durch eine solche »Hausliturgie« verändern: Wir lernen uns gegenseitig tiefer kennen, obwohl wir uns so gut zu kennen meinen. – Wir bekommen Mut und Anregung, anders als gewohnt mit Gott ins Gespräch zu kommen. – Unser Sonntag erhält vielleicht ein anderes Gesicht. – Bisher fremde Elemente aus der Liturgie der Kirche werden uns vertrauter und durchsichtiger...

Sonntags-Tip * Sonntags-Tip * Sonntags-Tip * Sonntags-Tip * Sonntags-Tip

»Es muß feste Bräuche geben«

Eine Begegnung des »Kleinen Prinzen«

Auf seiner Reise über den Planeten Erde begegnet der kleine Prinz eines Tages dem Fuchs. Der Fuchs will vom kleinen Prinzen gezähmt werden; deshalb soll der kleine Prinz ihn jeden Tag zu einer vereinbarten Stunde besuchen...

Am nächsten Morgen kam der kleine Prinz zurück.

»Es wäre besser gewesen, du wärst zur selben Stunde wiedergekommen«, sagte der Fuchs. »Wenn du zum Beispiel um vier Uhr nachmittags kommst, kann ich um drei Uhr anfangen, glücklich zu sein.

Je mehr die Zeit vergeht, um so glücklicher werde ich mich fühlen. Um vier Uhr werde ich mich schon aufregen und beunruhigen; ich werde erfahren, wie teuer das Glück ist. Wenn du aber irgendwann kommst, kann ich nie wissen, wann mein Herz da sein soll ... Es muß feste Bräuche geben.«

»Was heißt ›fester Brauch‹?« sagte der kleine Prinz.

»Auch etwas in Vergessenheit Geratenes«, sagte der Fuchs. »Es ist das, was einen Tag vom anderen unterscheidet, eine Stunde von den anderen Stunden. Es gibt zum Beispiel einen Brauch bei meinen Jägern. Sie tanzen am Donnerstag mit den Mädchen des Dorfes. Daher ist der Donnerstag der wunderbare Tag. Ich gehe bis zum Weinberg spazieren. Wenn die Jäger irgendwann einmal zum Tanze gingen, wären die Tage alle gleich und ich hätte niemals Ferien.«

So machte denn der kleine Prinz den Fuchs mit sich vertraut...

Antoine de Saint-Exupéry

Das verwandelte Fest

Das Gleichnis vom Festmahl

»Dann sagte Jesus zu dem Gastgeber: Wenn du mittags oder abends ein Essen gibst, so lade nicht deine Freunde oder deine Brüder, deine Verwandten oder reiche Nachbarn ein; sonst laden auch sie dich ein, und damit wird dir wieder alles vergolten. Nein, wenn du ein Essen gibst, dann lade Arme, Krüppel, Lahme und Blinde ein. Du wirst selig sein, denn sie können es dir nicht vergelten; es wird dir vergolten werden bei der Auferstehung der Gerechten.
Als einer der Gäste das hörte, sagte er zu Jesus: Selig, wer im Reich Gottes am Mahl teilnehmen darf. Jesus sagte zu ihm: Ein Mann veranstaltete ein großes Festmahl und lud viele dazu ein. Als das Fest beginnen sollte, schickte er seinen Diener und ließ den Gästen, die er eingeladen hatte, sagen: Kommt, es steht alles bereit! Aber einer nach dem anderen ließ sich entschuldigen. Der erste ließ ihm sagen: Ich habe einen Acker gekauft und muß jetzt gehen und ihn besichtigen. Bitte entschuldige mich! Ein anderer sagte: Ich habe fünf Ochsengespanne gekauft und bin auf dem Weg, sie mir genauer anzusehen. Bitte, entschuldige mich! Wieder ein anderer sagte: Ich habe geheiratet und kann deshalb nicht kommen.
Der Diener kehrte zurück und berichtete alles seinem Herrn. Da wurde der Herr zornig und sagte zu seinem Diener: Geh schnell auf die Straßen und Gassen der Stadt und hol die Armen und Krüppel, die Blinden und die Lahmen herbei. Bald darauf meldete der Diener: Herr, dein Auftrag ist ausgeführt; aber es ist immer noch Platz. Da sagte der Herr zu dem Diener: Dann geh auf die Landstraßen und vor die Stadt hinaus und nötige die Leute zu kommen, damit mein Haus voll wird. Das aber sage ich euch: Keiner von denen, die eingeladen waren, wird an meinem Mahl teilnehmen.

Aus dem Lukas-Evangelium, 14. Kapitel

Was hat denn das mit uns zu tun?
Ein Gleichnis Jesu – was soll's? Das war damals eine Geschichte für Menschen von damals. Wenn es aber nun doch anders wäre – eine Geschichte zwar aus alter Zeit, aber gültig durch alle Zeiten

hindurch, also gültig auch für uns? Wenn es eine Geschichte ist, die auch von uns handelt, in der auch wir selbst vorkommen?
Wenn wir aber in diesem Gleichnis vorkommen, welche Personen in diesem Gleichnis sind wir dann – der Einladende, die Eingeladenen, die Ablehnenden, die Abgelehnten, die Kommenden ... – wer?
Fragen wir uns doch einmal, wer wir selbst in dieser Geschichte sind.
Fragen wir uns, was diese Einladungs- und überraschende Festmahl-Geschichte denn mit der Einladung an jedem Sonntag zum Fest des Gottesdienstes zu tun haben könnte.
Fragen wir uns, wenn wir uns denn selbst entdeckt haben sollten, ob es in unserem Verhalten, in unserem Christsein, in unseren sonntäglichen Gottesdienst-Gewohnheiten vielleicht etwas zu verändern gäbe.
Fragen wir aber auch, ob unsere Gottesdienste etwas wie Fest(-Mahl) sind oder etwas von Fest aufkommen lassen – und woran es denn liegen könnte, wenn das nicht so ist…
Vielleicht reiben wir uns noch mehr an dem »Gleichnis vom Festmahl«, wenn wir dazu das anschließende Märchen lesen. Ist es ein Märchen? Ist auch das »Gleichnis vom Festmahl« ein Märchen? (Das folgende Märchen ist entstanden aus einem intensiven Gespräch in einer Gruppe von Erwachsenen über dieses Gleichnis.)
Es lohnt sich, über dieses Gleichnis nachzudenken und zu sprechen – eben weil wir doch wohl darin vorkommen. Versuchen Sie es doch einmal…

Eingeladen zum Fest

Es war einmal eine Gemeinde, irgendwo, irgendeine.
Diese Gemeinde hatte natürlich auch einen Pfarrer, irgendeinen – nein, nicht irgendeinen.
Und diese Gemeinde hatte natürlich auch einen Pfarrgemeinderat, irgendeinen – nein, nicht irgendeinen. Vielleicht hatte sie auch ein Presbyterium, irgendeines – nein, nicht irgendeines.
Bisher war in dieser Gemeinde das meiste so gelaufen, wie in

hundert anderen Gemeinden auch: Seit Jahr und Tag wurden die Sonntagsgottesdienste zu festgesetzten Zeiten gefeiert. Ihre Anzahl war so groß, daß möglichst alle Gemeindemitglieder sich »ihren« Gottesdienst und »ihre« Zeit aussuchen und »ihren« Gottesdienst besuchen konnten. – Seit Jahr und Tag gab es in dieser Gemeinde natürlich auch einmal im Sommer ein Pfarrfest, zu dem alle eingeladen wurden. – Seit Jahr und Tag gab es zwei Reihen von Bildungsveranstaltungen, das mußte halt auch sein. – Es gab eine Kinder- und eine Jugendgruppe, es gab einen Caritas- bzw. Diakonie-Kreis – kurz: es gab all das in dieser Gemeinde, was es in vielen hundert anderen Gemeinden auch gab!

Und auch das gab es in dieser Gemeinde – wie in vielen hundert anderen Gemeinden auch: unentwegt wurde die Gemeinde vom Pfarrer zu den verschiedensten Veranstaltungen eingeladen. Es kamen aber immer weniger: der Gottesdienstbesuch ging von Jahr zu Jahr um einige Prozentpunkte zurück; zu den Bildungsveranstaltungen kamen weniger und weniger; das Pfarrfest war in diesem Jahr auch nicht mehr so gut besucht gewesen wie in den vergangenen Jahren...

Das Hauptproblem aber war der Sonntagsgottesdienst: Die Sonntagsgottesdienste, die eigentlich ein Fest der Gemeinde sein sollten, waren unpersönlicher und kälter geworden. Keine Treffen mehr vor der Kirche, wie es noch vor ein paar Jahren selbstverständlich gewesen war. Keine Begrüßung der Gottesdienstbesucher untereinander. Der Gesang war schleppender und dünner geworden; bei den Predigten vermeinte der Pfarrer vermehrt Gähnen, Langeweile oder Gleichgültigkeit zu verspüren. Nicht nur, daß immer weniger und immer mehr ältere Menschen die Gottesdienste besuchten, war das Bedenkliche. Nein, eindeutig war festzustellen: diese Gottesdienste waren keine Feste (mehr). Das war nur die Erfüllung einer Pflicht, das war nur noch alte Gewohnheit, das war ein unbeteiligtes Über-sich-Ergehen-Lassen einer mehr oder weniger unverständlichen Veranstaltung.

In dieser Situation faßte der Pfarrer mit seinem »Laien-Gremium der Mitverantwortung« – es ist nicht überliefert, ob es sich dabei um den Pfarrgemeinderat oder um das Presbyterium handelte – einen radikalen Beschluß. Und dieser Beschluß war tatsächlich anders als in vielen hundert anderen Gemeinden bisher jemals passiert. Und: Dieser Beschluß wurde dann auch gleich in die Tat umgesetzt – auch anders als bei vielen Beschlüssen vorher.

Am nächsten Sonntag war es dann so weit. – Aber was passierte an diesem Sonntag, und was war in der Woche vorher geschehen? …
Der Pfarrer hatte wie gewöhnlich die Gemeinde zum Sonntagsgottesdienst um 10.30 Uhr eingeladen. Während der ganzen Woche aber waren er und die Mitglieder des Pfarrgemeinderates bzw. des Presbyteriums in der Gemeinde unterwegs gewesen. Sie hatten nichts anderes getan, als Menschen zu besuchen und einzuladen. Alle die wurden besucht und eingeladen, die in der Gemeinde wohnten und hier noch nie oder nur zu Weihnachten und Ostern einen Gottesdienst besucht hatten.
»Wir wollen Sie einladen für den kommenden Sonntag um 9.30 Uhr in die Kirche zu einem Fest, das wir miteinander feiern möchten. Kommen Sie doch und bringen Sie Ihre Kinder und Freunde und Bekannten mit!« So gingen sie von Haus zu Haus, zu den Plätzen des Ortes, auf die Straßen; sie stellten sich vor die Geschäfte und gingen durch die Kneipen…
Alle Angesprochenen waren über die Einladung überrascht. So war ihnen »die Kirche« noch nie begegnet! Viele winkten ab und schlugen die Einladung aus, andere aber versprachen zu kommen…
Und dann war der Sonntag da!
Was kein Pfarrer und keine/r der Mitarbeiter/innen erwartet hatten, war eingetreten: Die Kirche mit dem sich anschließenden Pfarrsaal war recht voll von Menschen. – Die Bänke in der Kirche hatte man vorher zur Seite geschoben oder zu kleinen Sitzgruppen zusammengestellt. Nun saßen und standen überall kleinere oder größere Gruppen beieinander; viele Gespräche liefen hin und her.
Aber was waren das für Menschen?
Welche Typen waren darunter?!
Familien mit kleinen Kindern saßen in einer Spielrunde beieinander. – Eine gemischte Gruppe aus Asylanten und Einheimischen sangen einander Lieder vor. – Und dort zwischen vier Säulen tanzten junge und ältere Menschen miteinander. – Und hier saßen einige Mitarbeiterinnen und Mitarbeiter mit Menschen in ziemlich abgerissener Kleidung zusammen und ließen sich von deren Leben erzählen. – In einer Seitennische saßen Jugendliche um eine Kerze herum, hörten einem Gitarrenspieler zu, aßen Brot, einige sprachen leise miteinander, andere schwiegen…
Hinter dem Altar saßen einige Frauen und Männer und diskutierten. – Im Pfarrsaal hockten mehrere Frauen und Männer,

Kinder und Jugendliche über einer langen Papierbahn und malten »Ängste und Hoffnungen«. – In einer anderen Ecke saß eine Runde, mit Bibeln auf den Knien, in ruhigem Gespräch...
Viele Gruppen gab es: Die ganze Kirche war voller Leben.
Der Pfarrer war mal hier, mal dort zu sehen.
Eine Stunde lang ging das so.
Die »normalen« Gottesdienstbesucher kamen nach und nach zur Kirche.
Jetzt standen der Pfarrer und einige seiner Mitarbeiterinnen und Mitarbeiter an den Türen der Kirche und begrüßten die Ankommenden. Auf den Gesichtern – Erstaunen, Entsetzen, Verwunderung, Ärger. Auf anderen Gesichtern aber auch Überraschung, Lachen, Verstehen und Verlegenheit.
Viele kehrten verärgert und wütend auf der Stelle um. Andere zögerten, blieben zunächst abwartend in der Nähe der Türen stehen, mischten sich dann unter die Feiernden...
Mit einer halben Stunde Verspätung – um 11.00 Uhr – begann an diesem Sonntag der Gottesdienst, es war ein ganz anderer als an all den Sonntagen vorher.
In der folgenden Zeit sollen sich die Gottesdienste – und auch viele andere Veranstaltungen – in dieser Gemeinde stark verändert haben...

Kinder im Sonntagsgottesdienst

oder – frei nach Markus 2,27: »Der Sonntag ist für die Kinder da, nicht die Kinder für den Sonntag.«

Sie kennen sicherlich diese Geschichte aus dem Neuen Testament. Sie ist uns in drei Evangelien ganz ähnlich überliefert (Markus 9,33-37; Matthäus 18,1-5; Lukas 9,46-48):
Die Jünger fragen Jesus danach, wer der Größte und Wichtigste im Himmelreich sei. Dahinter steckt natürlich die Frage, wer von ihnen der Größte sei. Als Antwort stellt Jesus ein Kind in die Mitte: »So müßt ihr sein, am Kind habt ihr euch zu orientieren, wenn ihr richtig leben, meine Botschaft verstehen und in das Himmelreich kommen wollt!«…

»Er stellt ein Kind in die Mitte«

– Stellen wir uns einmal vor, wie das wäre, wenn wir in unserem Leben, in unserer Gemeinde, in unseren Sonntagsgottesdiensten die Kinder »in die Mitte« stellen würden! – Was würde dann geschehen? Ob da nicht viele »gute (erwachsene) Christen« die Nase rümpfen, protestieren und sich empören würden?
– Ich stelle mir das aber nun einfach mal vor – wie das wäre, wenn wir in den Sonntagsgottesdiensten die Kinder »in die Mitte« stellen würden. Dies kommt mir dann in den Sinn:
– Ich stelle mir vor, daß in jedem Gemeindegottesdienst am Sonntag die Predigt so gehalten würde, daß auch Kinder sie verstehen könnten, wenigstens einen Teil davon.
  Sagt man doch den Erwachsenen nach, sie hätten für sich erst das richtig verstanden, was sie auch Kindern verständlich weitersagen könnten. – Unter einer kindgemäßen Predigt verstehe ich nun wohlbemerkt nicht eine Katechese oder eine Befragung, die darauf abzielt zu kontrollieren, ob die Kinder auch gut

aufgepaßt haben oder ob sie auch alles wissen ... – Hätte ein solches Bemühen – »Kinder sollen es verstehen können« – nicht vielleicht Auswirkungen auf Predigtstil und Predigtinhalt so manches Predigers?

- Ich stelle mir vor, zu dem Gemeindegottesdienst am Sonntag würde der Pfarrer bewußt die Kinder mit einem Händedruck und einigen persönlichen Worten begrüßen. – Wie würde die Reaktion bei den Kindern und bei den Erwachsenen aussehen?
- Ich stelle mir vor, daß zum Höhepunkt der Feier des Abendmahles fröhliche Kinder um den Altar herum ständen. Sie hören dem Pfarrer still und gespannt zu, wenn er ihnen die Geschichte erzählt, wie Jesus mit seinen Jüngern das Abschiedsmahl gefeiert hat. Und dann würde sich der Pfarrer sogar nicht scheuen, ein Kind, das nichts sehen kann, auf den Altar zu setzen... – Wie würden wir Erwachsenen so etwas wahrnehmen, wie würden wir nach dem Gottesdienst darüber sprechen?
- Ich sehe aber in der Realität unserer Sonntagsgottesdienste oft und regelmäßig, wie die Kinder gelangweilt auf den Kirchenbänken herumrutschen. Sie verstehen nicht, was sich da vorn »abspielt«, sie verstehen die gesprochenen Worte nicht, sie werden ständig von den Eltern zur Ruhe gemahnt, sie suchen – natürlich ohne Erfolg – im Gesangbuch nach Bildern...

  Und da stelle ich mir vor, plötzlich käme jemand und lockte die Kinder aus ihren Bänken heraus nach draußen. Und die Kinder gehen mit ... Kurze Zeit darauf hören die in der Kirche verbliebenen Erwachsenen vom Kirchplatz her fröhliches Lachen und Rufen – Leben.

  Wer würde nach dem Gottesdienst mehr beschimpft, derjenige, der die Kinder herausgelockt und draußen mit ihnen gespielt, gesungen und Geschichten erzählt hat – oder die Kinder, die ihm gefolgt waren und mit ihm Spaß gehabt haben?
- Ich stelle mir zuletzt vor, da käme tatsächlich einmal sonntags Jesus selbst in einen unserer üblichen Gottesdienste, beobachtete unsere »Feier« und unser Verhalten. Er sähe auch das erzwungene Ruhe-Bewahren der Kinder. Und dann würde er uns allen, die wir in der Kirche sind, noch einmal den Satz sagen: »Der

Sonntag ist für die Menschen (Kinder) da und nicht die Menschen (Kinder) für den Sonntag.« Und er würde uns nochmals die Geschichte von dem Kind erzählen, das er in die Mitte gestellt hatte, als die Jünger nach den Großen und Wichtigen im Reich Gottes fragten. Und er würde tatsächlich die Kinder um sich sammeln und uns Erwachsene in den Bänken hocken lassen...

Kinder ansprechen in einem ganz normalen Sonntagsgottesdienst der Gemeinde...

Die Kinder eigens begrüßen
Nicht nur: »Liebe Schwestern und Brüder...«
Warum nicht auch mal einige Namen von Kindern nennen

▼

Für die kleineren Kinder einen Korb mit Bilderbüchern und Kinder-Gebetbüchern hinstellen

▼

Ein Element des Gottesdienstes besonders kindgemäß gestalten, zum Beispiel die Fürbitten oder die Bereitung der Gaben

▼

Eines der vielen Symbole erklären
Dieses Symbol auch be-greif-bar werden lassen

▼

Das Evangelium frei erzählen
Kinder die Geschichte des Evangeliums spielen lassen

▼

Die Predigt mit einer Geschichte beginnen, die auch von Kindern verstanden wird

▼

Den Kindern sagen, wenn die folgende Predigt heute etwas schwieriger wird und länger dauert als sonst

Die Kinder dürfen sich zur Mahlfeier um den Altar stellen

▼

Auch Lieder singen, die die Kinder (besser) kennen
Mal einen Kanon singen oder einüben

▼

Vom Pfarrer den Friedensgruß über die Kinder an die Erwachsenen weitergeben lassen

▼

Den Kindern Wünsche für den Sonntag mit auf den Weg geben

...

Sonntags-Tip * Sonntags-Tip * Sonntags-Tip * Sonntags-Tip * Sonntags-Tip

Feierstreß verhindern

Kennen Sie die Redensart: »Nichts ist schwerer zu ertragen als eine Reihe von guten Tagen.«? Diese Wahrheit trifft vielleicht oft auf unsere Wochenenden zu.

Gerade das Wochenende droht uns oft zu ersticken wegen seines Über-Angebotes an »Feier-Verpflichtungen«. Hier eine Einladung von Freunden, dort ein nicht gut abzusagender Feiertermin, dann wieder eine eigene schon längst fällige Einladung zu einem kleinen Fest...

Wann böte sich auch eine bessere Gelegenheit zu kleinen oder großen Festen als zwischen Freitag und Sonntag?

Unser Feier-Verhalten hat sich da in den letzten Jahren stark gewandelt: Statt am Sonntag feiern wir unsere Feste vorzugsweise am Samstag oder am Freitagabend. So er- oder behalten wir am Sonntag Zeit und Ruhe für uns selbst, auch der nahende Montag drückt noch nicht so...

Wir sollten den positiven Wert solcher Entwicklungen und neuen Wochenend-Rhythmen ruhig anerkennen. Das dürfte dann aber nicht bedeuten, die Zeit zwischen Freitagabend und Sonntagmorgen mit Fest- und Feierterminen so vollzupacken, daß uns für den Sonntag nichts anderes mehr übrigbleibt, als nur noch schlafend und dösend Erholung von der Erholung zu suchen.

Es dürfte sich lohnen, darüber nachzudenken und/oder darüber zu sprechen:

* Wie voll – zu voll? – haben wir unsere Wochenenden mit Feier-Terminen gepackt?

* Helfen uns Feste am Wochenende, um ausgleichend Zeiten für uns selbst zu genießen?
  Oder beinhalten Feste und ihr Übermaß, daß wir vor uns selbst fliehen, uns und unseren nächsten Mitmenschen ausweichen?
  Oder sollten wir häufiger die Chance wahrnehmen, über unsere Teilnahme an Festen aus dem eigenen Schneckenhaus mal rauszukriechen?

* Wie sieht unser eigener Wochenend-Rhythmus aus?
  Gibt es da ein Gleichgewicht zwischen dem Fest miteinander und der persönlichen Ruhe und Besinnung?

* Spielt die Teilnahme an einem Gottesdienst und die Auswahl des Zeitpunktes dafür eine bedeutsame Rolle in unserem Fest des Sonntags und in unserem Wochenend Rhythmus?

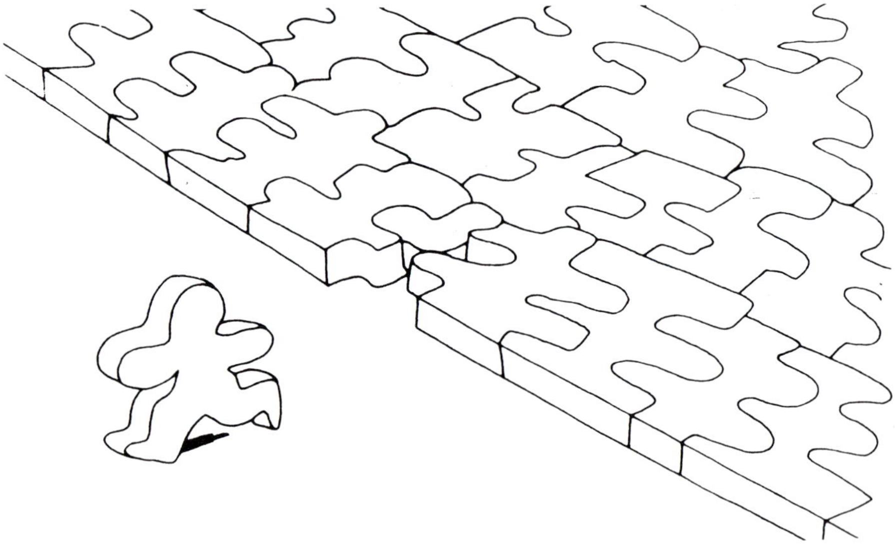

»Laßt uns den Sinn für das Unbezahlbare wachhalten!«

Dinge gibt's, die sind unbezahlbar: das Leben, der Atem, Stimme und Sprache, die Liebe, das Vertrauen oder auch die Sonne und der Sonntag. Nicht nur Dinge – Menschen gibt's, die sind unbezahlbar: »Mensch, du bist unbezahlbar…!«
Das gilt vor allem im Blick auf Jesus: »Du bist unbezahlbar!« Was er getan hat, das ist nicht zu bezahlen, für kein Geld in der Welt. Wir sind nicht durch einen vergänglichen Preis losgekauft, nicht um Silber oder Gold, sondern mit dem kostbaren Blut Christi (vgl. 1 Petrus 1,18f). Er hat nicht etwas, er hat sich selbst für uns gegeben. Er ist einfach unbezahlbar, ein Geschenk des Himmels.
Wer so beschenkt wird, der hat allen Grund, zu feiern und zu danken… Das ist der Grund unserer Feier hier, das ist der Grund des Sonntags. Wir feiern den unbezahlbaren Jesus Christus. Das ist das erste. Das ist Thema eins des christlichen Lebens. Das steht am Anfang unseres Lebens. Aller Kaufkraft zum Trotz leben wir letztlich von dem, was wir nicht kaufen können, vom Unbezahlbaren. Das wird uns geschenkt. Das Entscheidende im Leben ist unbezahlbar.
Sonntag – Wochenende. – Wir ahnen wohl gar nicht, was unter uns kaputtgeht an Grundgegebenheiten des menschlichen Daseins. Manches, was wir als die große Befreiung von starren Gesetzen – etwa dem Sonntagsgebot –, als Emanzipation preisen, wird uns bald wie ein Gespenst in seiner Unmenschlichkeit überfallen.
Ob es sich nicht am Ende herausstellt, daß unser Singen und Feiern, unser Gotteslob, das nicht nach Nutzen und Zweck fragt und nicht an Leistung und Erfolg orientiert ist, das Allerhumanste und Allermenschlichste ist und uns aus den Klauen der Zwecke befreit? Die Feier des Sonntags hat Auswirkungen auf die Woche, auf unser Leben. Wenn wir den Sonntag feiern, wird auch der Werktag österlicher, sonntäglicher. Wir sollten es ständig einüben, das Unbezahlbare zu feiern, den Unbezahlbaren zu feiern. Wir sollten es ständig einüben, den Sinn dafür wachzuhalten, daß der andere neben mir unbezahlbar ist. Wir sollten es ständig einüben, dem anderen absichtslos zu begegnen – eben nicht, um etwas von ihm haben zu wollen –, jemanden »rein« anzuschauen.
Manches, was wir als Gemeinde heute tun, können wir getrost anderen überlassen. In einem sind wir nicht zu ersetzen, das ist unsere erste und letzte Berufung, das rechtfertigt unsere Existenz vor Gott und der Welt:

Laßt uns den Sinn für das Unbezahlbare wachhalten!
Laßt uns den Sinn für den Unbezahlbaren wachhalten!
Laßt uns den Sonntag feiern!

Bischof Franz Kamphaus

»Ich werfe meine Freude
wie Vögel an den Himmel«

Herr, ich werfe meine Freude wie Vögel an den Himmel.
Die Nacht ist verflattert, und ich freue mich am Licht.
Die Sonne hat den Tau weggebrannt
vom Gras und von unseren Herzen.
Was da aus uns kommt,
was da um uns ist an diesem Morgen,
das ist Dank.
Herr, ich bin fröhlich heute am Morgen.
Die Vögel und die Engel jubilieren, und ich jubiliere auch.
Das All und unsere Herzen sind offen für deine Gaben.
Ich fühle meinen Körper und danke.
Die Sonne brennt meine Haut, ich danke.
Das Meer rollt gegen den Sand, ich danke.
Die Gischt klatscht gegen unser Haus, ich danke.
Herr, ich freue mich an der Schöpfung
und daß du dahinter bist
und daneben und davor und darüber und in uns.
Ich freue mich, Herr,
ich freue mich und freue mich.
Die Psalmen singen von deiner Liebe,
die Propheten verkündigen sie.
Und wir erfahren sie:
Weihnachten, Ostern, Pfingsten, Himmelfahrt
und am Sonntag.
Jeder Tag ist ein Tag in deiner Gnade.

Herr, ich werfe meine Freude wie Vögel an den Himmel.
Ein neuer Tag, der glitzert und knistert,
knallt und jubiliert von deiner Liebe.
Jeden Tag machst du. Halleluja, Herr!

Gebet aus Westafrika

Der Sonntag

Ein Tag (zum) Leben

Was wir so sagen…

Es geht um Leben und Tod

Sich das Leben nehmen

Am Leben hängen

Sein Leben hängt an einem seidenen Faden

Für das Leben verantwortlich sein

Das geht am wirklichen Leben vorbei

Eine Lebensversicherung abschließen

Das eigene Leben (wieder) in Ordnung bringen

Eine Lebensentscheidung treffen

Leben verlängern, verkürzen, aushauchen, riskieren, gewinnen…

Sein Lebenslicht ist erloschen

Der/Die sieht verlebt aus

»Ich glaube an das ewige Leben«

Eine lebendige Sprache sprechen

Sich ausleben

…

Alle Tage ist kein Sonntag…

Alle Tage ist kein Sonntag,
alle Tag' gibt's keinen Wein,
aber Du sollst alle Tage
recht lieb zu mir sein.
Und wenn ich einst tot bin,
sollst Du denken an mich,
auch am Abend, eh' Du einschläfst,
aber weinen darfst Du nicht.

Laß grünen, laß blühen,
laß reifen das Korn.
Ach, welken die Blätter
vom Zweig und vom Dorn,
verschneit unser Garten,
wir warten, wir zwei,
denn wir glauben alle Tage
die Mainacht herbei.

Und wird es dann dunkel,
graues Haar und grauer Sinn,
laß leuchten, laß leuchten,
wie froh ich dann bin.
Und wenn ich einst tot bin,
sollst Du denken an mich,
auch am Abend, eh Du einschläfst,
aber weinen darfst Du nicht.

Wenn ich mich an meine Kindheit und Jugend erinnere, dann war der Sonntag ein Tag,

an dem wir alle »unser Sonntagszeug« anzogen
an dem bei uns in der Landwirtschaft nur das Allernötigste (für das Vieh) getan wurde
an dem wir mit anderen zusammen von unserem Dorf vier Kilometer zum Kirchort in den Gottesdienst gingen
an dem wir Kinder einen Groschen bekamen, für den wir uns nach dem Gottesdienst in dem kleinen Laden Bonbons kaufen durften
an dem mein Vater nach dem Gottesdienst seinen Pfeifentabak für die kommende Woche einkaufte
an dem wir, wenn wir kommunizieren wollten, in die Frühmesse und sonst ins Hochamt gingen
an dem zum Frühstück Weißbrot und eine besondere Wurst und zu Mittag ein Braten auf den Tisch kamen
an dem wir Kinder nachmittags zur Andacht oder zur Christenlehre mußten, obwohl es zu dieser Zeit gerade Kinderfunk im Radio gab
an dem wir nach der Andacht unsere Sonntagskleidung gegen Spielkleidung wechseln durften
an dem immer zwei Kuchen bereitstanden, denn es konnte ja unerwartet Besuch kommen
an dem wir häufig – vor allem in der Nachkriegszeit – Besuch bekamen
an dem mein Vater und meine Mutter miteinander – ohne uns Kinder – einen Spaziergang durch die Felder machten
an dem wir Kinder sauer waren, wenn der Pfarrer morgens in der

Messe den Bauern erlaubte, auf den Feldern und Wiesen zu arbeiten
an dem mein Vater statt der Pfeife Zigarren rauchte
an dem mein Vater am Spätnachmittag bis in den Abend hinein mit einigen Nachbarn Karten spielte
an dem sich die Kinder und Jugendlichen unseres Dorfes meistens bei uns auf dem Hofplatz zum Spielen trafen
an dem ich meinen ersten Anzug mit langer Hose bei einem Sturz mit dem Fahrrad ruinierte
an dem meine späteren Schwäger zu meinen beiden älteren Schwestern zum Freien kamen
an dem ich zum erstenmal auf einem Motorrad mitfahren durfte
an dem wir nachmittags häufig zu einer Marienkapelle »über den Berg« wallfahrten
an dem ich mich gern in ein spannendes Buch vertiefte
an dem auch bei miesem Wetter nie Langeweile aufkam
an dem die Jugend des Dorfes nachmittags überlegte, was abends gemeinsam unternommen werden könnte
... an den ich mich heute noch gern erinnere und von dem mir vieles bis in die Einzelheiten hinein im Gedächtnis geblieben ist...
H.R.

Der Sonntag ist wie...

Bilder von vielen Menschen, aus verschiedenen Gesprächen, aus unterschiedlichen Erfahrungen

Sonntag ist wie Sonne und Licht

- wie ein Sonnenstrahl nach einem Gewitter
- wie ein Hoffnungsschimmer
- wie eine bunte Wiese im Sonnenschein
- wie ein Sonnenbad am Strand
- wie ein Lichtpunkt in der Dunkelheit
- wie Sonne nach dem Regen
- wie ein bunter Regenbogen, der mich nach grau verhangenem Himmel durch seine Farben wieder aufmuntert

- wie ein sonniger Sommertag, an dem uns die Sonne begleitet und wir ihre Wärme auch nach ihrem Untergang noch spüren

Sonntag ist wie Wasser zum Leben

- wie eine Quelle in der Wüste
- wie ein erfrischendes Bad am Morgen
- wie ein kühles Getränk am heißen Tag
- wie ein lebensspendender Brunnen
- wie eine Mündung von sechs unterschiedlichen Flüssen
- wie das Salz in der Suppe

Sonntag ist wie eine wichtige (Rast-)Station auf dem Weg

- wie eine Rast nach dem Wettlauf
- wie ein immer tiefer werdender und wachsender Weg zu Gott
- wie ein Atemholen vor frischem Neubeginn
- wie eine abenteuerliche Reise mit unvorhergesehenen Ereignissen
- wie ein Bahnhof, an dem man auf einen Zug in die nächste Woche wartet
- wie ein tiefes Atemholen
- wie eine Tankstelle
- wie der Gipfel eines Weges durch die vergangene Woche
- wie eine Tankstelle, an der ich zur Ruhe komme, Pause machen und Kräfte für die kommende Woche sammeln kann
- wie eine Pufferzone zum Ausgleich für Zu-kurz-Gekommenes

Sonntag ist wie Schönheit der Natur

- wie Frühling nach dem Winter
- wie Ruhe nach dem Sturm
- wie die Krone eines Baumes
- wie ein saftiger, knackiger Apfel
- wie eine Palme in der Wüste, die mir Stärkung, Wohnung, Schutz und Geborgenheit gibt
- wie eine blühende Wiese, von der ich immer wieder einige Blumen pflücken und mich an ihnen erfreuen kann

Sonntag ist wie ein Schutz auf dem Weg

- wie ein Geländer, das wir suchen und brauchen

- wie ein ruhender Pol im Wirbel der Zeit
- wie eine Brücke im reißenden Strom
- wie eine Insel im stürmischen Meer der Woche
- wie eine Insel inmitten der Geschäftigkeit

Sonntag ist wie das erreichte Ziel auf dem Weg

- wie ein Ziel nach dem Lauf durch den Alltag
- wie der Frieden nach dem Krieg
- wie die Lösung eines Problems
- wie Zuflucht suchen und Aufnahme finden
- wie eine Begegnung mit Gott
- wie Ferien

Sonntag ist aber auch...

- wie ein Glockenschlag in der Ferne, den ich kaum höre
- wie das Brodeln vor dem Vulkanausbruch
- wie ein gebrochener Damm, der Angestautes freiläßt und Zerstörungen anrichtet
- wie eine nicht zutreffende Wettervorhersage: Sonne und Wärme sind angesagt, es kommen aber Sturm und Kälte

Sonntags-Tip * Sonntags-Tip * Sonntags-Tip * Sonntags-Tip * Sonntags-Tip

»Finanzchef/in« an diesem Sonntag

Auch der Sonntag kostet etwas. Ohne Geld ist auch das Leben am Sonntag nicht zu haben...

Laßt uns daraus doch einmal ein »Spiel« machen, – je nach Anzahl der Familien- oder Gruppen-Mitglieder ein »Spiel« über mehrere Sonntage.

Wir vereinbaren für diese Sonntage einen bestimmten Betrag als »Sonntags-Etat«. Jede/r ist nun an einem der nächsten Sonntage »Finanzchef/in« und damit auch so etwas wie »Gestaltungschef/in« über diesen Etat. Wir alle können nun überlegen und herausfinden, was die Familie oder

Gruppe an dem betreffenden Sonntag, an dem wir »Finanzchef/in« sind, mit dem zur Verfügung stehenden Geld macht. Mit dem Etat ist alles das zu bestreiten, was wir alle an diesem Tag genießen wollen: Essen und Trinken, gemeinsame Unternehmungen, der gemeinsame Ausflug, die Besichtigung...

Der/Die »Finanzchef/in« muß also schon überlegen, wieviel Geld noch übrig bleibt, wenn wir »groß« essen gehen, oder was für andere Unternehmungen noch zur Verfügung steht, wenn wir statt dessen ein »kleineres« Essen selbst zubereiten...

Vielleicht sind nach einer Reihe von Sonntagen alle überrascht, auf welche Ideen die einzelnen kommen – und welch unterschiedlichste Dinge wir mit dem gleichen »Sonntags-Etat« machen können.

Und wenn sich unser »Sonntags-Etat« als zu hoch erwies, wenn jemand ihn gar nicht vollständig aufgebraucht hat – was machen wir dann mit dem Rest? – Aber auch hierzu wird uns sicherlich Passendes einfallen...

Sonntags-Tip * Sonntags-Tip * Sonntags-Tip * Sonntags-Tip * Sonntags-Tip

»Was ist das Leben?«

Ein schwedisches Waldmärchen

An einem schönen Sommertage war um die Mittagszeit eine Stille im Wald eingetreten. Die Vögel steckten ihre Köpfe unter die Flügel. Alles ruhte.
Da steckte der Buchfink sein Köpfchen hervor und fragte: »Was ist das Leben?«
Alle waren betroffen über diese schwere Frage. Eine Rose entfaltete gerade ihre Knospe und schob behutsam ein Blatt ums andere heraus. Sie sprach: »Das Leben ist eine Entwicklung.«
Weniger tief veranlagt war der Schmetterling. Lustig flog er von einer Blume zur anderen, naschte da und dort und sagte: »Das Leben ist lauter Freude und Sonnenschein.«
Drunten am Boden schleppte sich eine Ameise mit einem Strohhalm, zehnmal länger als sie selbst, und sagte: »Das Leben ist nichts als Mühe und Arbeit.«

Geschäftig kam eine Biene von einer honighaltigen Blume zurück und meinte dazu: »Das Leben ist ein Wechsel von Arbeit und Vergnügen.«
Wo so weise Reden geführt wurden, steckte der Maulwurf seinen Kopf aus der Erde und sagte: »Das Leben ist ein Kampf im Dunkel.«
Die Elster, die selbst nichts weiß und nur vom Spott der anderen lebt, sagte: »Was ihr für weise Reden führt! Man sollte meinen, was ihr für gescheite Leute seid!«
Es hätte einen großen Streit gegeben, wenn nicht ein feiner Regen eingesetzt hätte, der sagte: »Das Leben besteht aus Tränen, nichts als Tränen.«
Dann zog er weiter zum Meer. Dort brandeten die Wogen und warfen sich mit aller Gewalt gegen die Felsen, kletterten daran in die Höhe und warfen sich mit gebrochener Kraft ins Meer zurück und stöhnten: »Das Leben ist ein stetes vergebliches Ringen nach Freiheit.« Hoch über ihnen zog majestätisch ein Adler seine Kreise, der frohlockte: »Das Leben ist ein Streben nach oben.«
Nicht weit davon stand eine Weide, die hatte der Sturm schon zur Seite geneigt. Sie sprach: »Das Leben ist ein Sich-Neigen unter eine höhere Macht.«
Dann kam die Nacht. –
In lautlosem Flug glitt ein Uhu durch das Geäst des Waldes und krächzte: »Das Leben heißt, die Gelegenheit nutzen, wenn die anderen schlafen.«
Schließlich wurde es still im Walde.
Nach einer Weile ging ein Mann durch die menschenleeren Straßen nach Hause. Er kam von einer Lustbarkeit und sagte vor sich hin: »Das Leben ist ein ständiges Suchen nach Glück und eine Kette von Enttäuschungen.«
Auf einmal flammte die Morgenröte in ihrer vollen Pracht auf und sprach: »Wie ich, die Morgenröte, der Beginn des kommenden Tages bin, so ist das Leben der Anbruch der Ewigkeit.«

Unser Wahn vom fortschrittlichen Leben: »Wir haben alles fest im Griff!«

»Wir leben seit fünf Sekunden...«

Beim Nachdenken über das Thema dieses Kapitels taucht in meiner Erinnerung ein Buch auf, das mich in meiner Jugend – ich war damals etwa 16 Jahre alt – unheimlich fasziniert hat. Sein Titel: »Wir leben seit fünf Sekunden« (von Georg Popp und Heinrich Pleticha, 1958 im Arena-Verlag erschienen).
Viele Einzelheiten in diesem Buch habe ich vergessen, behalten habe ich aber zwei Bilder, mit denen das Alter der Welt und darin die Dauer des menschlichen Lebens dargestellt wurden.
Über das Alter der Welt schwanken die Schätzungen zwischen drei, fünf und acht Milliarden Jahren. Die Erde hat ein Alter von zwei bis drei Milliarden Jahren, bevor dann nach weiteren Jahrmilliarden das Leben auf der Erde begann. Es vergingen dann nochmals Millionen Jahre, bis wir auf die ersten Spuren des Menschen stoßen. Menschen gibt es – so die Schätzung – zwischen einer Million und 600.000 Jahren auf unserer Erde.
Damit uns diese nüchternen Zahlen plastischer werden, können wir – so das erste Bild – die Zeitspannen auf eine große Uhr übertragen – auf eine »Uhr der Schöpfungsgeschichte«. Auf ihrem Zifferblatt mit zwölf Stunden lesen wir dann die wichtigsten Ereignisse seit der Entstehung der Welt ab:
Wenn wir für den Anfang der Welt-Schöpfung fünf Milliarden Jahre ansetzen und unsere Zeiger bei 0.00 Uhr beginnen lassen zu laufen, dann haben wir um 7.00 Uhr den Augenblick der Entstehung unserer Erde erreicht. Um 8.30 Uhr zeigt sich das erste Leben auf der Erde, aber das ist dann erst ganz einfaches Leben von Einzellern, das noch eine weitere lange, lange Zeit braucht, um komplexer zu werden, sich weiter und höher zu entwickeln. – Ja, und wann

taucht endlich der Mensch auf? – Er kommt erst kurz vor Glokkenschlag 12.00 Uhr, etwa 5 Sekunden, bevor die Zeiger unserer »Schöpfungs-Uhr« auf die 12 rücken...

In einem zweiten Bild: Wenn wir in einem Buch von 500 Seiten die Geschichte des Weltalls, der Erde und des Menschen in der zeitlichen Reihenfolge erzählen wollten und jeder dieser Epochen einen ihrer tatsächlichen Dauer entsprechenden Platz einräumen würden, dann blieben uns für die Geschichte der Menschheit – die letzten beiden Zeilen des ganzen Buches!

So winzig also – das überwältigte mich damals an diesen beiden Bildern und das läßt mich auch heute noch staunen – im Verhältnis zu dem Ganzen die Spanne Zeit, die wir Menschen seit der Schöpfung der Welt auf Erden leben...

... oder auf ein Kalenderjahr übertragen

Ein Wissenschaftler unserer Tage, der Astrophysiker Peter Kafka, tätig im Münchener Max-Planck-Institut, hat die Geschichte der Welt in einem Kalenderjahr bildlich dargestellt. Sein Bild, in einem Jahresschema skizziert, sieht dann so aus:

Januar	1.1., 0.00 Uhr: Das Weltall entsteht (»Urknall«) Bis 15.1.: Die Milchstraßen-Systeme entstehen
Februar	
März	
April	
Mai	
Juni	
Juli	
August	Mitte des Monats: Unsere Sonne, unsere Milchstraße und die Erde entstehen (Nach 1-2 Tagen heutiger Zustand)

September	Anfang des Monats: Erstes Leben = Fossilien, einfachste Algen, Bakterien...
Oktober	
November	
Dezember	25. 12.: Warmblütler im Tierbereich Nacht zum 30.12.: Übergang von der Kreidezeit zum Tertiär - Aussterben der Saurier - Säugetiere kommen auf 31.12., 5 Minuten vor Jahreswechsel: 31.12., 10 bis 15 Sekunden vor Jahreswechsel: Die ersten Menschen (Neandertaler) Beginn der überlieferten Geschichte 31.12., 4 Sekunden vor Jahreswechsel: Christi Geburt = Beginn unserer Zeitrechnung 31.12., in den letzten Hundertstelsekunden vor Jahreswechsel: Wir sind da

Was sich bei der Erschaffung der Erde begeben hat

Eine alte Legende

Bevor der Herr die Erde geschaffen hatte, rief er die Tiere zusammen und fragte sie, wie er sie wohl machen sollte.
»Mache sie recht eben und weit, daß sie nicht aufhört!« rief das Pferd und wieherte mutig.
»Mache sie recht dick und weich«, sagte der Maulwurf, »daß ich überall durchkomme.«
»Wenn sie nicht ganz voll Wasser und flüssig ist«, meinte der Fisch, »so habe ich wenig Freude daran.«
»Ich will, daß sie voll hoher, spitzer Berge ist!« sagte der Adler. »Ich will hoch über ihnen fliegen und hinunterschauen und thronen auf ihnen.«
»Mache sie mir nicht zu klein«, bat die Mücke. »Recht groß soll sie sein, damit viele Mücken auf ihr Platz haben.«
Der Herr hatte ihnen zugehört, und da er sie alle gleich liebte, groß und klein, erfüllte er jedem einzelnen den Wunsch: und so, wie er es tat, waren sie zufrieden. Er machte die Erde eben und weit für das Pferd und dick und weich für den Maulwurf, daß er überall durchkam; machte genug Wasser auf ihr, daß die Fische Freude hatten, und machte sie auch voll spitziger

Berge, wie sie der Adler liebte, und groß genug, daß die Mücken Raum hatten zu spielen.
Der Mensch aber sah, daß die Erde für sie alle gemacht war, er aber nicht gefragt worden war, wie er sie wünschte. Da wandte er sich mit Klagen an den Herrn und sprach: »Alle Geschöpfe hast du gefragt, wie die Erde ihnen taugen soll, nur mich nicht. Da darfst du auch nicht erwarten, daß ich mit ihr zufrieden bin, da du sie doch gemacht hast, wie die alle sie wollen, und nicht, wie ich sie will!«
Der Herr aber entgegnete: »Du bist auch nicht gemacht, um an ihr dein Genüge zu haben. Hast du wie die Tiere die Augen zur Erde gewendet? *Du sollst auf ihr zu Hause sein, aber der anderen Heimat, die du hast, gedenken. Dazu bist du da.*«
Und seit damals geht der Mensch aufrecht.

… weil Einfalt und Raserei zusammengehen

Warum aber hier, zum Thema »Sonntag« dieser Ausflug in die ganz große und lange Welt-Geschichte? Warum die Bilder dieser »unendlichen Geschichte« mit uns Menschen – ganz kurz darin? Was hat das miteinander zu tun?

Die Antwort: Unsere Welt hat sich bis zu dem Zeitpunkt, an dem aus ihr Leben entstand, unvorstellbar viel Zeit gelassen. Dann lief die Entwicklung schneller. Und erst in der letzten Phase, als das warme Blut entstand und das Leben sich höher und komplexer entwickelte, trat eine ungeheure Beschleunigung ein.

Weil es seit 5 Sekunden vor Tagesende oder seit den letzten 2 Zeilen des 500-Seiten-Buches oder seit 5 Minuten vor Jahreswechsel den Menschen – uns – gibt, deshalb haben uns die Zeiträume – um unseres eigenen Über-Lebens willen – zu interessieren. Denn heute, in diesen (letzten) Zehntelsekunden, droht der Mensch seine Mitwelt zu ruinieren und zu zerstören (Stichworte: Klimaveränderung, Ozonloch, Umweltzerstörung, Raubbau, Genmanipulation…), die seit Mitte August – um es in dem letzten Bild auszudrücken – ungefähr gleichgeblieben ist. Das wofür die Welt so lange Zeit gebraucht hat, um es aufzubauen, können wir in »Zehntelsekunden« vernichten. Das hätte dann allerdings zur Folge, daß wir damit alles Leben und auch uns selbst kaputtmachen würden – unwiderruflich.

Sprichwörter der Welt

Ehe du anfängst, die Welt zu verändern,
gehe dreimal durch dein eigenes Haus.

China

Es ist besser, sofort das kleinste Loch im Dach zu reparieren und zu flicken, als später das ganze Haus erneuern zu müssen.

Polen

Ein wenig zu spät ist viel zu spät.

Deutschland

Wanderer, es gibt keinen Weg. Er entsteht beim Gehen.

Spanien

Wer fragt, ist fünf Minuten dumm; wer nicht fragt, bleibt es ein Leben lang.

China

Auf einem wankenden Schiff fällt um, wer stillsteht, nicht, wer sich bewegt.

England

Wenn viele kleine Leute an vielen kleinen Orten viele kleine Dinge tun, können sie das Gesicht der Welt verändern.

Afrika

Wenn das Auge nicht sehen will, helfen nicht das Licht und auch nicht die Brille

Schweiz

Man kann nicht die eine Hälfte des Huhnes zum Kochen und die andere Hälfte zum Eierlegen haben.

Indien

Wenn jemand Salat pflanzt, kann er bald ernten. Wenn jemand einen Baum pflanzt, können die Kinder ernten.

Brasilien

Nochmal: Worin liegt der Zusammenhang mit unserem Thema »Sonntag«? – Wenn wir hier den Sonntag als »Tag (zum) Leben« überschreiben, dann bündeln sich jetzt all die Stichworte, Argumente und Gesichtspunkte, die wir in den vorangegangenen Kapiteln bereits gesammelt haben. Darauf läuft jetzt alles hinaus: Betrachten, »nutzen«, leben wir den Sonntag so, daß er uns nachdenklich werden läßt über unser Leben, über das im Alltag so gefährdete Leben?
Am Sonntag Zeit zum Leben haben –, das ist nicht nur eine persönliche oder gar privatistisch wohltuende »Sonderzulage« zum Leben. Am Sonntag Zeit zum Leben haben –, das ist ein Angebot und eine Anforderung, sich des Geschenkes Leben und dann auch der Verantwortung für das Leben in all seinen Dimensionen zu erinnern. Spätestens jetzt müßte uns deutlich werden, daß es sich beim Sonntag nicht um ein Thema am Rand unseres Lebens handelt, sondern um ein sehr zentrales. Sonntag – das ist nicht eine Idylle, ist keine Sentimentalität und ist keine dem Gutdünken der einzelnen zu überlassende Angelegenheit. Sonntag – das ist auch nicht (nur) etwas Frommes, ist schon gar nicht etwas Frömmelndes.

Nein, jeder Sonntag ist die Anfrage,

- ob wir die Chance überhaupt wahrnehmen, einen Tag lang ohne Fremdbestimmung zu leben;
- ob wir uns noch Zeit nehmen zum Leben und für das Leben;
- ob wir die Gefährdung des Lebens durch die Lebensart des Menschen wahrzunehmen bereit sind;
- ob es Lebenswerte in unserem Denken und Handeln gibt, die uns am Sonntag *und* im Alltag bestimmen;
- ob unser Bekenntnis »Ja zum Leben« sich auch in unserer Lebenspraxis auswirkt;
- ob wir um eines »Heute ist uns alles möglich« willen alles Vergangene als überholt abtun oder uns an gutes Vergangenes – zum Widerstand gegen... – erinnern;
- ob wir nur unsere eigenen, persönlichen Lebensinteressen verfolgen oder ob wir auch auf die anderen Menschen – und der Lebewesen insgesamt – Rücksicht nehmen;

– warum wir eigentlich diesen Tag anders leben – um unseren Alltag zu vergessen oder um unseren Alltag etwas anders werden zu lassen…?

Sonntags-Tip * Sonntags-Tip * Sonntags-Tip * Sonntags-Tip * Sonntags-Tip

Unser Ziel: Orte der Erinnerung

Für die meisten Menschen heute ist das Leben irgendwann einmal, manchmal wiederholt mit einem Umzug verbunden.
In einer Familie bedeutet das dann: Weggehen aus einer bekannten Umgebung; sich von vertrauten Menschen, Freunden, Nachbarn, Verwandten trennen; neue Kontakte knüpfen, eine neue Heimat finden…

Für Kinder und Heranwachsende in einer Familie kann sich damit auch verbinden: sich kaum noch oder gar nicht mehr an Orte der frühen Kindheit erinnern; nur vom Erzählen der Eltern her erfahren, wo früher was war. – Der Ort der Geburt; die Kirche, in der ich getauft worden bin; der Kindergarten oder die Schule, die ich mal besucht habe; Wege, Ausflugsziele … – sie sind vielleicht aus der Erinnerung verschwunden.

Wenn solche Erinnerungs- und wichtige Lebensorte der Eltern und der Kinder nicht zu weit entfernt liegen, bieten sie sich als Sonntags-Ausflugsorte an:

* Der Ort und das Haus, in dem Vater oder Mutter aufgewachsen sind und ihre frühe Kindheit verbracht haben;
* Die Kirche, in der Vater und Mutter ihre Eheschließung gefeiert haben;
* Der Ort, das Krankenhaus, in dem die Geschwister geboren wurden;
* Die Kirche, in der die Kinder getauft wurden;
* Der Aussichtsturm, zu dem wir früher so oft gewandert sind;
* Die Orte der frühen Kindheit der Kinder – die Straße, der Kindergarten, die Grundschule…

Bei einem solchen Ausflug gibt es sicherlich viel zu fragen und zu erzählen. – Für uns alle ist es lebensnotwendig zu wissen, woher wir kommen und wo unsere Wurzeln liegen. Vergangene, irgendwann einmal wichtige Orte können Brücken zur eigenen Vergangenheit sein. Diese Besuche können die Erinnerungen zu den eigenen Wurzeln wachhalten und vertiefen.

Sonntags-Tip * Sonntags-Tip * Sonntags-Tip * Sonntags-Tip * Sonntags-Tip

Werktag – Sonntag: Zwei Lebens-Welten?

Strukturierung der Zeit: Bei allen Völkern findet man das Bemühen, die Zeit zu strukturieren, sie aufzuteilen in Tage, die dem physischen Überleben dienen, an denen gearbeitet wird, und in Tage, an denen gefeiert wird. An den Feiertagen werden sich die Menschen ihrer Geschichte bewußt und/oder gedenken ihrer Einbindung in die Natur.
Wie alle Völker, kannte auch das Volk Israel solche Zeitstrukturierungen. Die Feste Israels stellen eine Verbindung dar zwischen einem jährlich wiederkehrenden Naturereignis – Frühjahr, Erntezeit, Jahreswechsel... – und einem historisch einmaligen Ereignis, das mit dem Handeln Gottes in Verbindung steht.

Besonderheit des Sabbat: Die Feier des Sabbat hingegen knüpft »nur« an ein als Heilshandeln Gottes interpretiertes historisches Ereignis an (Befreiung, Zeichen des Bundes, göttliche Anordnung gegen jede kosmische Ordnung). Der Sabbat läßt sich nicht in eine besondere Beziehung zu Naturphänomenen bringen! Er symbolisiert die besondere Beziehung des Menschen bzw. des Volkes zu Gott. In diesem Sinne ist der Sabbat ein »ausgefallener« Tag. Er ist ein Gott-geweihter Tag, der allerdings den Alltag nicht beiseite schieben, sondern ihn einbeziehen will: Vom Sabbat her solltet ihr an euren Werktagen leben!

Dinge dieser Welt
Ein Lied zur Bereitung der Gaben

Was uns die Erde Gutes spendet,
was unsrer Hände Fleiß vollbracht,
was wir begonnen und vollendet,
sei, Gott und Herr, zu dir gebracht.

Wir legen unsre Gaben nieder
als Lob und Dank vor deinen Thron.
Herr, schenk sie uns verwandelt wieder
in Jesus Christus, deinem Sohn.

Wie Wein und Wasser sich verbinden,
so gehen wir in Christus ein;
wir werden die Vollendung finden
und seiner Gottheit teilhaft sein.

Trennung durch Kult: Im Laufe der Geschichte Israels fand jedoch eine zunehmende Trennung von Sabbat und Alltag statt. Es kam zu einer Trennung von »eigentlicher Zeit« – einer Zeit, die Gott geweiht ist, einer kultischen Zeit – und einer Alltags- und Arbeitszeit – einer Zeit, in der sich das wirkliche Leben abspielte. Es waren die Priester, die als Kult-Wächter ein besonderes Interesse an der genauen Festlegung der Festzeiten und der für diese Tage einzuhaltenden Riten hatten.
Die Vorschriften über den genauen Ablauf des Sabbat wurden sehr detailliert formuliert und schoben sich immer mehr in den Vordergrund. Es verblaßten sowohl die Erinnerung an das Heilshandeln Gottes als auch der Aspekt der besonderen Verantwortung für die Mitmenschen. Dies wich vor der mechanischen Befolgung von Sabbatregeln.
Der Kult war nicht dazu angetan, die eigenen gesellschaftlichen Verhältnisse und die eigene gesellschaftliche Unordnung mit den Forderungen Gottes zu konfrontieren. Die Feier des Sabbat war nicht mehr der symbolische Ausdruck für die Nähe Gottes; sie wurde zum einzigen Ort der Gottesbegegnung, die einzige Zeit mit und für Gott. Der Kult war das eigentliche Ereignis, das mit Gott zu tun hatte; im Alltag galten andere Spielregeln.

Kritik der Propheten: Gegen diese vorwiegend von den Priestern gezielt betriebene Trennung von Werktagen und Sabbat traten die Propheten auf. Sie prangerten schonungslos den Widerspruch zwischen »Gottesdienst« in der Form des Kultes und dem alltäglichen

Verhalten der gleichen Gottesdienstteilnehmer an. Sie geißelten mit scharfen Worten diesen verlogenen Kult, der zwar formal der Verehrung Jahwes diente, der aber durch die Wirklichkeit des israelischen Alltags nicht gedeckt war.
Ein eindeutiges Beispiel dieser prophetischen Position können wir etwa im 7. Kapitel des Buches Jeremia, in der berühmten »Tempelrede« dieses Propheten, nachlesen:

»Bessert euer Verhalten und euer Tun,
dann will ich bei euch wohnen hier an diesem Ort.
Vertraut nicht auf die trügerischen Worte:
Der Tempel des Herrn, der Tempel des Herrn,
der Tempel des Herrn ist hier!
Denn nur wenn ihr euer Verhalten und euer Tun
von Grund auf bessert,
wenn ihr gerecht entscheidet im Rechtsstreit,
wenn ihr die Fremden, die Waisen und Witwen nicht unterdrückt,
unschuldiges Blut an diesem Ort nicht vergießt
und nicht anderen Göttern nachlauft
zu eurem eigenen Schaden,
dann will ich bei euch wohnen hier an diesem Ort,
in dem Land, das ich euren Vätern versprochen habe
für ewige Zeiten.
Freilich, ihr vertraut auf die trügerischen Worte,
die nichts nützen.
Wie? Stehlen, morden, die Ehe brechen, falsch schwören,
dem Baal opfern und anderen Göttern nachlaufen,
die ihr nicht kennt –,
und dabei kommt ihr und tretet vor mein Angesicht
in diesem Haus, über dem mein Name ausgerufen ist,
und sagt: Wir sind geborgen!
um dann weiter all jene Greuel zu treiben ...«
Jeremia 7,3-10

Die Propheten – und in ihrer Tradition später Jesus von Nazaret – kritisieren nicht nur den Widerspruch zwischen ungerechtem Verhalten im Alltag und oberflächlicher, rein äußerlicher Kultaus-

übung. Ein weit größerer Skandal ist das religiöse Leistungsdenken, das in der bloßen Erfüllung der Gottesdienst-Pflicht, in der Einhaltung der richtigen Zeremonien und Riten den Weg zum Heil erblickt.
Angegriffen wird auch ein falsches Zeitverständnis, das meint, bestimmte, für Gott(esdienst) reservierte Zeiten seien wichtiger als andere Zeiten. Jede Zeit, nicht nur die des Kultes, auch und besonders die des Alltags, ist offen und Angebot für die Nähe Gottes.

Der betende Gaukler

Eine französische Legende

Es war einmal ein Gaukler, der tanzend und springend von Ort zu Ort zog, bis er des unsteten Lebens müde war. Da gab er all seine Habe hin und trat in das Kloster zu Clairveaux ein. Aber weil er sein Leben bis dahin mit Springen, Tanzen und Radschlagen zugebracht hatte, war ihm das Leben der Mönche fremd, und er wußte weder ein Gebet zu sprechen noch einen Psalter zu singen.
So ging er stumm daher, und wenn er sah, wie jedermann des Gebetes kundig schien, aus frommen Büchern las und mit im Chor die Messe sang, stand er beschämt dabei: Ach, er allein, er konnte nichts. »Was tust du hier?« sprach er zu sich, »ich weiß nicht zu beten und kann mein Wort nicht machen. Ich bin hier unnütz und der Kutte nicht wert, in die man mich kleidete.«
In seinem Gram flüchtete er eines Tages, als die Glocke zum Chorgebet rief, in eine abgelegene Kapelle. »Wenn ich schon nicht mitbeten kann im Konvent der Mönche«, sagte er vor sich hin, »so will ich doch tun, was *ich* kann.«
Rasch streifte er das Mönchsgewand ab und stand da in seinem bunten Röckchen, in dem er als Gaukler umhergezogen war. Und während vom hohen Chor die Psalmgebete herüberwehten, begann er mit Leib und Seele zu tanzen, vor- und rückwärts, links herum und rechts herum. Mal geht er auf seinen Händen durch die Kapelle, mal überschlägt er sich in der Luft und springt die kühnsten Tänze, um Gott zu loben. Wie lange auch das Chorgebet der Mönche dauert, er tanzt ununterbrochen,

bis ihm der Atem verschlägt und die Glieder ihren Dienst versagen.
Ein Mönch aber war ihm gefolgt und hatte durch ein Fenster seine Tanzsprünge mitangesehen und heimlich den Abt geholt. Am anderen Tag ließ dieser den Bruder zu sich rufen. Der Arme erschrak zutiefst und glaubte, er solle des verpaßten Gebetes wegen bestraft werden. Also fiel er vor dem Abt nieder und sprach: »Ich weiß, Herr, daß hier meines Bleibens nicht ist. So will ich aus freien Stücken ausziehen und in Geduld die Unrast der Straße wieder ertragen.«
Doch der Abt neigte sich vor ihm, küßte ihn und bat ihn, für ihn und alle Mönche einzustehen: »In deinem Tanze hast du Gott mit Leib und Seele geehrt. Uns aber möge er alle wohlfeilen Worte verzeihen, die über die Lippen kommen, ohne daß unser Herz sie sendet.«

Kritik Jesu: Besonders die spätere Sabbatkritik Jesu betont, daß die Einhaltung der Sabbatordnung daran gemessen wird, ob sie dem Menschen hilft oder schadet. Für Jesus gibt es weder exklusive Orte noch exklusive Zeiten für Gott. Nach ihm ist das Leben des Menschen selbst, sein Alltag, der Ort und die Zeit für die Begegnung mit Gott. Güte und Richtigkeit des Sabbat erweisen sich darin, ob sich das Alltags-Leben auf den Sabbat und der Sabbat auf das Alltags-Leben auswirken.
Nicht von ungefähr erzählt Jesus in seinen Gleichnissen, die das gegenwärtig anbrechende und sich in Zukunft erfüllende Reich Gottes zum Thema haben, von Wirklichkeiten des alltäglichen, konkreten Lebens. Danach entscheidet sich, ob jemand in das »Reich des Vaters« kommt, nicht an einer vom Alltags-Leben abgesonderten rituellen Praxis, sondern an der solidarischen Praxis des alltäglichen Lebens (am konsequentesten formuliert im Matthäus-Evangelium, Kap. 25,31-46!).

Kirchliche Entwicklung: Die junge Kirche hat in der Nachfolge Jesu diese Verbindung von Gott(esdienst) und Welt(dienst), die Untrennbarkeit von Gottes- und Nächstenliebe in ihrem eigenen Handeln bewahrt (vgl. Apostelgeschichte 2,44-46). – Auch in der nachapostolischen Zeit gab es keine Absonderung »heiliger Zeiten« von Zeiten des Alltags. Erst seit dem 4. Jahrhundert (»Konstantinische Wende«) kam es zu einer strikten Trennung von Arbeitszeit und Festzeit, die sich bis zum heutigen Tag durchgezogen hat.
Folgenschwerer als Einflüsse des griechischen Dualismus (= Arbeit des Geistes wird höher bewertet als die körperliche Arbeit) wirkt sich eine andere Dimension dieser Trennung aus: Die Unterscheidung zwischen einer Zeit, die als »Zeit des Festes« eine »Zeit Gottes« ist, und einer Zeit, die als »Zeit des Alltags« eine »Zeit der Welt« ist. Diese Unterscheidung hat den christlichen Glauben und seine Ausdrucksformen auf eine und *nur* eine Zeit beschränkt, während die übrige Zeit mit dem Glauben nichts oder nur wenig zu tun hat.

Trennung Glauben – Leben: Die Verkürzung der Glaubenspraxis auf den Besuch des sonntäglichen Gottesdienstes verbindet sich mit einer Privatisierung des Glaubens. Dem entspricht ein religiöses Leistungsverhalten, das in der von der Welt abgesonderten religiösen Praxis das Heil erwartet. Dies wird dann zum Ausdruck einer Werkgerechtigkeit, die den »Himmel« sichern soll, dabei aber die Erde vergißt.

Die Verkürzung der Glaubenspraxis auf die Liturgie verbindet sich mit einem Rückzug aus der Welt. Welt hat nach den in ihr gültigen Gesetzen zu funktionieren, soll aber den christlichen Glauben überhaupt nicht berühren. Damit treten nicht nur »Gotteszeit« und »Weltzeit« auseinander, sondern auch Glauben und Leben. Glaube findet seinen Ausdruck in der Liturgie und nur dort, während wir im Alltag »als Menschen« handeln. Das ist aber nicht nur Entfremdung des Glaubens von Welt und Leben, sondern auch Entfremdung des Glaubens von der Botschaft des Evangeliums.

Ohne Zweifel wird christliche Gemeinde jeweils neu durch das Wort Gottes begründet. Zentral teilt Gemeinde dieses Wort Sonntag für Sonntag in der Verkündigung und in der Feier des gemeinsamen Mahles (Kommunion) mit. Wenn christliche Gemeinde aber die befreiende Botschaft vom Leben auf diese Ausdrucksformen beschränkt, dann hat sie ihre Beziehung zum eigenen Ursprung verloren. Sie bleibt oder wird eine Gemeinde der Selbstgerechten und bleibt solange vom Evangelium getrennt, bis sie endlich in ihrer alltäglichen Praxis Zeugnis gibt vom befreienden Handeln Gottes.

Überwindung der Trennung: Christliche Gemeinden wie Einzelchristen werden erst dann glaubwürdige Zeugen der Botschaft Jesu sein, wenn sie die unchristliche Trennung von »heiligen Zeiten« und »Zeiten des Alltags« in ihrem Handeln überwinden, wenn sie in urchristlicher Tradition den Alltag durch ihr eigenes Leben zu einem Ort und zu einer Zeit der Gottesbegegnung werden lassen. Dies erfordert aber, sich an der Realität des eigenen Ortes und der eigenen Zeit »abzuarbeiten«. Dies erfordert zumindest eine praktische Solidarität denjenigen gegenüber, die aus unserer Gesellschaft ausgeschlossen werden – gegenüber Flüchtlingen, Asylanten, Übersiedlern, Aussiedlern ... Dies erfordert eine Solidarität mit denen, die den Leistungsansprüchen unserer Gesellschaft aufgrund ihrer

persönlichen Situation nicht gerecht werden können – mit alten Menschen, Behinderten, unverschuldet Verschuldeten... Dies erfordert unsere Sympathie mit denen, die unter den Ungerechtigkeiten unserer Gesellschaft besonders zu leiden haben – mit Arbeitslosen, Sozialhilfeempfängern, Obdachlosen, kinderreichen Familien...
Dies erfordert letztlich, die eigene Denk- und Lebenspraxis immer wieder unter das Gericht des Evangeliums (siehe nochmals Matthäus 25!) zu stellen, mich und uns fragen zu lassen, ob etwas von der »Frohen Botschaft« (am Sonntag) durch mein und unser Handeln (im Alltag) sichtbar wird.

Sonntags-Tip * Sonntags-Tip * Sonntags-Tip * Sonntags-Tip * Sonntags-Tip

Beten: Ohne Drumherum mit Gott sprechen

Am Sonntag mal wieder zur Ruhe und zu Besinnung kommen... Das kann auch eine Chance sein, einmal (wieder) zu beten. Während der ganzen Woche kamen wir nicht dazu, – wir meinten zumindest, dafür keine Zeit und keine Gelegenheit gehabt zu haben...

Wie wäre es, am Sonntag kurze Augenblicke auf Gott hin »umzubiegen«? – Beten, mit Gott sprechen –, das muß gar keine komplizierte Sache sein, das muß gar nicht viel Zeit in Anspruch nehmen...
Vielmehr: Je einfacher (normaler) wir sprechen, um so echter und ehrlicher kann das Gespräch mit Gott sein.

Vielleicht so – je nach Situation:

* »Gott, ich kann dich nicht sehen, aber es ist gut, daß du da bist.«
* »Ein ganzer Tag liegt vor mir, er steht mir und uns zur freien Verfügung. Ich freue mich darauf.«
* »Ich hätte geduldiger in diesem Gespräch mit meiner Tochter sein können. Ich habe nicht gut zugehört. Hilf mir beim nächstenmal.«
* »Gott, ich denke an dich. Denk du auch an mich heute.«

* »Bin ich eigentlich noch auf dem richtigen Weg? Gib mir ein Zeichen, Gott.«
* »Versetz dich doch einmal in meine Lage, Gott. Es ist wirklich alles nicht so einfach.«
* »Dankeschön, guter Gott. Das war ein guter Tag heute.«
* »Warum bin ich nur wieder ausgerastet? Es tut mir leid. Beim nächstenmal paß bitte auf mich auf.«
* »Um mich herum sind Menschen, die mich gern haben und die mich brauchen. Und ich brauche dich, mein Gott.«
* »Es gibt so viele Probleme in der Welt um mich herum. Sehr oft bin ich ratlos und fühle mich klein und schwach. Gib du mir genug Gelassenheit.«
* »Es ist deine Welt, in der es so viel Fragwürdiges und so viele Ungerechtigkeiten gibt. Vergiß das nicht, du Gott unserer Welt.«
* »Ich bin müde und will jetzt schlafen. Segne du mich. Danke noch einmal für diesen Tag.«

Früher nannte man solche Gebete »Stoßgebete«. Wenn wir unser Leben genau wahr-nehmen, dann bietet es genug An-Stöße, um Gott von unserem Leben *konkret* zu erzählen. Ohne Drumherum dürfen wir das tun. Der Sonntag kann dafür eine Chance sein, damit anzufangen und es auszuprobieren, um es dann auch mal (wieder) im Alltag zu tun.

Sonntags-Tip * Sonntags-Tip * Sonntags-Tip * Sonntags-Tip * Sonntags-Tip

Da durchschaut jemand das »Spiel«
Eine moderne alte Geschichte

Die Geschichte ist über 2700 Jahre alt. Sie geschah in Israel.
Da lebte um das Jahr 750 vor unserer Zeitrechnung ein »kleiner Mann« auf dem Lande. Er besaß eine Feigenplantage und züchtete Schafe. Dies alles hätte eigentlich so bleiben können, und die Welt hätte nichts von diesem Mann erfahren. – Aber eines Tages entdeckte dieser »kleine Mann«, Amos hieß er, die Ungerechtigkeit in seinem Lande. Und er beginnt, das, was da »gespielt« wird, zu durchschauen.
Er entdeckt: Die Reichen und Mächtigen im Lande bereichern sich rücksichtslos auf Kosten der kleinen Leute. Die Reichen sind nur darauf bedacht, ihren Reichtum weiter zu vergrößern – indem sie die Arbeitskraft der »Kleinen« auspressen. Die Mächtigen mißbrauchen ihren Einfluß – indem sie die »Kleinen« ausdrücken und auf ihre eigenen Vorteile achten. Die gesamte Oberschicht handelt korrupt.
Amos beobachtet, wie die Händler auf den Märkten die Gewichte fälschen, wie sie den Leuten schlechte Waren verkaufen, wie sie die Menschen betrügen. Amos beobachtet, wie die Reichen die Armen immer mehr in ihre Abhängigkeit bringen; sie drücken die Löhne, eignen sich die Felder der Armen an, bestechen die Richter…
Da verläßt Amos, der »kleine Mann« vom Lande, sein ruhiges Zuhause. Obwohl ohne jeden Einfluß und ohne erlernte Fachkompetenz, tritt er öffentlich auf und protestiert scharf gegen diese Zustände im Lande. Er beruft sich dabei allein auf den Gott seines Volkes, der will, daß es zwischen den Menschen gerecht zugeht. Und er macht seinen Protest am Sabbat und an den anderen Festtagen fest.
So hört sich das an:

»Höret dieses Wort, die ihr die Schwachen verfolgt
und die Armen im Lande unterdrückt.
Ihr sagt: Wann ist das Neumondfest vorbei?
Wir wollen Getreide verkaufen.
Wann ist der Sabbat vorbei?
Wir wollen die Kornspeicher öffnen,
das Maß kleiner machen
und die Gewichte fälschen.
Wir wollen mit Geld die Hilflosen kaufen,
für ein paar Sandalen die Armen.
Sogar den Abfall des Getreides machen wir zu Geld.
Beim Stolz Jakobs hat der Herr geschworen:
Keine ihrer Tagen werde ich jemals vergessen.«

Amos 8,4-7

Profit unter allen Umständen – Gewinnmaximierung nennen wir das heute –, darauf ist das ganze Denken der Reichen ausgerichtet. Dieses Denken bestimmt nicht nur ihre Alltage, nein, auch ihre Sabbate und Feiertage sind voll davon. Auch an diesen Tagen können und wollen die Reichen und Mächtigen nicht von ihrem Profitdenken abschalten. Für die eigenen Geschäfte und die alltäglichen Machenschaften sind Feiertag und Sabbat nichts als eine lästige, störende Unterbrechung.

Am Sabbat sitzen die Reichen unzufrieden und ungeduldig da und warten auf den morgigen Werktag. Feiertage und Sabbate – die bedeuten doch nur Gewinnausfall! Was könnte an diesen Tagen alles geschafft und zusätzlich eingenommen werden…

Amos spürt und weiß genau: Wenn sich alles nur um Profit und Geldverdienen dreht, wenn der Mensch dem wirtschaftlichen Gewinn untergeordnet wird, dann gehen Menschlichkeit und Mitmenschlichkeit verloren. Wenn nur der eigene Nutzen, nur noch Schaffen und Raffen den Alltag bestimmen, dann gibt es bald keinen Unterschied mehr zwischen Alltag und Sabbat. Wenn Menschen so voll von diesem Denken sind, dann mögen sie am Sabbat vielleicht ihr eigennütziges Werktags-Handeln vordergründig unterbrechen. Aber ihr Werktags-Denken werden sie auch am Sabbat nicht abschalten.

Was ist dann der Sabbat aber anderes als Planen für die kommenden Werktage?
Amos hatte damals den Mut, gegen solches Denken und Handeln aufzustehen und zu protestieren. – Warum? – Weil er entdeckt hatte: Menschen werden kaputtgemacht, die Welt geht zum Teufel, wenn die Menschen den Sabbat und seine Botschaft vergessen und mißbrauchen.
Wie gesagt: Diese Geschichte ist über 2700 Jahre alt. – Aber ist es tatsächlich nur eine alte Geschichte? Oder ist es eine ganz moderne, brandaktuelle Geschichte, die auch heute geschehen könnte – oder vielleicht geschehen müßte?
Den Amos von damals nennen wir einen Propheten. – Wie aber nennen wir die Menschen heute, die gegen ähnliche Zustände und Entwicklungen protestieren und dafür sogar auf die Straße gehen? Welche Namen haben Sie für solche Leute parat?

Sonntags-Tip * Sonntags-Tip * Sonntags-Tip * Sonntags-Tip * Sonntags-Tip

»Heute bitte keine Kritik!«

Dieser Tip zum Sonntag scheint in Widerspruch zu stehen zu den voran- und nachstehenden Texten, in denen massive Kritik an der gängigen Sabbat-/Sonntagspraxis als richtig und wichtig hingestellt wird. – Aber Sie werden hoffentlich schnell entdecken, daß es in diesem Tip um die Werbung für den Verzicht einer ganz anderen Art von Kritik geht...

Sonntag – das ist »Rot im Kalender«: Auf den meisten Wandkalendern in unseren Wohnungen ist der Sonntag gegenüber den Alltagen/Werktagen durch rote Farbe hervorgehoben. Dieses Rot signalisiert: Der Sonntag ist etwas Besonderes, er hebt sich aus der Reihe der Tage heraus, er ist besser und will Besseres als alle anderen Wochentage. Der Sonntag sagt »Ja« zum Leben, zu mir, zu anderen, zur Welt.

»Rot im Kalender« – das reizt zu einem Vergleich. Vielleicht ein seltsamer, vielleicht ein zum Schmunzeln anregender, vielleicht aber auch ein nachdenklich machender Vergleich: Wir haben das alle schon mal erlebt –

entweder bei unseren Kindern oder bei uns selbst. Jede Klassenarbeit in jeder Schule wird zensiert. Fehler werden mit roter Tinte markiert. Je schwächer die Arbeit, um so farbiger das Heft. Je schlechter die Zensur, um so mehr Rot über die Seiten verteilt...

Könnte das nicht auch ganz anders gehen – bei den Klassenarbeiten wie auch im übrigen Leben? Arbeitshefte und unser Miteinander wären viel farbiger, wenn die Lehrer/innen und wir statt der Fehler alles Richtige und Gute mit Rot anstreichen und so hervorheben würden. – Rot bekäme dann die Bedeutung wie auf dem Kalender...

Also, wie wäre es an einem Sonntag mal mit dem (gemeinsamen) Vorsatz: Heute verzichten wir auf alle Kritik!

* Wir verbieten uns gegenseitig Kritik!
* Wir vereinbaren, uns heute weder gegenseitig noch andere Menschen noch die Zustände in der Welt um uns herum zu kritisieren.
* Wir regen uns heute nicht auf über die Essensmanieren oder über die unmöglichen Sitzhaltungen oder ... unserer Kinder.
* Wir ärgern uns nicht über die andere Meinung unseres Ehepartners, unserer Freunde oder Freundinnen oder Nachbarn.
* Wir kritisieren heute nicht Dinge von gestern oder morgen...

Vorsicht! Dies den ganzen Sonntag über durchzuhalten, ist gar nicht so einfach. Weil das »Kritikverbot« so schwer ist, können wir es auch mit einem Spiel verbinden:

Wenn jemand von uns gegen die Spielregel »Heute wird nicht kritisiert!« verstößt, ist etwas in eine gemeinsame »Kritik-Kasse« zu zahlen. – Ob diese Kasse am Sonntagabend wohl noch leer sein wird? Oder kommt soviel zusammen, daß wir mit dem gesammelten »Kritik-Geld« schon die Grundlage für eine gemeinsame Sonntags-Unternehmung haben...?

Sonntags-Tip * Sonntags-Tip * Sonntags-Tip * Sonntags-Tip * Sonntags-Tip

Das Jobeljahr – eine reale Utopie oder...?

»Du sollst sieben Jahreswochen, siebenmal sieben Jahre, zählen; die Zeit von sieben Jahreswochen ergibt für dich neunundvierzig Jahre... Erklärt dieses fünfzigste Jahr für heilig, und ruft Freiheit für alle Bewohner des Landes aus! Es gelte euch als Jobeljahr. Jeder von euch soll zu seinem Grundbesitz zurückkehren, jeder soll zu seiner Sippe heimkehren. Dieses fünfzigste Jahr gelte euch als Jobeljahr. Ihr sollt nicht säen, den Nachwuchs nicht abernten, die unbeschnittenen Weinstöcke nicht lesen. Denn es ist ein Jobeljahr...
Das Land darf nicht endgültig verkauft werden; denn das Land gehört mir, und ihr seid nur Fremde und Halbbürger bei mir... Wenn dein Bruder verarmt und etwas von seinem Grundbesitz verkauft, soll sein Verwandter als Löser für ihn eintreten und den verkauften Boden seines Bruders auslösen. Hat er keinen Löser... (und) bringt er selbst die nötigen Mittel (zum Rückkauf) nicht auf, dann soll der verkaufte Grund bis zum Jobeljahr im Besitz des Käufers bleiben. Im Jobeljahr wird das Grundstück frei, und es kommt wieder in seinen Besitz...
Wenn dein Bruder bei dir verarmt und sich dir verkauft, darfst du ihm keine Sklavenarbeit auferlegen; er soll dir sein wie ein Lohnarbeiter oder ein Halbbürger gelten und bei dir bis zum Jobeljahr arbeiten. Dann soll er von dir frei weggehen, er und seine Kinder, und soll zu seiner Sippe, zum Eigentum seiner Väter zurückkehren. Denn sie sind meine Knechte; ich habe sie aus Ägypten herausgeführt; sie sollen nicht verkauft werden, wie ein Sklave verkauft wird. Du sollst nicht mit Gewalt über ihn herrschen. Fürchte deinen Gott!«
Levitikus 25 (in Auszügen)

(»Jobeljahr« heißt dieses 50. Jahr, weil es mit einem Widderhorn – hebräischer Wortstamm »jbl« = bringen – angekündigt wurde. Im Deutschen wird »Jobeljahr« auch oft mit »Jubeljahr« übersetzt.)

Wohl nur mit Staunen und Verwunderung können wir heute diesen Text aus dem Alten Testament lesen. In jedem fünfzigsten Jahr sollen die ursprünglichen Besitz- und Unabhängigkeits-Verhältnisse wieder eingesetzt werden. Nicht nur die Felder sollen – wie schon in jedem siebten Jahr = Sabbatjahr – unbearbeitet liegenbleiben. Viel, viel mehr noch!

Dieses Gesetz mit dem Jobeljahr scheint unserem Rechtsempfinden total entgegenzustehen: Wenn mir jemand etwas schuldet, dann hat er oder sie mir das wieder zurückzugeben! Und wenn mir jemand zur Begleichung der Schuld Grund und Boden »verkauft«, dann geht dieser in meinen Besitz über – und darin bleibt er auch. Das ist nicht mehr und nicht weniger als Recht und Gerechtigkeit. Wie käme ich dann dazu, die eingelöste Schuld nach neunundvierzig Jahren wieder zurückzugeben!? – Verträge sind schließlich dazu da, daß sie eingehalten werden.

Israel denkt da – so lesen wir es – ganz anders. Offensichtlich gab es bei der Abfassung dieses Gesetzes vom Jobeljahr in der israelitischen Gesellschaft dieses Problem (das aber wohl nicht auf das Volk Israel und auch nicht auf die damalige Zeit einzuschränken ist!): Menschen verfielen in solche Armut, daß sie einen Teil ihres Besitzes verkaufen und am Rande des Existenzminimums leben mußten. Ja, es konnte offensichtlich noch schlimmer kommen: Verarmte fielen in die Schuldknechtschaft des Gläubigers und mußten sich diesem als Sklave verkaufen. Armut und Unfreiheit werden zu Ketten, die nie und nimmer gesprengt werden können.

Der Sinn des Jobeljahres war nun: Solche Armut und Unfreiheit sollte sich nicht in alle Ewigkeit fortsetzen; ein solches Leben sollte nicht Zukunftsperspektive für die Armen, für deren Kinder und Enkel werden. Das Jobeljahr will einen Neuanfang ermöglichen, will Leben ohne Armut und Sklaverei schenken. Im Hintergrund steht – wie schon beim Sabbatgebot – die eigene Erfahrung der Befreiung aus Ägypten, dem Land der Sklaverei. Diese Erfahrung ist Grund und Begründung, jetzt in Israel Verhältnisse einzuführen, die ein befreites – auch konkret von Armut befreites – Leben ermöglichen.

Nicht von ungefähr haben die Israeliten das jeweils 50. Jahr zum Jobeljahr gewählt. Wie am Sabbat – an jedem 7. Tag – jeder Mensch ein König ist und die im Alltag entstehenden Unterschiede eingeebnet werden, wie im Sabbatjahr – in jedem 7. Jahr – auf die Bearbeitung des Ackerbodens verzichtet wird, so soll im Jobeljahr – alle 7 x 7 Jahre – die ursprüngliche Ordnung eines befreiten-freien Lebens wieder hergestellt werden.

Jobeljahr = Gnadenjahr des Herrn

Ein befreites – freies Leben wiederherzustellen, das ist auch die Botschaft Jesu, sein Programm. Damit steht er ganz in der jüdischen Tradition. Befreit-freies Leben soll jedoch nicht nur in jedem siebten Jahr (Sabbatjahr), auch nicht in jedem fünfzigsten Jahr (Jobeljahr) sein, sondern Tag-täglich.
Gleich zu Beginn seines öffentlichen Wirkens verkündet Jesus sein Programm. Beim Evangelisten Lukas heißt es:

»Und er kam nach Nazaret, wo er aufgewachsen war, und ging, wie er es gewohnt war, am Sabbattage in die Synagoge und erhob sich, um aus der Schrift vorzulesen. Da reichte man ihm eine Buchrolle des Propheten Jesaja. Er rollte sie auf und fand eine Stelle, wo es heißt: ›Der Geist des Herrn ruht auf mir, weil er mich gesalbt hat, um den Armen frohe Kunde zu bringen. Er hat mich gesandt, Gefangenen ihre Freilassung zu verkündigen, und Blinden, daß sie sehen können, Mißhandelte in Freiheit zu entlassen und ein Gnadenjahr des Herrn auszurufen.‹
Dann schloß er das Buch, gab es dem Synagogendiener und setzte sich. Die Augen aller waren auf ihn gerichtet. Da begann er ihnen darzulegen: ›Heute hat sich das Schriftwort, das ihr eben gehört habt, erfüllt.‹«

Lukas 4,16-21

Ein Jobeljahr heute?

In der Tat, eine utopische Vorstellung; eine Vorstellung, die an keinem Ort und zu keiner Zeit zu verwirklichen ist! – Oder vielleicht doch? Vielleicht ist das alte Jobeljahr für uns heute noch wichtig als Impuls und Anstoß, innezuhalten und darüber nachzudenken, wer denn heute durch Armut in die Schuld-Sklaverei verfallen ist…!? – Trifft das nicht insgesamt auf die Völker in den Ländern der »Dritten Welt« zu?
Oder nehmen wir die »Jubiläumsfeier« 1992: »500 Jahre Lateinamerika«. Dieses »Jubiläum« bedeutet doch 500 Jahre nach Eroberung und Kolonialisierung immer noch Unterdrückung und Abhängigkeit. Die Länder Lateinamerikas stehen bei den Industrienationen, bei deren Regierungen und noch mehr bei den international operierenden Banken in tiefster Schuld. Ihre Auslandsschulden belaufen sich auf über 1.300.000.000.000 Dollar. Das ist eine moderne Form von Sklaverei, die das Leben in Armut und durch Armut verursachter Unfreiheit verfestigt.

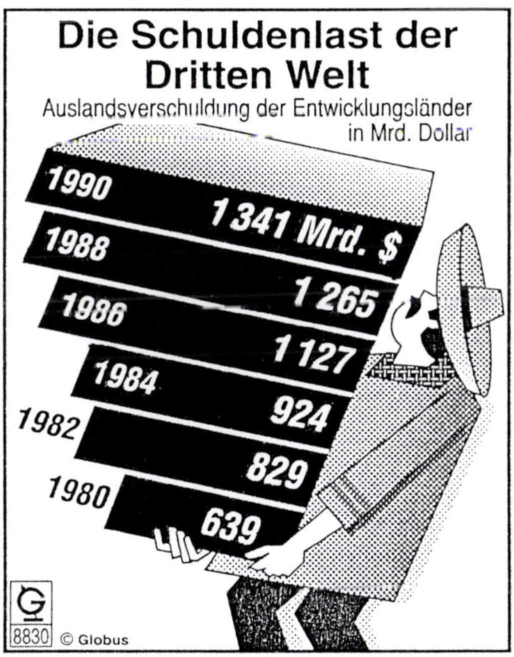

1992 – ein »Jobeljahr« statt einem »Jubeljahr«? – Vor 500 Jahren setzten die ersten Europäer ihren Fuß auf den latein-amerikanischen Kontinent. Damit hatten sie den Grund gelegt für 500jährige Ausbeutung, Gewalt und Verarmung. – Stünde es da den europäischen und nordamerikanischen Christen und Kirchen nicht gut an, ein Jobeljahr zu fordern? Wäre es nicht mehr als gerecht, 1992 den Ländern der »Dritten Welt« die Schulden zu erlassen? Wäre das nicht die Gelegenheit, einen Neuanfang zu wagen in den Beziehungen zwischen Nord und Süd? Wäre das nicht die Chance, einmal genauer über das Verhältnis zwischen den Schulden (finanzielle) dort und der Schuld (moralische) hier nachzudenken? Wäre dies nicht für die Christen und Kirchen, für »alle Menschen guten Willens« der richtige Augenblick, der verfestigten Armut ein Ende zu setzen, der Freiheit wieder Recht zu verschaffen, ein Leben ohne Armut und Sklaverei für *alle* zu verkünden?

»Allen eine neue Chance…«

…Kurz: es geht um eine totale Befreiung für schlechterdings alle! – Sowohl im Sabbatjahr als auch im Jobeljahr soll also nach der Überzeugung der Heiligen Schrift der umfassende Anspruch Gottes auf sein Volk und sein Land umgesetzt werden. … Allerdings muß nach all dem, was man heute wissen kann, als historisch ungewiß gelten, ob Israel überhaupt jemals in der Lage gewesen ist, ein solches Sabbat- und Jobeljahr zu feiern.

Sein Anspruch aber ist in der biblischen Zeit lebendig geblieben – im Unterschied zum modernen Christentum. Das einzige, was davon in der heutigen Sprache – und kirchlichen Praxis! – noch übriggeblieben ist, ist die deutsche Übersetzung »Jubiläum«, und »Jubiläen« haben im heutigen kirchlichen Leben so sehr Hochkonjunktur, daß man diesem Phänomen schon die (Krankheits-)Diagnose der »Jubilitis« ausgestellt hat. Zwar können auch Jubiläen noch immer den Ton der Freude über das große Fest Gottes, daß alle Menschen frei und aller Schulden ledig werden, festhalten, wohl kaum aber noch die praktische politische, wirtschaftliche und gesellschaftliche Konsequenz der Durchsetzung jener sozialen Gerechtigkeit, die dem ursprünglichen Schöpfungswillen Gottes entspricht.

Die Probe aufs Exempel läßt sich jedenfalls leicht machen. Was müßte beispielsweise geschehen, wenn die europäischen Bischöfe das Jahr 2000 zu einem Jobeljahr erklärten: Wie müßten die Güter unserer Erde zwischen der Ersten und der Dritten Welt, aber auch innerhalb der Ersten Welt selber verteilt werden, damit wieder gerechte Verhältnisse gegeben wären? Wie müßte die Arbeit zwischen jung und alt, zwischen Frauen und Männern und zwischen Einheimischen und Ausländern aufgeteilt werden, damit die stets größer werdende Spaltung unserer Gesellschaften in Erwerbsarbeitsplatzbesitzende und in Arbeitslose überwunden werden könnte? Wie viele Gelder müßten dann flüchten, und zwar in umgekehrter Richtung, als sie bisher »geflüchtet« sind, nämlich vor allem *aus* der Schweiz?...
Mit solchen Fragen im Herzen könnte man noch lange weiterträumen, um der revolutionären Sprengkraft der ursprünglich religiös-politischen Institutionen des Sabbat- und Jobeljahres ansichtig zu werden, die aber auf jeden Fall die befreiende Erinnerung daran wachhalten, daß der biblische Gott ein Gott der sozialen Gerechtigkeit ist.

Kurt Koch

»Der Sabbat ist für den Menschen da...«
Die Stellung Jesu zum Sabbat

Aus Würde wird Bürde...

Das war für die Juden – gleich ob Priester oder Propheten, ob Schriftgelehrte oder Pharisäer – eindeutig: Den Sabbat, *das* Fest aller Feste, gilt es zu schützen. Denn ohne dieses Fest können das eigene Leben, das eigene Volk, der Glaube an den Gott dieses Volkes und die Welt nicht mehr richtig verstanden werden. Deshalb ist es nicht verwunderlich, daß Nichtbeachtung oder Schändung des Sabbat ein Verbrechen gegen das Volk und gegen seinen Gott bedeutet.
Es ist deshalb auch nicht erstaunlich, daß Priester und Schriftgelehrte um das Sabbatgebot herum weitere Gesetze schaffen – zum Schutz dieses Tages. Aber schließlich entarten diese Gesetze, weil sie alle Einzelheiten des Verhaltens der Menschen regeln (reglementieren) wollen. Und deshalb ist es letztlich auch nicht verwunderlich, daß diese Gesetze die Gefahr mit sich bringen, den Kern des Sabbat-Festes zu verdecken, statt zu entdecken. Ein kompliziertes System von Geboten und Verboten verwandelt ein frohes und dankbares Fest in eine nicht mehr zu ertragende Bürde und Last. Aus An-Gebot und Weg-Weisung werden Kontrollzäune und Labyrinth.
Diese Einengungen, Begrenzungen und Belastungen machen dann auch Jesu Einstellung zum Sabbat und Sabbatgebot verständlich.

...bis sich Jesus zum Herrn des Sabbat erklärt

Jesus war Jude, lebte als Jude und hat mit den Juden den Sabbat in Familie und Synagoge ganz selbstverständlich mitgefeiert.
Aber Jesus hat sich auch in einer Art und Weise, die für die gläu-

bigen Mitjuden anstößig sein und provozieren mußte, über die Praxis des Sabbat hinweggesetzt:

* Indem er Menschen am Sabbat heilt, zeigt er, daß der Mensch und sein Heil und seine Gesundheit wichtiger sind als alle Gesetzesfrömmigkeit.

  »... Und sie gaben acht, ob Jesus den Mann mit der verdorrten Hand heilen werde; sie suchten nämlich einen Grund zur Anklage gegen ihn... Und Jesus sagte zu ihnen: Was ist am Sabbat erlaubt: Gutes zu tun oder Böses, ein Leben zu retten oder es zu vernichten? Sie aber schwiegen...«
  Markus 3,1-6

* Indem er chronisch Kranke am Sabbat heilt, die er ebensogut einen Tag später hätte heilen können, provoziert er bewußt gegen die Einstellungs- und Verhaltenspraxis der »frommen« Juden um sich herum.

  »... In der Synagoge saß eine Frau, die seit achtzehn Jahren krank war, weil sie von einem Dämon geplagt wurde; ihr Rücken war verkrümmt, und sie konnte nicht mehr aufrecht gehen. Als Jesus sie sah, rief er sie zu sich und sagte: Frau, du bist von deinem Leiden erlöst ... Der Synagogenvorsteher aber war empört darüber, daß Jesus am Sabbat heilte, und er sagte zu den Leuten: Sechs Tage sind zum Arbeiten da. Kommt also an diesen Tagen und laßt euch heilen, nicht am Sabbat! ...«
  Lukas 13,10-17

* Indem er duldet, daß auch seine Jünger die Sabbat-Gesetze der Schriftgelehrten und Pharisäer übertreten, indem er dies sogar den Pharisäern gegenüber rechtfertigt, macht er sich zum Herrn über den Sabbat.

  »... An einem Sabbat ging er durch die Kornfelder, und unterwegs rissen seine Jünger Ähren ab. Da sagten die Pharisäer zu ihm: Sieh dir an, was sie tun! Das ist doch am Sabbat verboten. Er antwortete: ... Der Sabbat ist für den Menschen da, nicht der Mensch für den Sabbat. Deshalb ist der Menschensohn auch Herr über den Sabbat.«
  Markus 2,23-28

Für Jesus ist nur das Eine wichtig: Alles Verhalten, Denken und Handeln der Menschen hat der Förderung des Lebens – des eigenen wie dem der anderen – zu dienen. Wenn das schon im Alltag so sein soll, dann erst recht am Sabbat. Denn der Sabbat ist *der* Tag des Lebens, des Heils und der Befreiung zu Leben und Heil(ung). Somit sind Jesu Stellung zum Sabbat und sein Verhalten am Sabbat ein messianisches Zeichen: Mit seiner Person sind alle einengenden Sabbat-Gesetze überholt, weil sie Leben, Heil(ung) und Befreiung des Menschen nicht fördern, sondern behindern.

Sonntags-Tip * Sonntags-Tip * Sonntags-Tip * Sonntags-Tip * Sonntags-Tip

Zehn Ratschläge zur Feier des Sonntags

1. Den Sonntag bereits am Vorabend beginnen,
… denn der Abend ist die beste Gelegenheit zum stillen Rückblick, zum Sehen von Zusammenhängen, zum ruhigen Überlegen auf das Kommende hin.

2. Den Sonntag von aller Werktätigkeit freihalten,
… denn erst wenn wir so auszuruhen lernen, als sei die ganze Arbeit bereits getan, werden wir das Hauptproblem des Sonntags zu lösen beginnen: uns von all dem lösen – auch gedanklich –, was uns während der Woche ausfüllt und umtreibt.

3. Als Mitte des Sonntags den Gottesdienst mitfeiern,
… denn der Sonntag will Gemeinschaft untereinander und miteinander mit Gott, und Eucharistie oder Abendmahl verstehen sich als »Danksagung«, als Ja zum Leben und zu Gott und zur Welt und zum Mitmenschen und zu mir selbst.

4. Am Sonntag das Leben und die Welt und alles in ihr als Geschenk annehmen,
… denn erst wenn ich dies alles als Gabe und Angebot verstehe, werde ich auch motiviert und bereit sein, meine Auf-Gabe darin zu sehen, mich dafür einzusetzen.

5. Am Sonntag wenigstens einem Menschen dabei helfen, daß er froher leben kann,
... denn indem ich eigene Freude verschenke, habe ich selbst hinterher nicht weniger, sondern mehr Freude.

6. Am Sonntag auf alle Kritik an meinen Mitmenschen verzichten,
... denn der Geist des Sonntags ist Ja-Geist, und die Alltage geben uns schon viel zu viel Gelegenheit zu überkritischem Verhalten anderen gegenüber.

7. Beziehungen, in denen ich stehe, bewußter und ganzheitlicher leben,
... denn während der Alltag oft voll ist von zweckorientierten Beziehungen, könnte der Sonntag uns durch einen anderen Umgang miteinander vor der größeren Weite des Lebens neu staunen lassen.

8. Am Sonntag sollte ich auch Zeit für mich selbst finden,
... denn unser »Wir-miteinander« verblaßt zur bloßen Oberflächlichkeit oder auch Gereiztheit, wenn ich, wenn jede/r einzelne nicht Zeit zum Alleinsein bekommt, sich nimmt und auch will und sucht.

9. Das Anhäufen von Frömmigkeitsübungen oder Zwang zum Gottesdienst stehen im Widerspruch zum Sonntag,
... denn erst, wenn ich den ganzen Sonntag als Feier-Tag verstehe und zu leben versuche, werde ich auch innerlich in der Lage sein, die Mitfeier des Gottesdienstes nicht als zusätzliches Element der Sonntagsgestaltung oder als äußere Pflicht zu verstehen.

10. Die Zeit des Sonntags mit wahrem Leben füllen,
... denn »Zeit vertreiben« ist das genaue Gegenteil von »Zeit füllen«, und »wahres Leben« ist das Gegenteil von Gammeln, Sich-Füttern-Lassen oder untätigem Abwarten.

Sonntags-Tip * Sonntags-Tip * Sonntags-Tip * Sonntags-Tip * Sonntags-Tip

Der falsche und der wahre Gottesdienst

»Hört das Wort des Herrn, ihr Herrscher von Sodom! / Vernimm die Weisung unseres Gottes / du Volk von Gomorra. Was soll ich mit deinen vielen Schlachtopfern?, / spricht der Herr.
Die Widder, die ihr als Opfer verbrennt, / und das Fett eurer Rinder habe ich satt; / das Blut der Stiere, der Lämmer und Böcke ist mir zuwider.
Wenn ihr kommt, um mein Angesicht zu schauen – / wer hat von euch verlangt, daß ihr meine Vorhöfe zertrampelt? Bringt mir nicht länger sinnlose Gaben, / Rauchopfer, die mir ein Greuel sind.
Neumond und Sabbat und Festversammlung – / Frevel und Feste – vertrage ich nicht.
Eure Neumondfeste und Feiertage / sind mir in der Seele verhaßt, / sie sind mir zur Last geworden, / ich bin es müde, sie zu ertragen.
Wenn ihr eure Hände ausbreitet, / verhülle ich meine Augen vor euch.
Wenn ihr auch noch so viel betet, / ich höre es nicht. / Eure Hände sind voller Blut.
Wascht euch, reinigt euch! / Laßt ab von eurem üblen Treiben! / Hört auf, vor meinen Augen Böses zu tun!
Lernt, Gutes zu tun! / Sorgt für das Recht!
Helft den Unterdrückten! / Verschafft den Waisen Recht, / tretet ein für die Witwen!«
Jesaja 1,10-17

Das ist schon ein starkes Stück, das da Jesaja – um 730 vor Christus – im Tempel inszeniert. Der nimmt hier nun wirklich kein Blatt vor den Mund...
Stellen wir uns die Situation möglichst konkret vor:

Da ist der Tempel in Jerusalem oder eines der vielen anderen Heiligtümer im Lande – Kirchen würden wir heute sagen –, gefüllt mit Menschen. Und diese Menschen feiern – würdevoll, mit ernster Miene, nach festen Riten, in andachtsvoller Haltung, mit Priestern am Altar, bei festlicher Musik und mit getragenen Liedern und wohlformulierten Gebeten … – ihren Gottesdienst. Mitten in diese fromm-feierliche Situation eines Sabbat oder eines anderen Festtages stürmt nun plötzlich ein Mann herein. Ohne Rücksicht auf den Gottesdienst, der da so schön nach Vorschrift und Tradition gefeiert wird, legt er los und spricht die oben zitierten Worte aus.

Es fällt wohl nicht schwer, sich die Reaktion der Gottesdienst-Feiernden auszumalen. Tumult und Protest wird es gegeben haben. »Das ist ja unverschämt!« – »Schmeißt ihn raus!« – »Gotteslästerer!« – »Zerstörer heiligster Ordnung!« – »Das brauchen wir uns nicht gefallen lassen!« … So oder ähnlich werden die noch gemäßigten Äußerungen der zum Gottesdienst Versammelten gelautet haben – ehe es dann höchst wahrscheinlich zu Handgreiflichkeiten und zum Rauswurf des Ruhestörers gekommen ist.

Jesaja wußte sicherlich um solche Reaktionen, bevor er mit seiner Rede in die Gottesdienstgemeinde hineinplatzte. Er war sich bestimmt darüber im klaren, was ihm blühen würde. Und trotzdem tat er es, sprach er so, riskierte er die Folgen, die unweigerlich kommen mußten.

Für diese Tollkühnheit, von der er wissen mußte, daß er damit für alle Zeiten abgestempelt und aus der seriösen Gesellschaft ausgeschlossen sein würde, mußte er seine triftigen Gründe haben.

Jesaja hatte zigmal die Erfahrung gemacht: Gottesdienst und konkretes Leben der Gottesdienstteilnehmer im Alltag stimmen nicht überein. Wenn sie das aber nicht tun, dann ist ein solcher Gottesdienst nicht nur nichts wert, dann ist er sogar das Gegenteil von dem, was er eigentlich sein soll – dann ist er Gotteslästerung.

Und was klagt der Prophet auf den Alltag hin an?

Es geht um nichts anderes als um soziale Gerechtigkeit. Wir können die Anklage vielleicht so übersetzen:

»Wie handelt ihr Menschen, die ihr hier so fromm zum Gottesdienst versammelt seid, eigentlich im Alltag (Alltag = alle die Tage)? Wie

verhaltet ihr euch im Alltag gegenüber den Schwachen, Armen, Notleidenden, Unterdrückten, Witwen und Waisen? Sind das für euch zwei Paar Schuhe, die nichts miteinander zu tun haben – hier Gottesdienst, dort Alltag?
Im Alltag, da geht ihr über Leichen. Im Alltag, da schert ihr euch den Teufel um Gerechtigkeit, Wahrheit, Anstand und Verantwortung für andere. Im Alltag, da schaut ihr einzig und allein auf euren eigenen Nutzen, auf euren Vorteil und euer Durchkommen. Im Alltag, wenn ihr da schon selbst nicht ungerecht handelt, dann schaut ihr zumindest verstohlen und feige weg, wenn ihr Menschen leiden seht, wenn Menschen ungerecht behandelt werden, wenn die Strukturen in Gesellschaft und Politik Menschen kaputtmachen. Im Alltag, da habt ihr tausend Ausreden, warum ihr euch nur um eure eigenen Vorteile kümmert, warum ihr an der Veränderung der ungerechten Zustände doch nichts ändern könnt, warum ihr so lebt, wie ihr lebt…«

> »Wer behauptet, Religion habe mit Politik nichts zu tun, der hat noch nicht verstanden, was Religion ist.«
>
> Mahatma Gandhi

> »In Deutschland gilt nicht der als schlimm,
> der den Dreckt macht, sondern der,
> der auf den Dreck hinweist.«
>
> Kurt Tucholsky

In der konkreten Situation damals ist Jesaja sehr schnell mundtot gemacht worden. – Wie konnte dieser Mann es auch wagen, den nach alter Tradition mit festen Riten in Gottes Auftrag zelebrierten Gottesdienst so in Frage zu stellen!
Aber ganz mundtot ist Jesaja dann doch nicht gemacht worden. Denn seine provozierenden Worte von damals stehen heute – immer noch – in der Bibel. Seine Rede hat damals doch einige Leute wach gemacht. Diese haben die Richtigkeit des Gesagten erkannt und die Reden aufgeschrieben. Und wenn später die jüdische Gemeinde diese Rede in ihre Sammlung der heiligen Schriften (Bibel) aufnahm, dann machte sie damit unmißverständlich deutlich:

Hör ich sagen

Es war immer langweilig in der Kirche
hör ich sagen, aber
die es mir sagt, ist schon ganz erstickt.

Es hat mich nicht angesprochen
hör ich sagen, aber
ich habe keine Sprache gehört
als sie den Lautsprecher abstellten.

Es hat mir immer Angst gemacht
hör ich sagen, aber
der es mir sagt, ist täglich beschäftigt
den Overkill zu verbessern.

Das Evangelium hat mich weinen gelehrt.
Es hat mir Angst gemacht vor den Angstlosen
es hat mich angesprochen unter den Sprachlosen
es hat mich durstig gemacht unter den Gelangweilten.

Das ist schon ein relativer Fortschritt.

Dorothee Sölle

Zu unserem Glauben und auch und gerade zu unseren Gottesdiensten gehört wesentlich dazu, daß wir uns mit gesellschaftlichen und politischen Mißständen und Ungerechtigkeiten auseinandersetzen. Wir können, dürfen nur dann am Sabbat und an den Festtagen Gottesdienst feiern, wenn wir uns im Alltag um Gerechtigkeit bemühen, wenn wir uns für Gerechtigkeit einsetzen, wenn wir Unrecht auch Unrecht nennen, wenn wir uns mit anderen solidarisieren, um die herrschenden Zustände zu verändern...

Wagen wir von Jesaja damals den Sprung nach heute!?
Da gäbe es (junge) Leute, die würden ihre Anfragen an unsere Sonntags- und Feiertagsgottesdienste nicht nur in Gesprächen im eigenen Kreis oder bei einer Versammlung oder in einer Bildungsveranstaltung äußern, sondern in der Kirche während eines feierlichen Gottesdienstes. Da wäre so jemand, der oder die würde zur Kirche reinkommen, sich vor die Gottesdienstgemeinde stellen, einfach Orgel und Gesang oder Gebet unterbrechen und ähnlich wie Jesaja loslegen...
Der Skandal wäre perfekt. Rauswurf und Verurteilung wären selbstverständlich. Der Vorfall wäre nicht Anlaß zum Nachdenken in der Gemeinde, sondern stände höchstens am Montag unter der Überschrift »Ruhestörung« oder »Sakrileg« oder »Lästerung im Gotteshaus« in der Zeitung. – So wäre es doch! – Oder?
Trotzdem – um die Fragen des Jesaja damals und um die Fragen vieler Menschen heute kommen wir nicht herum:
Wie stimmen Gottesdienst und konkretes Alltagsleben bei uns oder bei anderen überein? Feiern wir Christen glaubwürdig oder unglaubwürdig unsere Gottesdienste? Sind unsere Gottesdienste so etwas wie ein Brunnen, in den unsere Alltagswirklichkeit hineinfließt und aus dem Mut und Kraft strömen zum Recht-Schaffen im Alltag? Oder schotten wir steril-feierlich, erhebend und liturgisch richtig – aber lebensfern und realitätsblind – unsere Gottesdienste von der Alltagswirklichkeit ab?
... Vielleicht wäre in vielen unserer Gottesdienste eine solche skandalöse Störung, wie sie Jesaja praktizierte, gar nicht so unangebracht. Wie gesagt: vielleicht...

Eucharistie – Brot zum Leben der Welt

Wir wissen es ganz genau und kennen auch exakte Zahlen: Trotz vieler theologischer und pastoraler Bemühungen ist der Besuch der sonntäglichen Gottesdienste in den zurückliegenden Jahrzehnten kontinuierlich und rapide zurückgegangen – in allen christlichen Kirchen!

Viele sehen im Besuch des Sonntagsgottesdienstes keine Bedeutung (mehr) für sich und für ihr Leben. – Viele haben grundsätzlich mit dem Kapitel »Kirche – Glauben – Gottesdienst« abgeschlossen. – Viele berufen sich auf ihre schlechten Erfahrungen mit Gottesdiensten: »Sie sind langweilig, immer dasselbe, lebensfremd; sie strahlen keine Freude oder gar Begeisterung aus; da ist Geschimpfe, moralischer Druck, Vereinzelung trotz Versammlung...« – Viele fragen: »Und wenn wir uns diejenigen anschauen, die sonntags zur Kirche laufen, was ist dann bei denen am Montag anders als bei denen, die das sonntags nicht tun?« ...

Wenn wir – in Erinnerung an Tod und Auferstehung Jesu und unter der Verheißung des Reiches Gottes – Sonntag für Sonntag Eucharistie/Abendmahl feiern, dann können wir dies so übersetzen: »Wir teilen das Brot zum Leben der Welt.« Oder anders ausgedrückt: »Wir feiern in Eucharistie und Abendmahl unseren Protest gegen die Mächte des Todes.«

Ist das so, dann kommen wir um diese Fragen nicht herum: Kommen in unseren sonntäglichen Eucharistie- und Abendmahlsfeiern solche Akzente überhaupt zum Bewußtsein und zur Sprache wie: Miteinander Brot teilen – Solidarität – Gemeinschaft, die sich verbunden weiß – miteinander verantwortlich sein für den Erhalt und für die Förderung des Lebens in der Welt heute? – Kommen diese zentralen Inhalte auch in sprachlicher und nichtsprachlicher Form so zum Ausdruck, daß sie nicht im Allgemeinen, nicht im Nebel des Unverständlichen und nicht in »theologischen Leerhülsen« stekkenbleiben, sondern verständlich und möglichst konkret bei den Menschen ankommen?

Wenn es denn aber konkret wird...

Die älteste Nachricht von der Feier der Eucharistie ist immer noch die aktuellste:

> *»Ich habe vom Herrn empfangen, was ich euch dann überliefert habe: Jesus, der Herr, nahm in der Nacht, in der er ausgeliefert wurde, Brot, sprach das Dankgebet, brach das Brot und sagte: Das ist mein Leib für euch. Tut dies zu meinem Gedächtnis! Ebenso nahm er nach dem Mahl den Kelch, und sprach: Dieser Kelch ist der Neue Bund in meinem Blut. Tut dies, sooft ihr daraus trinkt, zu meinem Gedächtnis! Denn sooft ihr von diesem Brot eßt und aus dem Kelch trinkt, verkündet ihr den Tod des Herrn, bis er kommt. Wer also unwürdig von dem Brot ißt und aus dem Kelch trinkt, macht sich schuldig am Leib und am Blut des Herrn. Jeder soll sich selbst prüfen; erst dann soll er von dem Brot essen und aus dem Kelch trinken...«*
>
> *Paulus im ersten Brief an die Gemeinde in Korinth (11,23-28)*

Wir sind eingeladen
　aber ich setze mich doch nicht neben jede/n!
Da kann ich mich mit anderen Menschen treffen
　aber ich lasse mich nicht vom Evangelium treffen!
Wir bilden eine Tischgemeinschaft
　aber ich kann doch nichts daran ändern, daß das Tischtuch zwischen den Kirchen zerschnitten ist!
Es muß alles auf den Tisch des Herrn
　aber die Realität unseres Lebens kehren wir lieber unter den Teppich!
Brot und Wein, die Dinge der Welt, bringen wir als Gabe
　aber wir lassen uns doch nicht durch die Dinge der Welt, ihre Ungereimtheiten und Ungerechtigkeiten, aus der Ruhe bringen!

Wir teilen Brot (und den Wein) miteinander
  aber nur unter uns – ein paar Groschen in der Kollekte reichen für die anderen!
Wir danken, weil wir dem Leben trauen und Hoffnung haben
  aber beten heißt für mich zuerst bitten – und es gibt vieles in meinem Leben, für das ich zu bitten habe!
Wir halten gemeinsam Mahl
  aber wir müssen es doch hinnehmen, daß andere nichts zum Leben haben!
In der Mitte steht die Wandlung von Brot und Wein
  aber, wie bitte – ich, wir, die Kirche sollen sich wandeln?
Wir erinnern uns an Jesus und sein letztes Mahl
  aber gleich sind wir ja wieder draußen – das war's wieder einmal!

Wir können und dürfen nur dann Sonntag für Sonntag Eucharistie oder Abendmahl feiern, wenn wir dies *in der Realität* unserer Welt und Zeit tun. – Können und dürfen wir uns aber vom Leib und Blut Christi nähren, wenn eine Minderheit übersättigt ist, während eine Mehrheit Tag für Tag »vor leeren Tischen« sitzt? Können und dürfen wir den Tisch des Altares mit dem Tisch des Lebens in Verbindung bringen, wenn wir wissen, daß so viele Menschen, bei uns und anderswo, von diesem Tisch des Lebens abgeschnitten sind? Dürfen wir das, wenn wir nichts – oder zu wenig – dagegen unternehmen? Dürfen wir das, ohne daß die Realität unserer Welt und Zeit überhaupt oder zu wenig (konkret) in unseren Gottesdiensten zum Ausdruck kommt?

Nähe zum Leben?

»... Um 10 Uhr ist das Sonntags-Hochamt der Pfarrgemeinde für alle, die an den Rand der Gesellschaft gedrängt worden sind, auch durch Drogen und Alkohol. – An die Abgabe von Weinproben für das Pfarrsommerfest bis spätestens Dienstag, den 11. Juni, soll erinnert werden!...«

Aus einem Pfarrbrief

Wo immer wir eucharistische Gemeinschaft feiern und wir nicht *gleichzeitig* an der Schaffung von Lebensbedingungen arbeiten, die sowohl einzelnen Menschen wie ganzen Völkern Anteil am Leben geben, da setzen wir uns in unseren Kirchen und in unseren Gemeinden der Gefahr des Atheismus aus. Wo denn sonst, wenn nicht in unseren Gottesdiensten, müssen wir uns daran erinnern: Der Gott des Lebens hat zu allen Zeiten die Armen erhoben, die Gefangenen befreit, die Hungernden gesättigt... – Lesen wir doch unter dieser Perspektive einmal neu das Magnificat (Lukas 1,46-55) oder die »Antrittspredigt« Jesu in Nazaret (Lukas 4,16-30)!
Wir haben Abschied zu nehmen von einer weltabgewandten »Frömmigkeit«, zugleich von einem individualistischen Glaubensver-

ständnis, in Folge davon auch Abschied zu nehmen von einem alltagsleeren Sonntagsgottesdienst. Wir haben uns an *beide* Seiten von Eucharistie und Abendmahl zu erinnern:
Eucharistie ist ein Geschenk von Gott an uns in seinem Sohn. Das ist die eine Seite. – Die andere Seite ist aber genauso bedeutsam; es ist die Frage, ob wir einem Gott der Hoffnung treu bleiben, der sich entäußert hat, um sich auf die Seite *der* Menschen zu stellen, die für und um das Leben kämpfen.

»Kein Glaube ohne Dienst am Leben«

Eine Stimme aus Afrika

> »Es gibt kein Bekenntnis des Glaubens ohne Dienst an der Welt, ohne konkrete Verantwortung gegenüber den Menschen und dem Leben, ohne vermehrte politische Aktivität. Die Christen leben nicht von der wehmütigen Erinnerung an verlorene Paradiese, sondern von dem Aufruf, das Evangelium in den Wandlungen der Gesellschaft dort zum Ausdruck zu bringen, wo immense Reichtümer und nahezu unbegrenzte Möglichkeiten zum alleinigen Nutzen von … Minderheiten ausgeschlachtet werden. Das Kreuz beinhaltet eine ›Reserve‹ des kritischen Anspruchs und der Veränderung. Ist es nicht der radikalste und totalste Protest gegen den Ist-Zustand dieser Welt? Inmitten von Systemen der Profitmaximierung, die jedes brüderliche Zusammenleben und Teilen der Güter der Erde vereiteln, müssen wir lernen, Christus nicht allein als den Herrn des Kultes zu sehen, dessen unmittelbare Gegenwart in den Abendmahlssälen gefeiert wird, sondern als den Herrn der Welt in allen ihren Dimensionen. Denn die Fülle des Lebens für die Armen und Unterdrückten ist ein Plan, der mit dem christlichen Bekenntnis zutiefst verbunden ist.«
>
> *Jean-Marc Ela*

Was Jesus zum Tod verurteilte, war sein Einsatz für die Menschen am Rande. Und dies geschah in einer Gesellschaft, in der »Gottesdienst« und die Beobachtung von Geboten wichtiger waren als Parteinahme für Leben und Gerechtigkeit. Diesen Hintergrund und diese Zusammenhänge können wir uns gar nicht deutlich genug vor Augen halten! – Das Kreuz ist nun aber nicht das Ende. Vielmehr gipfelt die Geschichte Jesu – und damit auch unser Glaube – in der Auferstehung. Sie ist für uns Christen das zentrale Ereignis der Heilsgeschichte, sie feiern wir – in Verbindung mit der Erinnerung an den Kreuzestod – in jeder Eucharistie, in jedem Abendmahl. Jesus in der Eucharistie, im Abendmahl feiern, das bedeutet, seine Parteinahme für das Leben zu »aktualisieren«, gegenwärtig zu setzen. Eucharistie als Botschaft vom Leben sagt:

* Mein, unser, aller Leben ist sinnvoll und nicht sinnleer.
* Mein, unser, aller Leben soll sich entfalten und wachsen, nicht aber verkümmern und erdrückt werden.
* Mein, unser, aller Leben ist zu stützen und zu bewahren, wo immer es von »Mächten des Todes« bedroht wird.
* Mein, unser, aller Leben reicht über diese irdische Zeit hinaus und ist – trotz gegenläufiger Erfahrungen – auch jenseits des Todes nicht dem Untergang preisgegeben.

Deshalb – weil jede (sonntägliche) Feier der Eucharistie/des Abendmahles diese Dimensionen des Lebens immer neu aus dem Glauben an die Auferstehung empfängt und austeilen will, deshalb können wir sagen: »Wir feiern jeden Sonntag Ostern.«

Lied/Canon:

Wir preisen deinen Tod.
Wir glauben, daß du lebst.
Wir hoffen, daß du kommst
zum Heil der Welt.
Komm, o Herr, bleib bei uns!
Komm, o Herr, Leben der Welt!

Mein,
unser,
aller Leben
ist sinnvoll
und nicht
sinnleer.

»Verbunden und getrennt«

Das Dilemma zwischen evangelischen und katholischen Christen

In der Feier des Sonntags und der Liebe zum Gottesdienst sind evangelische und katholische Christen miteinander verbunden. Um so schmerzlicher ist, daß sie noch nicht in der Lage sind, alle ihre Feste in gemeinsamen Gottesdiensten zu feiern. Das zeigt sich besonders am Sonntag.
Nach apostolischer Überlieferung gehören Herrentag und Herrenmahl zusammen. Durch alle Jahrhunderte hat die katholische Kirche daran festgehalten, daß die Feier des Auferstehungstages die Zusammenkunft zur sakramentalen Feier des Todes und der Auferstehung Christi in der Eucharistie erfordert. Auch die evangelische Kirche hat, nachdem es weithin in Vergessenheit geraten war, neu erkannt, daß am Sonntag das Herrenmahl gefeiert werden soll. Sie achtet jedoch den Predigtgottesdienst in gleicher Weise und sieht auch in ihm eine angemessene Weise, den Sonntag zu feiern.

Diese unterschiedliche Überzeugung hat auch Folgen für die kirchliche Praxis. Nach *katholischem* Verständnis kann ein Wortgottesdienst die Eucharistiefeier am Sonntag nicht ersetzen. Deshalb ist der Vorabend des Sonntags und der Sonntagvormittag für die Eucharistie freizuhalten. Aus wichtigen Gründen können ökumenische Gottesdienste am Sonntagnachmittag und Sonntagabend gehalten werden, wenn die Teilnehmer zuvor Gelegenheit zum Besuch der Eucharistiefeier hatten und wenn eine Eucharistiefeier dadurch nicht verdrängt wird. In dieser Praxis drückt sich keine Geringschätzung des Wortgottesdienstes aus, ist doch die Heilige Messe immer Wort- und Sakramentsgottesdienst zugleich. In Verbindung mit ihr haben Stundengebet, Andachten und Predigtgottesdienste ihre unverzichtbare Bedeutung für Kirche und Welt; sie müssen daher nach Kräften gefördert werden.

Die *evangelische* Kirche unterstützt alle Bemühungen, den Sonntag durch die regelmäßige Feier des heiligen Mahles auszuzeichnen. Dabei vergißt sie nicht, daß eine seltenere Feier der Eucharistie auch Ausdruck einer Hochschätzung des Sakramentes sein kann. Bei manchen Anlässen möchte sie zur üblichen sonntäglichen Gottesdienstzeit zu einem ökumenischen Gottesdienst einladen…

Daß die evangelische Kirche das Herrenmahl neu entdeckt hat und vermehrt feiert, gleichzeitig aber die katholische Kirche den Wortgottesdienst und den Rang der Predigt in der Eucharistiefeier in neuer Weise schätzt, bringt beide gottesdienstlichen Traditionen einander näher. Der evangelische Predigtgottesdienst »protestiert« nicht länger, die katholische Meßfeier entspricht dem Auftrag der Verkündigung. Diese Annäherung im zentralen Bereich des Gottesdienstes läßt hoffen, daß die Kirchen noch weiter zueinander geführt werden.
Wir leiden gemeinsam unter der schmerzlichen Erfahrung, daß es zwischen evangelischer und katholischer Kirche bislang keine Abendmahlsgemeinschaft und keine volle Gemeinschaft unserer Kirchen gibt. Kirchengemeinschaft vollzieht sich als Eucharistiegemeinschaft. Eucharistiegemeinschaft setzt Kirchengemeinschaft voraus. Aus dieser gemeinsamen Überzeugung ziehen evangelische und katholische Kirche nicht dieselben Folgerungen.
Weil die Kirchen auf dem Weg zueinander sind und die gemeinsame Feier der Sakramente die Einheit der Christen fördert, lädt die evangelische Kirche auch Christen, die anderen Konfessionen angehören, zu ihren Abendmahlsfeiern ein. Dies gilt insbesondere für konfessionsverschiedene Ehepartner, von denen jeder in seiner Kirche seine Heimat behalten will.
Weil die katholische Kirche die Glaubens- und Kirchengemeinschaft noch nicht in notwendigem Maße gegeben sieht, ist nach ihrer Überzeugung die Eucharistiegemeinschaft noch nicht möglich. Sie läßt daher evangelische Christen lediglich in Notfällen unter bestimmten Voraussetzungen zur heiligen Kommunion zu, gestattet aber ihren Gliedern nicht, das evangelische Abendmahl zu empfangen…
Wir bemühen uns gemeinsam, die uns in einer langen und traurigen

Geschichte zugewachsenen Hindernisse auszuräumen. Eindringlich bitten wir alle Christen, zusammen mit uns den Vater im Himmel anzurufen: »Alle sollen einssein« (Joh 17,21).

Aus: »Den Sonntag feiern«. Gemeinsames Wort der Deutschen Bischofskonferenz und des Rates der evangelischen Kirche in Deutschland. 1984

Peter und Paul

Eine Geschichte zur ökumenischen »Kirchturmspolitik«

In einer großen Stadt – irgendwo zwischen Wittenberg und Rom – standen zwei große Kirchtürme, und jedesmal am 29. Juni kam es zu einem unerfreulichen Streitgespräch zwischen den beiden. Das lag nämlich daran, daß der 29. Juni der Namenstag von Peter und Paul ist, und die beiden Kirchtürme hießen so: St. Peter und St. Paul; nicht genug: der eine war katholisch und der andere evangelisch. Das ging dann schon morgens mit dem Läuten los: Beide setzten ihre sechs großen Glocken ein. Dann lag es nur am Wind, wessen Klänge deutlicher in die Stadt drangen.

»Was bildest du dir eigentlich ein?« sagte Peter zu Paul, »du mit deinen 450 Jahren Geschichte! So jung und schon so verbraucht. Dein Schiff ist ja sonntags fast leer!«

»Ich kann deine Angeberei nicht mehr hören«, erwiderte Paul spitz zu Peter, »so was Romhöriges, so was Hochnäsiges, und was sich sonntags in deinem Schiff tut, ist doch bloß eine einzige Maskerade.«

»Neidisch, wie?« konterte Peter und gab seinen Glocken noch einen mächtigen Stoß! »500 Millionen gehören zu mir, und wir sind eine Einheit. Ätsch!« Und bei diesen Worten drehte sich der stolze Wetterhahn ganz aufgeregt, aber er krähte noch nicht.

»Was ist das schon?« blähte sich Paul, »der Apostel, nach dem ich heiße, hat schon an die Gemeinde von Korinth geschrieben, daß Einheit in der Welt zu suchen ist. Ätsch!«

Bei diesen Worten ächzte das Kirchturmkreuz bedenklich, und manche wollen wissen, der Himmel habe sich für Sekunden verdunkelt wie damals auf Golgata.

St. Peter konnte nicht genug kriegen: »Euer Martin Luther hatte einen dicken Bauch und soff Bier. Was ist schon eure Freiheit. Ihr habt doch keine Nachfolger, ihr habt nur Mitläufer!«

Da flog eine Kupferplatte von St. Paul herab, so zornig war er. »Und ihr mit eurem Heiligenkult, und mit der Pille, und mit dem Papst und ...« Er verschluckte sich vor konfessionellem Eifer und schwieg.
... Und beide Türme schwiegen auch während der nächsten Wochen und Monate. Sie betrachteten vielmehr das Leben der Menschen dort unten. Sie schauten auf ihr Gerenne und auf ihr egoistisches Tun; sie blickten auf ihre Orientierungslosigkeit und auf ihr Suchen; sie sahen ihre Fragen und Sehnsüchte und Hoffnungen...
Da erst begruben die beiden Türme ihre Feindschaft, entdeckten ihre Einheit und beschlossen, gemeinsam für die Menschen zu kämpfen. Als sie damit begannen, krähte der Hahn von St. Peter, und das Kreuz von St. Paul leuchtete weithin.

»Jetzt erst spüren wir das Ärgernis der Trennung«

Ein evangelischer und ein katholischer Pfarrer berichten

... Unser gemeinsames Leben – auch in verschiedenen Gottesdiensten – und unsere Zusammenarbeit führte unsere Gemeinden aus der »Geselligkeitsökumene« und dem »seid nett zueinander« heraus. Erst auf dieser Grundlage können Wahrheitsfragen, auch trennende, ernsthaft angegangen werden. Wir merkten, seitdem wir diesen Weg ganz bewußt gehen, wie viel wir miteinander und aneinander zu entdecken haben und wie viele gemeinsame Möglichkeiten wir noch nicht genutzt haben...
Auch die Problematik soll nicht verschwiegen werden. Erst in intensiverem gemeinsamem gottesdienstlichen Leben wird die Trennung am Tisch des Herrn ernsthaft empfunden. In früheren Zeiten hätte keiner von uns das Bedürfnis empfunden, an der Eucharistie des anderen teilzunehmen. Jetzt erst spüren wir das Ärgernis dieser Trennung. Aber erst wenn wir an unserer Schuld zu leiden beginnen, werden wir ernsthaft versuchen, sie zu überwinden. Es geht uns nicht um das Überspringen noch bestehender Grenzen auf eigene Faust, aber wir möchten in unseren Gemeinden die Grundlagen dafür schaffen, daß unsere Kirche, die nach dem Wort des Herrn nur eine sein kann, zu einem gemeinsamen Leben kommt, das den Reichtum und die Vielfalt wiedergibt, die wir vom Herrn empfangen haben.

Pfarrer Ulrich Dahm / Pfarrer Günther Hoffmann

»Habe ich in meinem Sonntags-Verhalten etwas verändert?«

Personalbogen

Füllen Sie diesen »Personalbogen« bitte regelmäßig – vierteljährlich, halbjährlich oder jährlich – aus, indem Sie über den zurückliegenden Zeitraum nachdenken. Vergleichen Sie dann Ihre jeweils neue Beantwortung mit den vorangegangenen.
Hat sich da etwas verändert?
Wo gibt es die größten Unterschiede?
Meine Begründungen für diese Unterschiede?
Konsequenzen für die nächsten Sonntage?

Bedeutung des Sonntags für mich ______________________

Zeitpunkt meines »Einläutens« des Sonntags ______________________

Gestaltung des Samstagabends ______________________

Schwerpunkte im Sonntagsablauf ______________________

Zeit für mich selbst / Inhalte dieser Zeit ______________________

Zeit mit Partner/in, Familie, Freunden/Freundinnen ______________________

Wichtigste positive Sonntagserfahrung ______________________

Wichtigste negative Sonntagserfahrung ______________________

Besuch des Gottesdienstes (Häufigkeit) ______________________

Motive für (Nicht-)Besuch des Gottesdienstes ______________________

Meine bevorzugte Zeit für den Gottesdienst ______________________

Gute und ungute Erfahrungen mit dem Gottesdienst ______________________

Erfahrungen vor/nach dem Gottesdienst (pos.-neg.) ______________________

Auswirkungen meines Sonntags

auf die Woche ______________________

auf meine Arbeit ______________________

auf meinen Umgang mit Menschen ______________________

auf meine Sicht der »Welt-Dinge« ______________________

Was ich verstärken sollte ______________________

Was ich ändern sollte ______________________

Ein konkreter »Sonntags-Vorsatz« ______________________

»Für wen gehst Du?«

Eine jüdische Geschichte

In der Stadt, in der Rabbi Naphtali lebte, pflegten die Reichen, deren Häuser einsam oder am Stadtrand lagen, Männer aufzustellen, die nachts über ihren Besitz wachen sollten. Als der Rabbi eines Abends spät spazieren ging, begegnete er solch einem Wächter, der auf und nieder ging.

»Für wen gehst du?« fragte er ihn.

Der Wächter gab bereitwillig Bescheid, fügte aber dann die Gegenfrage dran: »Und du, Rabbi, für wen gehst du?«

Das Wort traf diesen wie ein Pfeil.

»Noch gehe ich für niemanden«, brachte er nur mühsam hervor. – Dann schritten beide lange schweigend nebeneinander her.

Schließlich fragte der Rabbi den Wächter: »Wärest du bereit, mein Diener zu werden?« – »Das will ich gerne tun«, antwortete der Wächter, »aber, was habe ich zu tun?«

»Mich zu erinnern«, sagte der Rabbi. »Mich zu erinnern, daß ich mich regelmäßig frage, für wen ich gehe.«

Nachwort: Wie handeln wir denn nun?

»Der Zweifler«

Immer wenn uns
Die Antwort auf eine Frage gefunden schien
Löste einer von uns an der Wand die Schnur der alten
Aufgerollten chinesischen Leinwand, so daß sie herabfiel und
Sichtbar wurde der Mann auf der Bank, der
So sehr zweifelte.

Ich, sagte er uns
Bin der Zweifler, ich zweifle ob
Die Arbeit gelungen ist, die eure Tage verschlungen hat.
Ob, was ihr gesagt, auch schlechter gesagt, noch für einige
Wert hätte.

Ob ihr es aber gut gesagt und euch nicht etwa
Auf die Wahrheit verlassen habt dessen, was ihr gesagt habt.
Ob es nicht vieldeutig ist – für jeden möglichen Irrtum
Tragt ihr die Schuld. Es kann auch eindeutig sein
Und den Widerspruch aus den Dingen entfernen; ist es zu eindeutig?

Dann ist es unbrauchbar, was ihr sagt. Euer Ding ist dann leblos.

Seid ihr wirklich im Fluß des Geschehens?
Einverstanden mit
Allem, was wird? Werdet ihr noch? Wer seid ihr?

Zu wem sprecht ihr? Wem nützt es, was ihr da sagt?
Und nebenbei: Läßt es euch nüchtern? Ist es am Morgen zu lesen?
Ist es auch angeknüpft an Vorhandenes? Sind die Sätze die
Von euch gesagt sind, benutzt, wenigstens widerlegt?
Ist alles belegbar?
Durch Erfahrung? Durch welche? Aber vor allem
Immer wieder vor allem andern: Wie handelt man
Wenn man euch glaubt, was ihr sagt?
Vor allem: Wie handelt man?

Nachdenklich betrachteten wir mit Neugier den zweifelnden
Blauen Mann auf der Leinwand, sahen uns an und
Begannen von vorne.

Bert Brecht

Quellenverzeichnis

Texte/Bilder

26 Zit. nach: Der Papalagi, Reden des Südseehäuptlings Tuivii aus Tiavea. Tanner + Staehelin Verlag, Zürich
29 Holzschnitt von Erhard Schön zu Leonhard Reynmans Naivität-Kalender (Nürnberg, 1515)
39 Aus: Antoine de Saint-Exupéry, Der Kleine Prinz. Karl Rauch Verlag, Düsseldorf
61 © Jules Stauber
69 Aus: Hartmut Przybylski, Du meine Zeit. Kleine Sprüche 1. SWI-Verlag, Bochum 1988
77 Aus: Publik Forum 3/89
81 Text: Thomas Woitkewitsch. Musik: Mikis Theodorakis. Gesungen von Milva. © 1978 Metronome GmbH
82 Rechte beim Autor
92 Rechte beim Autor
97 Aus: Abraham Joshua Heschel, God in search of Man. A Philosophy of Judaism. New York 1978, zit. nach: D. Sölle/L. Schrotthoff, Die Erde gehört Gott. Texte zur Bildungsarbeit mit Frauen. Reinbek 1985
113 Karikatur: © Heribert Schulmeyer
114 © Walter Hanel
118 Schaubild: Deutsche Gesellschaft zur Förderung der Freizeitwissenschaften mbH, Erkrath (DGFF)
119 Die Sehnsucht des Farbikvolkes. Zit. nach: Peter v. Rüden (Hg.). Beiträge zur Kulturgeschichte der deutschen Arbeiterbewegung 1849-1918. Freiburg-Wien-Zürich
123 Schaubild: Globus Kartendienst, Hamburg – Freizeit – Ort der Selbstbestimmung? Aus: aktiv vom 23.12.1989
127 © M. Bartak
138 Globus Kartendienst, Hamburg
139 Globus Kartendienst, Hamburg
141 Aus: Wiesbadener Tageblatt vom 10.5.1990
142 Aus: Holger Eisold, Ausnahmeregelungen nicht mehr zeitgemäß, in: Der Arbeitgeber 1989 (Auszug)
144 imu-bildinfo, Essen – Das große Ringen um den Sonntag. Aus: Süddeutsche Zeitung vom 2.1.1989 (Auszug). Rechte beim Autor
146 © Gerhard Glück
163 Aus: Martin Buber, Die Erzählungen der Chassidim. Manesse Verlag, Zürich 1949
173 Aus: Eberhard Puntsch, Witze-Fabeln-Anekdoten. Moderne Verlagsgesellschaft mbH, München
174 © Gerhard Mester
177 Auszug aus Ansprache des Bundespräsidenten zur Deutschen Einheit am 3.10.1990

181 Der Natur eine Atempause lassen. Aus: Süddeutsche Zeitung vom 30.8.1988 (Auszug). Rechte beim Autor
182 Aus: Jörg Zink, Die Welt hat noch eine Zunkunft. Kreuz Verlag, Stuttgart 1973
186 An Papst Eugen III., zit. nach: Bernhard Schellenberger, Bernhard von Clairvaux, Freiburg 1982
187 Lied. Text: Hl. Benedict. Melodie: Kanon aus England
191 Liedtext aus: Das gibt's bei uns zu Hause nicht. Alle Rechte im Impulse-Musikverlag, 4406 Drensteinfurt
196 Rechte beim Autor
197 Karikatur: © The New Yorker Magazine, Inc.
199 Karikatur: © Reinhold Löffler
201 Quelle wie S. 163
211 Text aus: Kurt Koch, Zwischenrufe – Plädoyer für ein unzeitgemäßes Christentum. Christophorus-Verlag, Freiburg 1987 – Karikatur aus: Doll/Henke/Joerger & Thombansen (Hg.), Beamticon. Der Beamte in der Karikatur. Maximilian-Verlag, Herford 1974
217 Aus: Salcia Landmann (Hg.), Der jüdische Witz. Walter-Verlag, Olten 1960
223 Quelle wie S. 217
228 Quelle wie S. 163
229 ©Waldemar Mandzel
233 Rechte bei Autorin
240 Schaubild aus: Stat. Jahrbuch 1987/88. Metzlersche Verlagsbuchhandlung, Stuttgart
247 Bertolt Brecht, Sieben Jahre wollt kein Schritt mir glücken. Aus: Gesammelte Werke. (c) Suhrkamp Verlag, Frankfurt am Main 1967
265 Zit. nach: Aussichten. Junge Lyriker des deutschen Sprachraums, vorgestellt von Peter Hamm. Biederstein Verlag, München 1966
266 © Jan Tomaschoff
269 Alle und jeder. Quelle wie S. 163
275 Aus: Romano Guardini, Briefe über Selbstbildung, Matthias-Grünewald-Verlag, Mainz ^{3}1990
279 Karikatur aus: WSI-Informationsdienst 3/1984
280 Karikatur aus: Solidarität & 1. Mai Zeitung. Hg. vom Deutschen Gewerkschaftsbund, Kreis Schweinfurt/Main-Rhön
284 © Gerhard Mester
288 Aus einem Interview von Werner Hoffmann mit Ugur Lafci, in: metall 10 vom 19.5.1989
291 Samstags gerne im Betrieb? Zit. nach: Arbeiten um zu leben. Forderungen zur Tarifrunde 1989 in der Druckindustrie und Papierverarbeitung. Hg. vom Hauptvorstand in der Industriegewerkschaft Druck und Papier, Stuttgart 1988 (Heft 51)
292 Zit. nach: H.P. Dreitzel, Einsamkeit als soziologisches Problem. Zürich 1970
303 Aus: Wilhelm Willms, Wagnis und Liebe. Der gefährliche Weg des Josef Kentenich. Musical-Textausgabe. Verlag Butzon & Bercker, Kevelaer 1986
304 Deutscher Sonntag. Aus: Kommt an den Tisch unter Pflaumenbäumen. Alle Lieder von Franz Josef Degenhardt. © 1979 C. Bertelsmann Verlag GmbH, München. Die musikalischen Nutzungsrechte liegen beim Autor
306 Quelle wie S. 265
320 Auszug aus: Friedhelm Hengsbach, Sollen wir das freie Wochenende verteidigen? Zwölf Thesen, in: F. v. Auer/K. Geißler/H. Schauer (Hg.), Auf

der Suche nach der gewonnenen Zeit. Beiträge für eine neue gesellschaftliche Zeitgestaltung. Thalhamer Verlag, Mössingen-Talheim 1990 (Reihe politische Erfahrung, Bd. 1)

325 © Jan Tomaschoff

332 Der Heilige Sabbat. Quelle wie S. 163

338 Ein besonderes Gewürz. Nach J. Petuschowski. Quelle unbekannt

340 Quelle wie S. 39

347 © Waldemar Mandzel

352 © Heinz Langer

353 Auszug aus einer Predigt von Bischof Franz Kamphaus, in: Franz Kamphaus, Der Stein kam ins Rollen. Verlag Herder, Freiburg 1986

355 Aus: Fritz Pawelzik, Ich werfe meine Freude an den Himmel. Gesammelte Gebete aus Afrika. Aussaat Verlag, Neukirchen-Vluyn ^{2}1982

359 Cleving-Ferdinands, LP Karussell Gold-Serie, Stereo 35037

369 Legende. Zit. nach: Max Mell, Das Donauweibchen. Insel-Verlag, Leipzig 1938

371 © Jals

378 Legende. Nacherzählung von Hubertus Halbfas, in: Hubertus Halbfas, Der Sprung in den Brunnen. Eine Gebetsschule. Patmos Verlag, Düsseldorf ^{6}1985

393 Globus Kartendienst, Hamburg

394 Aus: Kurt Koch, Zwischenrufe – Plädoyer für ein unzeitgemäßes Christentum. Christophorus-Verlag, Freiburg 1987

405 Aus: Dorothee Sölle, Spiel doch von brot und rosen. Gedichte. © W. Fietkau Verlag, Berlin 1981

411 Aus: Jean-Marc Ela, Mein Glaube als Afrikaner. Verlag Herder, Freiburg 1987

416 Peter Spangenberg, Peter und Paul (Schluß der Geschichte wurde geändert). Rechte beim Autor

417 Jetzt erst spüren wir…, in: Gemeinde unterwegs. Informationsdienst für Gemeindepastoral. Hg. v. Abtlg. Gemeindepastoral in der HA Seelsorge im Erzbistum Köln (Auszug)

419 Quelle wie S. 163

420 Quelle wie S. 247

Einige Quellenangaben sind trotz Bemühungen des Verlags nicht oder nur ungenau möglich. Der Verlag ist für Hinweise dankbar.

Fotos

Rudolf Dietrich, München: 37, 336, 344/345, 379 - foto-present, Essen: 53 (Herzog) - Andreas Hoffmann, Braunschweig: 49, 56/57, 143, 149, 179, 232, 262, 263, 287 - Bernward Hoffmann, Mainz: 239, 297 - Werner Ley, Lippstadt: 315 - Werner Müller, Stuttgart: 23, 45, 75, 300 - Lothar Nahler, Hillesheim: 111, 154, 170/171, 195, 202/203, 212, 226, 277, 281, 309, 329, 354, 356, 370, 382/383, 395, 409, 413 - Presse-Bild-Poss, Siegsdorf: 16, 78, 84/85, 89, 95, 105, 125, 130, 137, 159, 168, 185, 188, 219, 246, 248, 255, 271, 299, 365, 404, 421 - Ernst Voller, Berlin: 65